ÉTUDES D'HISTOIRE

DE LA

PHILOSOPHIE

AUTRES OUVRAGES DE M. ÉMILE BOUTROUX

De la contingence des lois de la nature, 6ᵉ édit. 1 vol. in-12 de la *Bibliothèque de Philosophie contemporaine* (Félix Alcan). **2 fr. 50**

De l'idée de loi naturelle dans la science et la philosophie contemporaines, cours professé à la Sorbonne en 1892-1893. 1 vol. in-8 (Félix Alcan). . . . . **2 fr. 50**

Essai d'une philosophie de la solidarité, 2ᵉ édit., en collaboration avec MM. Darlu, Rauh, F. Buisson, Gide, X. Léon et La Fontaine, 1 vol. in-8 cart. de la *Bibliothèque générale des Sciences sociales* (Félix Alcan) . . . . **6 fr. »»**

La philosophie des Grecs, par E. Zeller, ouvrage traduit de l'allemand par M. Émile Boutroux et ses Collaborateurs.
    Tomes I et II. — La philosophie des Grecs avant Socrate, par M. Boutroux (Hachette).

Questions de morale et d'éducation, conférences faites à l'École de Fontenay-aux-Roses (Ch. Delagrave).

ÉVREUX, IMPRIMERIE CH. HÉRISSEY ET FILS

ÉTUDES D'HISTOIRE

DE LA

PHILOSOPHIE

PAR

ÉMILE BOUTROUX

Membre de l'Institut,
Professeur à la Faculté des Lettres de l'Université de Paris.

L'HISTOIRE DE LA PHILOSOPHIE
SOCRATE FONDATEUR DE LA SCIENCE MORALE
ARISTOTE
LE PHILOSOPHE ALLEMAND JACOB BŒHME
DESCARTES
SCIENCE ET MORALE SELON DESCARTES
KANT
LA PHILOSOPHIE ÉCOSSAISE ET LA PHILOSOPHIE FRANÇAISE

Troisième édition, revue.

PARIS
FÉLIX ALCAN, ÉDITEUR
LIBRAIRIES FÉLIX ALCAN ET GUILLAUMIN RÉUNIES
108, BOULEVARD SAINT-GERMAIN, 108
—
1908
Tous droits de traduction et de reproduction réservés.

ÉTUDES
D'HISTOIRE DE LA PHILOSOPHIE

L'HISTOIRE DE LA PHILOSOPHIE

> Ζητεῖται τὸ ἴδιον.
> Aristote, *Eth. Nic.*, I, 7.
> 1097b 35.

A mesure que se multiplient en tous sens les travaux historiques, à mesure il devient plus difficile de s'accorder sur l'objet de l'histoire elle-même. Est-ce bien la même science que cultivent un Renan, cherchant dans la série des faits les lois morales de l'humanité et de l'univers, et un Fustel de Coulanges, qui ignore s'il y a des lois historiques et borne son ambition à rattacher quelques faits à leurs causes prochaines ?

L'histoire de la philosophie n'échappe pas à cette condition. Elle est comprise bien autrement par Hegel ou par Grote. Elle est tour à tour philosophique, psychologique, sociale, philologique, naturaliste, sans qu'on voie clairement dans quelle forme elle tend à se fixer. Il devient nécessaire à qui entreprend de s'y livrer, s'il ne veut pas se borner à suivre tel ou tel courant, de s'interroger sur la fin de cette science, de soumettre à l'examen les différentes définitions qu'on en peut donner.

Quel est donc l'objet propre de l'histoire de la philosophie ? Quelle est la méthode qu'il convient d'y suivre ?

S'agit-il de rassembler simplement et de classer selon la géographie et la chronologie les faits auxquels convient l'épithète de philosophiques ?

S'agit-il, ce triage une fois opéré, de rattacher chacun de ces faits aux particularités du milieu où il s'est produit, comme à ses conditions ou à ses causes ?

Ou bien, si l'on estime que la philosophie a jusqu'à un certain point une existence et un développement propres, constitue une sorte d'organisme, s'agit-il de démêler et de suivre ce développement autonome, à travers les inventions, en apparence capricieuses, des individus ? Considérerons-nous chaque philosophe comme l'instrument plus ou moins docile d'un esprit immanent et universel ? Ferons-nous consister notre tâche à dégager et achever les parties de l'œuvre de chaque penseur qui sont viables et fécondes, en laissant tomber celles que tôt ou tard le temps doit emporter ? N'est-ce pas l'un des services que l'on attend de l'historien, que de tout lire, de tout étudier, de tout critiquer, afin de replonger dans la nuit les événements qui ne méritent pas d'occuper la mémoire des hommes ?

Que si l'on se fait scrupule de juger ainsi les productions philosophiques au nom de l'idée plus ou moins mystique d'une philosophie éternelle, n'aimera-t-on pas du moins à distinguer, parmi les conceptions d'un homme de génie, celles où il est vraiment lui-même, où il innove, où il prépare l'avenir, de celles où il n'est encore que l'écho de ses devanciers ?

N'y a-t-il pas enfin une conception de l'histoire de la philosophie, très plausible à cause de son rapport aux sciences positives, suivant laquelle la tâche de l'historien serait de prendre pour objet d'étude, non la philosophie, mais les philosophes, et de montrer à propos de chacun d'eux, dans une analyse psychologique, par quelle évolution, étant donné son tempérament, son éducation et les circonstances de sa vie, il a dû nécessairement produire les idées qu'il a mises au jour.

Nul doute que chacun de ces points de vue n'ait son intérêt et sa valeur. Aucun d'eux pourtant ne paraît être le propre point de vue de l'historien de la philosophie.

C'est être trop modeste que de se borner à collectionner et ranger chronologiquement les manifestations philosophiques. Car, si quelque part un enchaînement logique des faits nous est offert avec les faits eux-mêmes, c'est dans les doctrines et systèmes où la philosophie s'est réalisée.

En revanche, il est bien audacieux de prononcer que telle conception a l'avenir pour elle, tandis que telle autre a vécu. Au temps de Voltaire, la métaphysique était définitivement condamnée. Or c'était l'époque où germait la philosophie allemande.

Quelle ambition encore, que celle de retrouver les origines historiques et inconscientes, la genèse mécanique des idées d'un penseur? Qui de nous, même parmi les plus attentifs et les plus habiles à analyser leurs états de conscience, pourrait expliquer avec vérité l'origine de ses opinions et de ses doctrines? Comment, parmi les innombrables influences auxquelles notre vie de plus en plus complexe nous soumet continuellement, discerner celles qui ont été profondes et durables, et comment dire en quel sens au juste elles se sont exercées? Et puis, pourquoi vouloir à toute force que nos idées ne naissent que d'influences extérieures et que nous-mêmes ne soyons pour rien dans leur production?

A côté de ces diverses conceptions de l'histoire de la philosophie, tour à tour timides à l'excès ou téméraires et aventureuses, il en est une qui frappe moins l'esprit, parce qu'elle a un air moins scientifique, mais qui répond peut-être plus exactement à la nature même de l'objet à étudier. C'est aussi, si je ne me trompe, celle qu'appliquent communément les écrivains dont l'objet propre est de faire œuvre d'historien de la philosophie, sans nulle préoccupation étrangère.

Elle consiste à prendre tout d'abord pour matière de son étude cela même qui nous est immédiatement donné, à savoir telle ou telle doctrine, une dans sa complexité plus ou moins grande, tel ensemble d'idées présentées par le philosophe comme formant un tout. Là où cette condition n'est pas remplie, en effet on peut avoir affaire à un fin moraliste, à un esprit profond, à un penseur original : on n'est pas vraiment en présence d'un philosophe. Le problème qui se pose est celui de savoir quel rapport logique le philosophe a effectivement établi entre ses idées, lesquelles il a prises pour principes, dans quel ordre et de quelle manière il a, des idées principales, fait dépendre les autres. Un philosophe est un homme qui confronte entre elles les connaissances et les croyances des hommes, et qui en cherche les rapports. Nous voulons savoir comment un Platon, un Leibnitz a conçu ces rapports. Et, comme le philosophe n'est pas un voyant à qui la vérité se révèle dans un éclair, mais un chercheur patient qui réfléchit, critique, doute, hésite, et ne se rend qu'à des raisons, nous voulons savoir par quelle voie méthodique, par quelles observations et quels raisonnements notre auteur est arrivé à ses conclusions. Il ne s'agit pas ici du travail inconscient et mécanique de son cerveau. Il est question de son effort conscient et voulu pour franchir les bornes de son individualité, pour penser d'une façon universelle et découvrir le vrai.

S'il en est ainsi, ce n'est ni la philosophie en général dans l'ensemble de son développement, ni l'évolution psychologique de chaque philosophe en particulier qui forme l'objet immédiat de l'histoire de la philosophie : ce sont les doctrines conçues par les philosophes. Bien connaître et bien comprendre ces doctrines, les expliquer, autant qu'on en est capable, comme le ferait l'auteur lui-même, les exposer selon l'esprit et jusqu'à un certain point dans le style de cet auteur : telle est la tâche essentielle, celle à laquelle toutes les autres doivent être subordonnées.

Certes il est utile de considérer l'homme, et non pas l'œuvre toute seule, mais surtout parce que, le plus souvent, l'homme nous aide à comprendre l'œuvre. Le cartésianisme doit plus d'un trait à la personne de Descartes. Quelle erreur pourtant, si l'on n'y voulait voir que l'histoire d'un esprit individuel !

De même, il est intéressant de se demander, à travers la succession des systèmes, ce que devient la philosophie en soi, si elle avance ou si elle reste stationnaire. Mais cette étude générale ne peut remplacer l'étude des doctrines considérées pour elles-mêmes du point de vue de chaque auteur : elle la suppose.

Qu'on ne dise donc pas que telle partie des doctrines d'un philosophe est négligeable sous prétexte qu'on la trouve déjà chez quelque philosophe antérieur. C'est là une raison insuffisante. Un grand esprit ne cherche pas à être nouveau et original, il cherche la vérité. Comment en dédaignerait-il une partie, sous prétexte qu'elle a été découverte par un autre ? Dans les âges classiques de la littérature, on ne se croit pas tenu de créer, à la manière de Dieu, *ex nihilo*. Un Corneille, un Molière puisent à pleines mains dans les œuvres de leurs devanciers. Ils seront suffisamment originaux, si, de ces éléments, ils composent de beaux ouvrages. A plus forte raison un

Aristote, un Leibnitz, un Kant conservent-ils avec un soin jaloux ce que les hommes ont trouvé de bon avant eux. Et ils se l'approprient en réalité par la manière dont ils en usent. « Quand on joue à la paume, dit Pascal, c'est une même balle dont on joue l'un et l'autre, mais l'un la place mieux. » L'idée la plus banale prend souvent une physionomie nouvelle par les rapports nouveaux où elle se trouve engagée.

En revanche, telle idée qui devait se révéler plus tard comme importante et féconde peut n'avoir joué dans le système où elle apparaît d'abord qu'un rôle secondaire ou effacé. Tout en la relevant comme une rencontre ou un pressentiment intéressant, gardons-nous de la mettre au premier plan, sous couleur de servir l'auteur en lui donnant un air plus moderne. Ce n'est pas Descartes tel qu'on peut conjecturer qu'il serait aujourd'hui, c'est le Descartes de 1644, ramenant tous les problèmes à celui de la certitude, que nous avons mission de faire connaître.

La tâche qui nous est assignée détermine avec précision les moyens qu'il nous appartient de mettre en œuvre. Nous ne saurions chercher, dans les développements ultérieurs qu'a pu recevoir un système, dans les doctrines qu'il a engendrées, dans les appréciations et interprétations des contemporains et des successeurs, ou encore dans les renseignements historiques et biographiques relatifs à la personne de l'auteur et à ses ouvrages, autre chose que des indications sur les problèmes que nous devons nous poser, ou des données matérielles déterminant en quelque sorte le terrain sur lequel nous devons opérer. Quant à la source même de l'histoire de la philosophie, elle ne se trouve que dans les monuments laissés par les philosophes eux-mêmes.

Chaque œuvre philosophique veut être considérée dans son ensemble et dans ses détails. Le travail de l'esprit est une continuelle oscillation du tout aux parties et des parties au tout. C'est ainsi qu'on procède pour comprendre un drame, un poème, une œuvre d'art. C'est par ce mouvement alternatif d'induction et de déduction que se font les sciences. De même c'est en expliquant l'auteur par lui-même, ses idées générales par ses doctrines particulières et ses doctrines particulières par ses idées générales, que nous aurons chance de bien saisir sa pensée.

Il ne suffit pas de découvrir des textes curieux, voire même des textes inédits. Qui de nous se livre tout entier dans tout ce qu'il dit ; et quelle apparence y a-t-il qu'une lettre écrite à tel correspondant mal préparé pour comprendre le philosophe ait plus de valeur que les traités longuement mûris et destinés à la postérité ? L'historien qui est en quête, non d'anecdotes, mais d'une juste appréciation de l'œuvre d'un grand homme, s'attachera moins à mettre en ligne et à faire manœuvrer une quantité imposante de textes isolés, qu'à se pénétrer de plus en plus de la pensée de l'auteur, en lisant et relisant un grand nombre de fois l'ensemble de ses ouvrages.

Il voudra se replacer à son point de vue, chercher avec lui, le suivre dans les détours de ses méditations, partager ses émotions philosophiques, jouir avec lui de l'harmonie dans laquelle s'est reposée son intelligence.

Les systèmes de philosophie sont des pensées vivantes. C'est en cherchant dans le livre le moyen de ressusciter ces pensées en soi qu'on peut espérer de les entendre.

SOCRATE

FONDATEUR DE LA SCIENCE MORALE[1]

> « Les mêmes pensées poussent
> « quelquefois tout autrement
> « dans un autre que dans leur
> « auteur. »
>
> PASCAL.

I

Après que les esprits les plus capables de dissiper les nuages qui enveloppent la personne de Socrate, littérateurs curieux, moralistes sagaces, profonds philosophes, historiens érudits, médecins même ont rivalisé d'ardeur pour rassembler et interpréter les documents propres à le faire connaître, peut-il rester quelque chose à dire sur son compte ; et l'écrivain qui aborde un pareil sujet n'est-il pas condamné à se traîner dans la banalité

---

[1] Publié en 1883 dans le compte rendu de l'Académie des Sciences morales et politiques. En réimprimant ce travail, nous en revoyons la forme sans en modifier le fond. Il en sera de même des travaux suivants. — La présente étude concerne moins les sentiments et l'âme de Socrate que sa philosophie et son œuvre. Comme homme, Socrate est, par un côté, un enthousiaste, presque un mystique. Il est l'envoyé d'Apollon, il sent en lui l'influence divine. C'est son originalité singulière d'apporter un zèle religieux à la prédication de la morale rationnelle. Nous considérons ici proprement la doctrine que Socrate a enseignée à ses disciples et léguée à l'humanité.

s'il ne veut dire que des choses vraies, à émettre des paradoxes s'il prétend avancer des choses nouvelles?

Il semble légitime de faire, à ce propos, une distinction. La plupart des détails de la vie et de l'enseignement de Socrate ont été élucidés, autant sans doute qu'ils peuvent l'être; mais il est douteux qu'il en soit de même de l'ensemble de la personne et de la doctrine. La comparaison des études contemporaines relatives à Socrate est pour le lecteur un sujet d'étonnement. Veut-on savoir quelle fut la vie de Socrate, quelles furent les causes de sa condamnation, ce qu'était la maïeutique, la doctrine de la vertu ou telle autre partie de la philosophie socratique : tous les auteurs donnent sur ces divers points des réponses à peu près semblables. Demande-t-on ce que fut Socrate, quel fut le fond de son caractère et l'idée maîtresse de son enseignement : sur cette question, où aboutissent toutes les autres, les opinions sont contradictoires.

Ainsi, selon Edouard Zeller[1], l'ancienne physique ayant fini par se dissoudre sous l'action de la sophistique, Socrate régénéra la philosophie en la fondant sur un nouveau principe : le général ou le concept, considéré comme l'objet de la science. L'œuvre de Socrate fut ainsi l'invention d'un principe de logique théorique.

Grote, en ses vivantes peintures, nous montre avant tout, dans Socrate, un missionnaire religieux, chargé

---

(1) *Die Philosophie der Griechen*, 3ᵉ édit., t. II, p. 93-94.

par l'oracle de Delphes de mettre les faux sages à la question et de les amener à confesser leur ignorance. Socrate est le dieu de la discussion, « *an elenchtic or cross-examining god*[1] ». Son œuvre, religieuse par l'inspiration, est en elle-même une dialectique vivante.

Avec M. Fouillée, Socrate devient un spéculatif, substituant aux causes physiques les causes finales pour l'explication de tous les phénomènes, tant physiques que moraux. Il est le créateur de la métaphysique spiritualiste.

Pour M. Ch. Lévêque[2], Socrate tenta la réforme morale et politique d'Athènes, et, dans cette vue, constitua la morale comme une science indépendante des sciences physiques.

M. Janet, dans une courte, mais substantielle notice du *Dictionnaire philosophique*, présente Socrate comme étant avant tout un philosophe; il le caractérise principalement par deux traits : le sentiment moral, lequel domine dans sa personne et remplit sa doctrine tout entière, et la maïeutique, d'où devait sortir la dialectique platonicienne.

Dans un opuscule publié en 1881, M. Gustave d'Eichthal estime que le point éminent de la doctrine socratique est l'enseignement religieux. Socrate, dit-il, pour arrêter les maux qu'il voyait fondre sur sa patrie,

---

(1) *History of Greece*, t. VIII, p. 566.
(2) *Cours sur les théories politiques des Grecs*. — *Rev. polit. et littér.*, 1871-1872, p. 408.

voulut rendre à ses concitoyens ce qui, à ses yeux, était le principe de toute vertu, la condition première de toute réforme, une foi religieuse, et spécialement la foi à la Providence divine[1].

Enfin, M. Franck, dans un article du *Journal des Savants*, publié à propos du livre de M. d'Eichthal, admet, en un sens analogue, que Socrate n'était pas seulement un raisonneur et un philosophe, mais encore et surtout une âme profondément religieuse, au sens propre du mot, une âme où la foi en Dieu, l'admiration de ses œuvres, la certitude de son règne dans la nature et de sa providence à l'égard des hommes n'étaient pas exempte de mysticité[2].

Toutes ces interprétations s'appuient d'ailleurs sur des textes de la plus haute valeur. Ainsi, pour nous en tenir aux trois auteurs contemporains qui ont fait sur Socrate les travaux les plus considérables, M. Zeller cite, à l'appui de sa thèse, ce texte si précis d'Aristote[3] où il est dit que Socrate cherche le τί ἐστί, l'essence générale, mais sans considérer cette essence comme existant à part, ainsi que fit Platon. Grote s'inspire de l'*Apologie*[4], laquelle, en effet, nous présente surtout Socrate comme ayant reçu des dieux la mission de convaincre les hommes de leur ignorance. Enfin, l'expo-

---

(1) G. d'Eichthal, *Socrate et son temps*, p. 3.
(2) *Journal des savants*, oct. 1881, p. 605.
(3) *Mét.*, XIII, 4, 1878 b, 23 sqq.
4) V. Grote, *History of Greece*, VIII, 565.

sition de M. Fouillée[1] paraît dominée par la considération des pages si lumineuses du Phédon[2], où nous voyons Socrate reprocher à Anaxagore d'avoir laissé de côté, dans l'explication des détails du monde, cette intelligence ordonnatrice qu'il avait si sagement proclamée la cause universelle, considérer, quant à lui, toute explication purement mécanique comme superficielle, et ne se satisfaire que des explications tirées, en dernière analyse, des causes finales[3].

Mais d'où vient que chacun de ces auteurs s'est attaché à tel ou tel texte, de préférence aux autres? On peut se demander si des préoccupations personnelles ou des habitudes d'esprit n'en sont pas en partie la cause. Un ancien hégélien comme Zeller, qui cherche avant tout la place des hommes et des doctrines dans le développement général de l'esprit humain, devait prendre pour principal guide Aristote qui justement met en relief chez ses prédécesseurs les idées qui ont préparé les siennes. L'historien Grote, qui veut nous montrer quel rôle ont joué les hommes célèbres dans l'ensemble de la vie sociale et politique de leur époque, devait s'appuyer surtout sur l'*Apologie*, tableau fidèle, semble-t-il, de la manière dont Socrate lui-même s'est dépeint devant ses concitoyens. Enfin le profond et éloquent interprète de la théorie des Idées, M. Fouillée, était naturellement

(1) *La philosophie de Platon*, t. I, p. 17 sqq.
(2) Ch. XLV sqq.
(3) *Phédon*, ch. XLVI, p. 97, b.

porté à chercher dans Socrate le précurseur de Platon, et à solliciter sa doctrine, pour y trouver le germe de la métaphysique platonicienne. Rien d'étonnant qu'il prenne pour point de départ le texte où Platon lui-même relie sa théorie des Idées aux spéculations de son maître.

Dans cette recherche du caractère propre de Socrate, Ed. Zeller paraît s'être placé au point de vue de l'esprit absolu, Grote au point de vue d'un Athénien cultivé du v° siècle, M. Fouillée au point de vue de Platon. Qu'arriverait-il, si l'on se plaçait au point de vue de Socrate lui-même, si l'on se demandait ce que Socrate a pu être, non pour les autres, mais à ses propres yeux? L'apôtre du γνῶθι σαυτόν devait se connaître lui-même. Nous nous croirions suffisamment instruits sur son compte, si nous le connaissions dans la même mesure.

Mais comment pénétrer dans l'âme de Socrate, puisqu'il n'a rien écrit? N'est-ce pas la difficulté même de se placer à son point de vue qui conduit les historiens à chercher un point de vue en dehors de lui?

La difficulté est peut-être en partie factice. Elle s'est surtout manifestée le jour où Schleiermacher mit en avant ce principe, qu'une exposition de la doctrine socratique, pour être fidèle, doit avant tout faire comprendre comment Platon a pu considérer Socrate comme le promoteur de son activité philosophique. On se mit à comparer à ce point de vue le Socrate de Xénophon avec celui de Platon et d'Aristote, et l'on trouva entre les deux une grande différence. Naturellement les disciples de Schleiermacher optèrent pour Platon et Aristote ; et ainsi se trouva compromise l'autorité du seul de nos témoins qui fût historien de profession, et qui s'occupât de nous dire ce qu'en fait et pour lui-même avait été Socrate.

Mais les choses, depuis, ont changé de face. Tandis que bataillaient, à propos de la théorie de Schleiermacher, les champions de Xénophon et de Platon, une critique moins prévenue a comparé en eux-mêmes les témoignages de Xénophon, de Platon et d'Aristote. Or ces témoignages ont été trouvés d'accord entre eux quant à l'essentiel [1]. Dès lors, pour un appréciateur impartial, l'autorité de Xénophon était rétablie. On pouvait encore l'accuser d'avoir plus ou moins incomplètement fait connaître la personne et les doctrines de son maître, mais non de les avoir présentées sous un faux aspect. S'il en est ainsi, l'historien a le droit aujourd'hui, non seulement d'invoquer le témoignage de Xénophon à côté de ceux de Platon et d'Aristote, mais encore de le mettre en première ligne, puisque, seul des trois, Xénophon se borne à rappeler ce qu'il a appris. Son œuvre paraît, il est vrai, avoir eu pour objet immédiat de réfuter le réquisitoire du rhéteur Polycrate, composé vers l'an 393 : il n'en reste pas moins que Xénophon a dû y apporter les habitudes de fidélité et d'impartialité qui distinguent ses récits proprement historiques.

---

(1) C'est l'avis commun de Zeller, de Grote et de Fouillée.

Certes, il ne faut pas retomber dans l'erreur paresseuse des anciens historiens qui, lisant superficiellement cet auteur, ne surent y voir que le portrait d'un moraliste bonhomme; il faut féconder les indications de Xénophon à l'aide de celles de Platon et d'Aristote. Toutefois il convient de n'user de ces dernières que comme le savant use de l'hypothèse, c'est-à-dire pour poser des questions, non pour les résoudre. Analyser les données de Xénophon en les interprétant et les développant par une induction scientifique dont Platon et Aristote fourniront les idées directrices : telle paraît être la méthode à suivre pour connaître Socrate d'une manière vraiment historique.

On doit d'ailleurs mettre à peu de distance des *Mémorables* l'*Apologie* de Platon, que la plupart des critiques[1] considèrent comme digne de foi quant à la substance, ainsi que certaines parties du *Criton*, du *Phédon*, du *Lachès* et du *Banquet*, parties qu'il est, à vrai dire, difficile de bien circonscrire.

Quelle est maintenant la pensée maîtresse de Socrate, définie de la sorte, autant que faire se peut, à son propre point de vue ?

II

Le premier résultat auquel on est conduit en faisant des *Mémorables* la source principale de l'histoire de la

---

(1) Schleiermacher, Zeller, Ueberweg et Grote.

pensée socratique, c'est un aveu d'ignorance touchant ce qui a précédé les dix dernières années environ de la carrière du philosophe. Grande est la tentation de chercher dans d'autres textes un moyen de remonter dans la vie de Socrate plus haut que ne le permettent les *Mémorables*. C'est ainsi que M. Fouillée a cru trouver, dans le célèbre texte du *Phédon* sur les premières réflexions philosophiques de Socrate [1] et dans la coïncidence de ce texte avec les *Nuées* d'Aristophane, la preuve qu'avant de s'adonner aux recherches morales Socrate aurait parcouru une première période, marquée par des spéculations sur la nature. Socrate, déçu de ce côté, se serait ensuite adressé à la morale pour résoudre le problème même de l'ancienne philosophie grecque, le problème de l'explication de l'univers. Mais outre que, d'un tel point de départ, les *Mémorables* ne contiennent pas la moindre trace, le récit que fait le Socrate du *Phédon* est en contradiction avec les déclarations formelles du Socrate de l'*Apologie*, affirmant [2] que jamais il ne s'est mêlé de physique. On objectera que le personnage de Socrate dans les *Nuées* doit reposer sur quelque fondement historique. Mais c'est justement à propos des *Nuées* que Socrate fait, dans l'*Apologie*, cette déclaration solennelle. On tranche, il est vrai, la question en écartant l'*Apologie*, sous prétexte que c'est un plaidoyer, et en alléguant que le texte

(1) Ch. xlv sqq.
(2) Ch. iii, p. 19 cd.

du *Phédon* donne l'impression de la réalité historique.
Mais une telle préférence est mal justifiée. Comme le
texte du *Phédon* a pour objet de nous montrer l'origine de la théorie des idées, laquelle, d'ailleurs, est
mise également dans la bouche de Socrate, il convient
d'attribuer à Platon lui-même les réflexions par lesquelles débute cette exposition. Quant à l'*Apologie*, elle
a certainement une valeur historique, comme le prouve,
entre autres détails, cette curieuse prédiction faite par
Socrate aux juges [1], que, lui mort, les Athéniens verront s'élever contre eux un bien plus grand nombre de
censeurs (ἐλέγχοντες), d'autant plus désagréables qu'ils
seront plus jeunes. Cette prédiction, qui ne paraît pas
s'être réalisée, eût été sûrement omise dans une apologie imaginée par Platon lui-même. Mais si Socrate a
en effet mis au défi ses auditeurs de prouver qu'il eût
jamais dit le moindre mot touchant les questions physiques [2], comment pourrions-nous affirmer le contraire?
Faudra-t-il donc mettre les fables d'un poète comique
au-dessus du témoignage de Socrate lui-même?

Nous renoncerons donc à connaître les idées qu'a
professées Socrate dans sa jeunesse et même dans sa
maturité. Nous avons lieu d'ailleurs de supposer qu'elles
étaient en conformité avec celles qu'il professa à la fin
de sa vie, puisque, dans l'*Apologie*, Socrate dit à ses
auditeurs que, s'ils sont prévenus contre lui et s'ils le

(1) Ch. xxx, p. 39, ed. Cf. Grote.
(2) Ch. iii, p. 19 d.

tiennent pour un physicien et un sophiste, c'est qu'ils ont été induits en erreur sur son compte par ses ennemis dès leur enfance [1]. En tout cas, prétendre éclairer le Socrate des dernières années par le Socrate du temps des *Nuées*, c'est chercher dans l'inconnu l'explication du connu.

Le point de départ de la doctrine à laquelle se fixa Socrate se trouve pour nous dans ses réflexions critiques sur les deux disciplines qui alors se partageaient les esprits, la physique et la sophistique.

Socrate ne s'est jamais adonné à la physique. Le témoignage de Platon [2] et d'Aristote [3] en fait foi comme celui de Xénophon. Mais il n'est pas douteux qu'il en ait pris connaissance. Il l'envisagea surtout en philosophe. Il ne tourna pas son attention sur les détails, sur les théories particulières qui vraisemblablement tenaient la plus grande place dans les recherches des anciens physiologues. Il s'en tint aux principes généraux qui commandaient tout le reste, à ces conceptions mécaniques ou dynamiques de la nature, qui induisaient les phisolophes à tout expliquer sans recourir à des puissances surnaturelles. L'être est-il un ou multiple; est-il en mouvement ou en repos; est-il soumis au devenir et à la destruction, ou est-il

---

(1) Ch. ii, p. 18 c.
(2) *Apol.*, ch. iii, p. 19, d.
(3) *Mét.*, I, 6, 987, b, 1.

soustrait à la génération et à la corruption? Telles
étaient les questions philosophiques que se posaient les
physiologues [1].

Socrate ne s'attarda pas à examiner une à une les
diverses doctrines qu'avait engendrées l'idée d'une physique naturelle. Il les condamna en bloc, comme
vaines, stériles et sacrilèges.

La physique était une recherche vaine. Car les physiciens n'avaient pu se mettre d'accord sur aucun point.
Les uns soutenaient que l'être est un, les autres qu'il
est infiniment multiple; les uns que tout se meut, les
autres que tout est éternellement immobile, et ainsi du
reste [2]. Or, contradiction est marque d'ignorance.

Elle était stérile. Ceux qui s'occupent de ces objets,
disaient Socrate, croient-ils donc que, quand ils connaîtront la loi de nécessité suivant laquelle chaque chose se
produit, ils pourront faire, à leur gré, les vents, les eaux
et les saisons [3]?

Et ces deux traits résultaient eux-mêmes d'un vice
radical, à savoir du caractère sacrilège de l'entreprise.
Tout ce qui est, disait Socrate, se partage en deux catégories [4] : les choses humaines (τὰ ἀνθρώπεια), telles que
le pieux et l'impie, le beau et le laid, le juste et l'injuste, les questions relatives à la cité et à l'autorité [5],

(1) Xénophon, *Mém.*, I, 1, 14.
(2) *Ibid.*, IV, 2.
(3) *Ibid.*, I, 1, 15.
(4) *Ibid.*, I, 1, 12.
(5) *Ibid.*, I, 1, 16

et les choses divines (δαιμόνια), telles que la formation du monde[1], ou bien encore les conséquences éloignées et dernières de nos actions[2]. Or, les dieux nous ont donné la faculté de connaître les premières par le raisonnement, mais ils se sont réservé les secondes[3]. Les physiciens, en spéculant sur les choses divines et en négligeant les choses humaines, intervertissent l'ordre établi par les dieux eux-mêmes : ils dédaignent les connaissances que les dieux ont mises à notre portée, pour tenter de surprendre celles qu'ils se sont réservées.

Chose digne de remarque, nous retrouvons chez Pascal une distinction analogue. Lui aussi[4] divise les choses en humaines et divines et accuse les hommes d'avoir corrompu l'ordre établi par Dieu, en faisant, des choses profanes, l'usage qu'ils devaient faire des choses saintes, et réciproquement, c'est-à-dire en considérant les choses profanes avec le cœur et les divines avec l'esprit. Seulement, chez Pascal, ce sont les choses physiques qui sont les profanes, et les morales qui sont les divines.

Cette ressemblance et cette différence nous font mieux comprendre la pensée de Socrate. C'est le même esprit religieux qui, chez Socrate et chez Pascal, impose une borne à la raison humaine. Mais, pour l'Hellène, l'homme

---

(1) Xénophon, *Mém.*, I, 1, 11.
(2) *Ibid.*, I, 1, 8.
(3) *Ibid.*, 1, 1, 7-8.
(4) *De l'Esprit géom.*, 2ᵉ fragm.

est lui-même son maître, et c'est la nature, avec ses mystères et son éloignement, qui est le divin. Pour le chrétien et le moderne, l'infini de la vie intérieure est le divin ; et c'est la nature, matière brute et passive, qui est l'objet proposé à l'activité humaine.

La condamnation de l'ancienne physique par Socrate a sa cause première dans le fonds d'idées propres à sa nation. La Grèce ne pouvait se reconnaître entièrement dans ces spéculations sur les principes des choses où s'étaient hasardés les physiologues. Sans doute la puissance de raisonnement, la subtilité ingénieuse, le sens merveilleux de l'harmonie qu'avaient déployés ces profonds chercheurs étaient son bien ; mais l'application immédiate de ces qualités d'esprit aux objets matériels les plus étrangers à l'homme était contraire au génie d'une race essentiellement politique, éprise, par dessus tout, de beaux discours et de belles actions. Et puis, comment concilier une philosophie qui se proposait d'expliquer les phénomènes physiques par des causes toutes naturelles, avec une religion qui mettait partout l'action immédiate des dieux ? C'étaient des Grecs sans doute qui avaient ordonné ces beaux systèmes où la nature était soumise aux lois de la pensée, mais c'étaient des citoyens des colonies, entretenant des relations avec les Egyptiens, les Phéniciens, les Babyloniens. Ils avaient créé la forme : l'Orient leur avait fourni la matière. Détacher les affaires humaines de l'ensemble des choses, en faire le propre domaine de l'intelligence comme de l'activité de l'homme, et, en même temps, restituer aux dieux les phénomènes physiques, c'était se replacer sur le terrain propre de l'Hellène et en particulier de l'Athénien : chose naturelle chez le philosophe qui jamais ne sortit d'Athènes, sauf pour combattre dans les rangs de ses concitoyens.

Le jugement de Socrate sur la physique n'est donc pas un fait fortuit et accidentel, ce n'est pas l'effet d'un esprit positif et prosaïquement utilitaire. Ce n'est même pas uniquement cette dépréciation du passé habituelle chez les novateurs, cet antagonisme contre l'idée rivale, condition de réalisation et de développement de l'idée nouvelle qui prétend à l'existence. Les objections de Socrate contre la physique sont l'expression philosophique de cette antipathie d'un peuple religieux et artiste pour une explication mécanique des choses, dont Aristophane lui-même s'est fait l'interprète dans les *Nuées*. Le vrai Socrate bafoue comme le peuple le Socrate d'Aristophane. La seule différence, c'est qu'il sait mieux pourquoi.

Mais ce discernement même l'empêche de condamner dans toutes ses parties l'œuvre des physiciens. En même temps qu'il la déclare vaine, stérile et sacrilège, il y démêle un principe qu'il recueille avec un soin jaloux. Ce principe, c'est la forme et comme le moule de la pensée hellénique, où les physiologues ont jeté la matière qu'ils empruntaient à l'Orient : c'est la conscience qu'a désormais acquise l'esprit humain du besoin d'unité et d'harmonie qui est en lui ; c'est la notion d'une vérité impersonnelle distincte de l'opinion et de la fantaisie ; c'est l'idée abstraite de la science. Quand Socrate demande aux physiologues[1] si c'est parce qu'ils estiment savoir suffisamment les choses humaines qu'ils entreprennent de spéculer sur les choses divines, il est clair qu'il retient de l'ancienne physique l'idée générale de la science, comme d'un mode de connaissance spécial et supérieur, en même temps qu'il écarte l'objet auquel cette idée a été appliquée jusqu'à présent.

Ainsi l'idée générale de la science ne naît pas de toutes pièces dans l'esprit de Socrate, par une pure intuition du génie, comme le ferait croire la profonde mais abstraite dissertation de Schleiermacher. Elle n'est pas non plus la réaction du subjectivisme contre l'objectivisme, réaction qui aurait été déterminée par les excès de l'objectivisme lui-même selon la loi générale du développement de l'esprit humain, comme paraît l'admettre l'ancien hégélien Ed. Zeller. Cette idée de la science n'est autre chose que la propre part du génie hellénique dans la formation de l'ancienne physique. L'œuvre de Socrate consiste à la dégager des éléments étrangers avec lesquels elle était confondue, grâce à une fine distinction de la matière et de la forme que n'avaient pas su faire les différents adversaires des physiologues. Et il fut servi en cela par sa faculté d'invention sans doute, mais aussi par le tour

---

(1) *Mém.*, I, 1, 12.

singulièrement hellénique de son esprit. En lui, le génie grec reconnut son bien dans la forme scientifique que les physiologues avaient donnée aux connaissances pratiques ou aux spéculations astronomiques des Orientaux.

Si Socrate se préoccupa de la physique, il donna plus d'attention encore à la sophistique. Il y distingua deux choses : la fin et le moyen. La fin ou objet de la sophistique, c'était, à ses yeux, de rendre les hommes capables de bien parler et de bien agir, de bien administrer les affaires de la cité et de la maison, d'être utiles en un mot aux autres et à eux-mêmes [1]. Quant au moyen, c'était uniquement l'exercice et la routine, c'était la pratique immédiate de l'action même dont on se propose d'acquérir la capacité. Le sophiste tel que le conçoit Socrate, c'est donc un homme qui identifie le moyen avec la fin; qui estime, par exemple, que, pour apprendre à bien parler, il ne s'agit que d'entendre parler les autres et de parler soi-même, sans se mettre en peine d'étudier théoriquement les conditions de l'éloquence. La pratique se suffit à elle-même. Le talent est semblable à une aptitude physique, que l'on communique aux hommes en les façonnant et en les dressant.

De cette discipline, Socrate approuva l'objet, mais condamna la méthode.

Ce n'est pas ironiquement qu'il appelle l'art sophis-

---

[1] *Mém.*, IV, 3, 1; IV, 2, 11.

tique le plus beau et le plus grand de tous, un art vraiment royal[1]. Si l'on ne considère que la fin proposée à l'activité humaine, Socrate n'est pas seulement d'accord avec les sophistes, il est lui-même un d'entre eux. Avec les sophistes il pense que l'homme ne doit s'occuper que des choses humaines. Avec eux il estime qu'au-dessus des hommes adonnés à des professions spéciales, charpentiers, pilotes, médecins, il y a l'homme pur et simple, qui appelle et mérite une culture distincte. Sans doute, l'esprit suivant lequel Socrate borne la philosophie à l'étude des choses humaines n'est pas celui qui anime les sophistes. Ceux-ci exaltaient l'homme parce qu'ils niaient les dieux. Socrate voit la marque de l'existence et de la grandeur des dieux dans les limites mêmes qui s'imposent à l'homme. Mais, par des voies différentes, Socrate et les sophistes aboutissent à la même conclusion.

Ce rapprochement de Socrate et des sophistes n'a rien qui rabaisse Socrate, si l'on se fait une juste idée du caractère de la sophistique. Les sophistes n'ont pas été uniquement ces destructeurs dont parle Ed. Zeller, ni cet écho impersonnel de la morale régnante, que Grote nous montre en eux. Les créateurs de la sophistique, tels que Protagoras et Gorgias, ont eu ce noble rôle de concevoir, les premiers, la légitimité et l'utilité d'une culture intellectuelle d'un caractère général, s'adressant,

---

(1) *Mém.*, IV, 2, 11.

non à telle ou telle faculté, mais à l'homme même, de manière à le rendre capable de bien agir en toute circonstance. Déjà l'éducation nationale avait ajouté à la gymnastique la musique, ou enseignement des connaissances qui forment l'intelligence. Mais les sophistes s'élevèrent à une conception plus haute, en donnant pour fin à l'éducation, non seulement d'introduire dans l'esprit un nombre plus ou moins grand de connaissances déterminées, mais d'y créer des aptitudes universelles. En cela on peut dire qu'ils amenèrent au jour de la conscience le principe qui, de longue date, dirigeait la vie pratique des Hellènes et qui se traduisait par une admiration singulière pour les hommes féconds en expédients, et adroits, en toute occasion, à se tirer d'affaire, tels qu'un Ulysse, un Thémistocle, ou un Alcibiade. Et la forme spéciale que les sophistes donnèrent à leur principe en marque plus nettement encore le caractère hellénique. Car c'est essentiellement dans l'habileté à parler et à discuter qu'ils placèrent la valeur propre de l'homme; c'est pour développer cette vertu chez leurs élèves qu'ils créèrent ce qu'on peut appeler la gymnastique intellectuelle.

Rien d'étonnant que Socrate ait approuvé ce que la sophistique renfermait d'élevé et de conforme au génie de sa race. Mais il ne s'est pas mis pour cela à l'école des sophistes.

Il s'avisa en effet de se demander si les œuvres répondaient aux promesses, et si les sophistes donnaient effectivement cette éducation intellectuelle et morale dont ils avaient compris l'excellence. Le procédé qu'il adopta pour s'en assurer est, à vrai dire, d'un homme déjà préoccupé d'une doctrine contraire, plutôt que d'un critique impartial qui se place sans arrière-pensée au point de vue de ses interlocuteurs. Il ne s'occupa pas de voir les gens à l'œuvre, de constater si les élèves des sophistes se comportaient en politiques habiles, en hommes justes et avisés. Il partit de cette idée que la marque de la capacité c'est le savoir, et la marque du savoir la possibilité d'expliquer aux autres ce que l'on sait[1]. Dès lors, il alla par la ville, interrogeant les sophistes et leurs élèves, les sommant de lui dire ce que c'est que la piété, la justice, le courage, la vertu, et de satisfaire à toutes les questions possibles sur ces objets, sans jamais se mettre en contradiction avec eux-mêmes. A cette épreuve nul ne résista, et Socrate conclut que les promesses des sophistes étaient belles, mais que les résultats n'y étaient pas conformes.

Or à quoi pouvait tenir cette impuissance des sophistes, sinon à la méthode qu'ils employaient? Cette méthode, c'était la pratique livrée à elle-même et écartant toute théorie comme vaine et inutile, c'était l'art considéré comme étant à lui-même son moyen et sa fin.

Socrate vit là une double erreur. D'abord l'art ne peut être à lui-même sa fin. Considérez la gymnastique cor-

---

(1) *Mém.*, IV, 6, 1 ; III, 3, 11. — Cf. Lachès, 190, c.

porelle. Si vous admettez qu'elle est une fin absolue, vous serez amené à faire autant d'état des tours de force qui déforment le corps que des exercices bien combinés qui le rendent souple et vigoureux. Il en est de même de la gymnastique intellectuelle. Livrée à elle-même, elle peut aussi bien rendre les hommes plus injustes et plus mauvais que les rendre plus justes et meilleurs[1]. Aura-t-elle donc, dans les deux cas, la même valeur?

Mais il y a plus : non-seulement l'art ne peut pas être à lui-même sa fin, mais il ne peut naître du seul exercice et de la seule pratique. Si l'art pour l'art est dangereux, l'art par l'art est impossible. Croit-on, comme le dira plus tard Aristote, dans le sens de Socrate, qu'il suffise, pour enseigner à un homme le métier de cordonnier, de lui mettre dans les mains une collection de chaussures toutes faites[2]? Autre chose est communiquer les produits de l'art, autre chose susciter l'art lui-même. Le disciple dressé du dehors peut reproduire plus ou moins fidèlement les actions qu'il a vu accomplir à son maître : il n'a pas en lui cette aptitude générale, se suffisant à elle-même, qui constitue l'art véritable. L'art c'est l'indépendance, et un tel disciple est esclave de son maître[3].

L'art par l'art, c'est, en somme, la routine, l'igno-

---

(1) *Mém.*, IV, 3, 1.
(2) Arist, *Soph. Elench.*, 184 a, 1.
(3) *Mém.*, IV, 7, 1 : αὐτάρκεις ἐν ταῖς προσηκούσαις πράξεσιν.

rance, le hasard. Or il faudrait être bien simple pour croire que, tandis que l'on ne peut devenir charpentier, pilote, général, sans posséder les connaissances spéciales relatives à ces diverses professions, le talent de gouverner la cité ou la maison, l'habileté dans la conduite générale de la vie peut naître en nous par l'effet du simple hasard [1]. Que l'on considère telle qualité de l'esprit que l'on voudra : si, pour l'acquérir, on s'en tient à la seule pratique, on ne sera jamais sûr de ne point aboutir au contraire de ce qu'on recherchait. Voici par exemple la justice. L'homme qui ne l'a apprise que par la pratique et la routine, la fera consister dans telles manières d'agir déterminées, comme de ne point tromper ou de ne point voler. Mais la tromperie est juste quand elle s'adresse aux ennemis, et le pillage est juste quand ce sont les ennemis que l'on pille [2].

Que si l'art ne se suffit pas à lui-même, où peut-il trouver et cette règle et ce principe dont il a besoin? Il ne les saurait trouver que dans de justes notions sur l'emploi des qualités de l'esprit et sur les conditions de ces qualités mêmes, en un mot dans la science. Les sophistes ont manqué le but parce qu'ils se sont trop hâtés, et qu'ils y ont marché tout droit, au lieu de prendre le détour qui seul peut y conduire. Avant de prétendre à l'habileté pratique dans la parole ou dans

(1) *Mém.*, IV, 2, 2 sqq.; III, 5, 21 sqq.
(2) *Ibid.*, IV, 2, 14 sqq.

l'action, il faut acquérir ces connaissances théoriques qui seules confèrent une capacité générale [1]. On est bon dans les choses qu'on sait, on est mauvais dans celles qu'on ignore [2]. L'art suppose la science : voilà ce que les sophistes n'ont pas vu.

Tels sont les jugements que porta Socrate, soit sur la physique, soit sur la sophistique. Ces jugements étaient la contre-partie l'un de l'autre. Socrate blâmait les physiologues de n'avoir pas eu ce sens des choses humaines qu'il louait chez les sophistes : il blâmait les sophistes d'avoir omis cette conception de la science qu'il trouvait chez les physiologues. Les physiologues avaient appliqué la forme de la science à un objet qui la dépasse : les sophistes avaient négligé de l'appliquer à l'objet qui la comporte et qui l'exige. La physique, c'était la science isolée de l'art et de la vie pratique, et se perdant en vaines spéculations ; la sophistique, c'était l'art isolé de la science et réduit ainsi à une routine dangereuse.

Une telle appréciation de la physique et de la sophistique conduisait naturellement Socrate à recueillir et combiner les principes qui lui paraissaient viables dans chacune de ces deux disciplines, c'est-à-dire la forme scientifique, d'une part, et la préoccupation exclusive des choses humaines, d'autre part. En appliquant à l'objet de la sophistique la forme scientifique créée par

(1) *Mém.*, IV, 3, 1 ; III, 9, 4.
(2) *Lachès*, 194 d.

les physiologues, on constituerait une sagesse, utile comme l'art, universelle et communicable comme la science, capable de former l'homme et d'agir sur ses mœurs, capable aussi de se suffire à elle-même et de se défendre contre les objections, en un mot proportionnée aux forces comme aux besoins de la nature humaine.

Cette idée d'une réunion de la science et de l'art est le germe même de la philosophie socratique. Socrate ne commence pas par cultiver séparément la science et l'art, pour les faire servir ensuite l'un à l'autre. A ses yeux, chacun des deux s'égare quand il prétend cheminer seul. C'est dans leur concours intime, dans leur pénétration mutuelle, que réside la condition de leur existence et de leur succès.

Par là se trouve déterminé l'objet général des recherches de Socrate. Cet objet, c'est le domaine qu'il a nettement discerné et circonscrit entre les choses divines et les arts mécaniques, c'est-à-dire la nature humaine dans ce qu'elle offre de général et de définissable [1] ; c'est le bonheur humain véritable et solide, distingué du bonheur d'opinion, fragile et illusoire [2] ; c'est l'art d'en bien user avec les hommes et les choses humaines, non seulement dans certains cas et par hasard, mais à coup sûr et en toute circonstance [3] ; c'est

---

(1) *Mém.*, I, 1, 16.
(2) *Apol.*, 36 d.
(3) *Mém.*, IV, 1, 2.

enfin ce qui est nécessaire et suffisant pour former l'honnête homme.

Telle était sa pensée quand il allait répétant la maxime apollinienne : Γνῶθι σαυτόν. Se connaître, pour Socrate, ce n'était pas simplement avoir conscience, en chaque circonstance, de ce dont on est ou n'est pas capable. C'était pénétrer, dans sa propre âme, par delà le particulier et le passager, pour découvrir le fonds identique et permanent. C'était découvrir cette nature secrète que nous portons partout avec nous, et qui, bien plus que les choses extérieures, renferme en elle les conditions de notre sagesse et de notre bonheur. La maxime socratique est, en un mot, l'exhortation à prendre conscience de ce qu'il y a en nous de général.

Et le Γνῶθι σαυτόν n'est pas simplement, dans la pensée de Socrate, le premier pas dans la poursuite de la vérité totale. Socrate n'entend pas dire que la connaissance de soi-même est la condition de toutes les autres sciences, et que, cette première connaissance une fois acquise, on sera en mesure de se mettre à la poursuite des autres. Le Γνῶθι σαυτόν est le terme comme le commencement de la science. Il n'y a point pour l'homme d'autre science à acquérir que celle de l'homme.

On lit à la vérité dans le *Phèdre* de Platon[1] que Socrate trouve risible de s'occuper d'autres choses, alors que l'on s'ignore encore soi-même ; et de ce texte il

---

(1) 229 e.

semble résulter que Socrate ajourne, mais ne proscrit pas, les recherches physiques et théologiques. Mais Socrate parle ici ironiquement. Dans sa pensée, le moment d'aborder la science de l'être universel n'arrivera jamais, parce que jamais l'homme ne se connaîtra complètement lui-même. Socrate, le premier peut-être, a eu le sentiment de l'infinie complexité et de la profondeur insondable de l'homme moral, comme en témoigne le texte même du *Phèdre* que nous venons de citer. « Je cherche, dit-il [1], si je suis un animal plus compliqué que Typhon et plus méchant, ou si ma nature est simple et participe à la divinité. »

Comment Socrate pourrait-il admettre, même en les ajournant, des recherches dont l'homme ne serait pas l'objet ? En dehors des choses humaines, il n'y a que les choses physiques ou divines, et les arts mécaniques. Or les unes passent la portée de l'homme [2], et les autres, comme l'art du cordonnier, du charpentier, du lutteur, du pancratiaste, sont très bien pratiqués par les hommes spéciaux sans le secours de la science théorique [3].

D'ailleurs, ainsi bornée à l'homme, la sagesse est ce qui pour l'homme présente le plus haut intérêt. En effet, qu'est-ce qui relève le plus la nature humaine, sinon la liberté, l'indépendance à l'égard des autres hommes et

---

(1) 230 a.
(2) *Mém.*, IV, 7, 6.
(3) *Ibid.*, III, 5, 21; IV, 2, 12.

des choses extérieures, la possession de tout ce qui est nécessaire à la bonne conduite et au bonheur ? Or, quelles sont les occupations qui peuvent nous conférer cette indépendance divine ? Ce ne sont pas les arts mécaniques, asservis aux besoins du corps, ce n'est pas la haute astronomie, la haute géométrie, sciences difficiles et vaines, dont l'objet est tout extérieur à l'âme humaine [1]. Si l'on y prend garde, on verra qu'en toute circonstance c'est une même chose qui fait l'homme dépendant et esclave, à savoir l'ignorance des vrais biens et des vrais maux, l'ignorance de soi-même [2]. Et ainsi, ce qui affranchira l'homme et lui permettra de se suffire en toute circonstance [3], ce sera la science, et non pas une science quelconque, mais la connaissance de ce que nous sommes et de ce qui convient à notre nature.

C'est ainsi que Socrate conçoit la science des choses humaines comme le plus digne objet des facultés de l'homme. Mais de l'idée d'une telle science à la réalisation, la distance est grande. Ni la forme scientifique, telle qu'elle se dégage de l'antique physiologie, ne s'adapte aux choses de la vie morale, ni l'art, tel que l'ont conçu les sophistes, ne se prête à un développement scientifique. Pour les physiciens, la science consistait à connaître la génération des choses, à pouvoir dire s'il n'y a qu'une substance ou s'il y en a plusieurs,

---

(1) *Mém.*, IV, 7, 2.
(2) *Ibid.*, IV, 2, 22-23 ; I, 1, 16.
(3) *Ibid.*, IV, 7, 1.

si tout est immobile ou si tout est mouvement. Comment appliquer ces catégories aux choses intellectuelles et morales ? D'un autre côté, pour les sophistes, il n'y a rien de fixe ni d'universel dans la nature humaine : le bien, le bonheur sont entièrement relatifs aux individus. Les choses humaines ne nous offrent à étudier qu'une infinité de cas particuliers, que rien ne relie les uns aux autres. Comment trouver dans une pareille matière un objet de science ?

L'idée d'une science morale, telle que l'avait conçue Socrate, suscitait donc une double tâche. D'une part, il fallait élaborer l'idée de science, de manière qu'elle s'adaptât aux choses morales ; d'autre part, il fallait considérer les choses morales d'un biais qui les fît apparaître comme propres à devenir objet de science. Il fallait et créer un moule approprié à la matière, et rendre la matière susceptible de se couler dans le moule. C'est à résoudre ce double problème que tendirent les réflexions de Socrate. On peut grouper sous les termes de *dialectique* et d'*éthique* les résultats de ces réflexions sur l'un et l'autre point. Mais on ne saurait attribuer à Socrate une dialectique et une éthique distinctes l'une de l'autre. Le caractère de sa dialectique est d'être constituée en vue de son éthique, et le caractère de son éthique est d'être la mise en œuvre de sa dialectique. Ce ne sont là que deux faces d'une seule et même discipline : c'est le dédoublement plus ou moins artificiel de la « Science morale ».

En quoi consistent, en ce sens, la dialectique et l'éthique de Socrate? Retrouverons-nous dans les détails de sa philosophie les caractères qui nous ont paru marquer sa conception générale de la sagesse humaine?

III

Selon Edouard Zeller, comme selon Schleiermacher, non seulement Socrate n'est pas un simple moraliste populaire, mais il ne borne pas non plus sa réflexion à la philosophie morale : Socrate poursuit la vraie science, la science de l'essence des choses. Il conçoit en premier lieu l'idée de la science d'une manière universelle, la faisant consister dans la détermination méthodique du concept ou expression de l'élément général des choses données. Puis, en vertu de la loi même de l'esprit humain, il applique cette forme universelle à l'objet particulier et inadéquat qui lui est fourni par l'expérience. Cet objet se trouve être la vie humaine. La tâche ultérieure des socratiques consistera à appliquer cette même forme aux autres domaines de la réalité[1].

Selon cette interprétation, la théorie socratique de la science aurait une existence distincte. Elle serait, logiquement sinon chronologiquement, antérieure à l'éthique socratique, et indépendante de cette doctrine.

---

(1) Schleiermacher, *Werke*, III, 2, p. 300 sqq. Zeller, *Phil. d. Gr.*, 3ᵉ édit., t. II, 93 sqq.

Ce serait comme un système de symboles que le philosophe aurait créé à un point de vue tout abstrait, et non en ayant égard à la nature propre des choses qu'il se proposait d'étudier.

On ne peut nier que cette interprétation ne soit conforme à la destinée qu'a eue la philosophie socratique. Nous voyons en effet Platon et Aristote appliquer à l'étude de la nature entière une méthode analogue à celle que Socrate avait employée dans l'étude des questions morales.

Mais suffit-il qu'une interprétation soit conforme à la fortune historique d'une philosophie, pour que nous la considérions comme l'expression fidèle de la pensée du philosophe lui-même ? C'est une méthode chère aux hégéliens, de juger de ce qu'est une chose dans son fond par ce qu'elle devient ultérieurement. Et, en effet, la création est pour eux l'être même. Mais ce n'est pas sans raison, semble-t-il, que Pascal a dit : « Les mêmes pensées poussent quelquefois tout autrement dans un autre que dans leur auteur. » Que de principes s'étendent, se restreignent, se modifient, se transforment, en passant d'un esprit dans un autre, qui les envisage à son point de vue propre ! Nous ne saurions dire, avec Schleiermacher et les hégéliens : « Pour savoir ce qu'était Socrate, il faut avant tout chercher comment Platon a pu le considérer comme son maître. » Car Platon a pu détourner la méthode socratique vers des objets pour lesquels elle n'était pas faite.

Or, si nous considérons un à un les principaux éléments de cette méthode, nous trouverons que, sous la forme qu'ils présentent dans les discours de Socrate, ils ne s'expliquent que par une continuelle préoccupation de l'objet moral auquel ils doivent s'appliquer. Nous ne verrons pas Socrate déterminer pour elle-même l'idée de la science, et en faire ensuite l'application à la morale. La science, pour lui, ne se séparera de la morale que d'une manière tout abstraite, dans le langage si l'on veut, jamais dans la nature des choses. En un mot, Socrate nous apparaîtra comme s'étant posé le problème logique dans les termes suivants : en quoi doit consister la science, pour que la vertu et le bonheur puissent devenir objet de science ?

Et d'abord, le critère de la science, pour Socrate, c'est l'accord avec soi-même, et la capacité de faire accepter de tous, infailliblement, ce que l'on pense savoir [1]. Socrate ne se montre pas préoccupé de confronter les doctrines philosophiques avec la nature des choses, telle qu'elle peut exister en elle-même indépendamment des conceptions de l'esprit humain. Dans le double accord de l'homme avec soi et avec les autres, en d'autres termes dans l'accord de l'esprit humain avec lui-même, réside, selon lui, la condition nécessaire et suffisante de la certitude.

(1) *Alcibiade*, I, 111 d-e ; *Mém.*, IV, 6, 1 et 15.

Or ce principe, nouveau en philosophie, serait certainement étrange, si la philosophie avait pour objet la connaissance de l'être et des principes universels de la nature. Il faudrait, dans ce cas, pour s'expliquer la doctrine de Socrate, supposer qu'il identifiait déjà la pensée humaine avec le principe de l'être en général. Mais une telle identification ne fut possible que lorsqu'on eut distingué dans l'esprit humain plusieurs régions, et que l'on y eut ainsi démêlé l'existence d'une raison éternelle. Et une telle analyse fut l'œuvre propre de Platon et d'Aristote. Socrate, quant à lui, distingue bien en nous l'opinion et le raisonnement, mais il ne va pas au delà ; et il estime que notre faculté de raisonner ne peut prétendre à connaître les premiers principes et les fins dernières des choses.

Au contraire, on comprend très bien que l'accord de l'esprit humain avec lui-même soit tenu pour le critère de la vérité, s'il ne s'agit que de la vérité en matière morale. Car il est tout naturel d'admettre que l'esprit humain possède, innée en lui, l'idée générale de ce qui convient à l'homme et que ce fonds intellectuel est le même chez tous les individus. C'est ce qu'on appelle le sens commun, guide très digne de confiance tant qu'il ne s'agit que de la conduite de la vie, maître d'erreurs, s'il s'agit de la connaissance des lois de l'univers.

Maintenant, à quel objet faut-il s'attacher pour réaliser cet accord avec soi-même et avec les autres qui est la condition de la certitude? En d'autres termes, quelle est la matière propre de la science ?

Ici se place ce qui fait l'essence de la doctrine logique de Socrate, ce principe original et fécond qui devait, pendant vingt siècles, demeurer la règle de l'esprit humain. La science, proclama Socrate, a pour objet le *général*. Il n'y a pas de science de l'individuel, de l'accidentel, des choses particulières telles qu'elles nous sont données. L'objet de la science du courage, par exemple, ce ne sont pas les actions courageuses, c'est ce qu'il y a de commun à toutes les actions courageuses, c'est la réponse à la question : τί ἐστιν ἡ ἀνδρεία ; c'est, comme dira Platon[1], τό διὰ πάντων περὶ ἀνδρείας πεφυκός[2].

Cette maxime est celle-là même que l'on met en avant pour prouver que Socrate a considéré la science en elle-même, abstraction faite de la matière à laquelle elle doit s'appliquer. Mais s'il est vrai que la maxime de Socrate est devenue après lui une doctrine logique et même métaphysique, supérieure à tout domaine particulier, il ne s'ensuit pas que, pour lui-même, elle ait déjà eu ce caractère. C'est ce qui apparaîtra si, au lieu de la considérer isolément, on la replace dans l'ensemble de la philosophie socratique.

Que Socrate, en fait, n'ait jamais cherché le général que dans les choses humaines, c'est ce qui ré-

---

(1) Voy. *Mém.*, I, 1, 16.
(2) *Lachès*, 192 b.

sulte évidemment de l'ouvrage entier de Xénophon[1].

Aussi le débat porte-t-il moins sur la question de fait que sur la question de droit.

Qu'est-ce donc que Socrate entendait par le général et pourquoi y voyait-il le seul objet qui comportât la connaissance scientifique ?

Socrate n'entendait pas par le général l'élément simple et permanent que peuvent receler les choses composées qui frappent nos sens. A vrai dire, ce n'est pas là le général, mais la substance, c'est-à-dire cet objet même qu'avaient considéré les physiciens et que Socrate tient pour inaccessible. D'autre part, le général n'est pas encore pour lui ce qu'il sera pour Platon et Aristote : le type normal d'une espèce, l'être naturel tel qu'il serait si la cause qui lui est propre agissait seule et n'était pas contrariée, comme il arrive dans le monde sensible, par des influences extérieures. Le général dont parle Socrate ne se rapporte ni au monde matériel, ni même à un monde intelligible : c'est proprement le fonds commun des discours et des actions des hommes. Socrate part de cette idée que si, pour désigner des manières d'agir fort différentes telles que : faire du bien à ses amis et faire du mal à ses ennemis, nous nous servons d'un seul et même mot, celui de justice, c'est que nous avons dans l'esprit une certaine notion qui est une, et dont nous retrouvons l'objet dans les actions diverses que nous

---

(1) Voy. notamment *Mém.*, I, 1, 16,

qualifions de justes. Et comme, lorsque les hommes conversent entre eux avec bonne foi, ils arrivent tôt ou tard à se mettre d'accord sur l'emploi des mots, il faut bien que les idées que ces mots représentent soient identiques dans tous les esprits.

Et maintenant pourquoi Socrate fait-il, du général ainsi entendu, l'objet propre de la science ?

C'est qu'il y trouve la condition nécessaire et suffisante de cet accord avec soi-même et avec les autres, qui, selon lui, est la marque du savoir.

Hors de ces notions déterminées et fixes, qui sont le fondement des mots, il n'y a pas pour l'esprit de point de repère dans ses raisonnements, par conséquent pas de moyen de s'entendre et avec soi-même et avec les autres. En revanche, il suffit de conformer ses discours à ces notions générales sur lesquelles s'accordent tous les hommes, pour être sûr d'obtenir l'assentiment des interlocuteurs. Pourquoi Homère appelle-t-il Ulysse l'orateur sûr du succès ? C'est parce qu'Ulysse se règle, dans ses discours, sur les idées admises par tous les hommes : διὰ τῶν δοκούντων ἀνθρώποις [1].

Or le législateur moderne des sciences de la nature, François Bacon, a pu dire avec raison que des discours des hommes on ne peut tirer que des mots et non des choses, s'il s'agit de connaître la nature du monde extérieur ; mais les discours des hommes sont à coup sûr

---

(1) *Mém.*, IV, 6, 15.

les premiers témoins qu'il faut consulter si l'on veut connaître les pensées et les désirs de l'esprit humain. Rien n'indique que les catégories du langage reproduisent les catégories des choses ; mais il est clair qu'elles sont l'image des catégories de nos pensées et de nos actions. Les discours des hommes ne peuvent fournir au physicien qu'un ensemble de signes et de conjectures tout provisoire. Ils sont pour la philosophie morale la matière même qu'il s'agit d'approfondir.

Si maintenant nous considérons dans le détail la méthode de Socrate, nous y discernons deux parties qu'on peut désigner par les noms de forme extérieure et de fonds logique. La forme extérieure, c'est le dialogue avec certains traits particuliers à Socrate, tels que l'ironie et la maïeutique, ainsi que le rôle capital assigné à la possession de soi et à l'amour. Le fonds logique, c'est la définition et l'induction. Chacune de ces parties a, chez Socrate, une physionomie spéciale.

Zeller dit [1] que, si Socrate emploie la forme du dialogue, c'est qu'il a conscience de son ignorance, à cause des contradictions qu'il remarque dans les systèmes des philosophes, et qu'il veut sortir de cette ignorance. De là, selon Zeller, la disposition à se tourner vers les autres hommes, pour voir s'ils ne posséderaient pas cette science dont lui-même se voit dépourvu.

---

(1) Page 105.

Cette explication n'est pas entièrement satisfaisante. D'abord Socrate ne consulte pas ses interlocuteurs sur toute espèce de choses, mais seulement sur les choses humaines : il n'attend rien du dialogue, non plus que de tout autre moyen d'investigation, pour ce qui concerne la connaissance des choses physiques. Ensuite, Socrate ne voit pas seulement dans le dialogue une manière de philosopher commode et suggestive : la dialectique se confond pour lui avec la sagesse même.

C'est que, si la recherche qui porte sur les causes du monde est affaire de spéculation solitaire, il n'en saurait être de même de la recherche des conditions de la vie humaine. Comment connaître l'homme, sinon en conversant avec les hommes ? Et si la science consiste à découvrir les points sur lesquels tous les hommes sont d'accord et qui forment le fonds de tous leurs jugements (τὰ μάλιστα ὁμολογούμενα), quel plus court et plus sûr moyen de la constituer que de rapprocher et confronter les opinions des hommes ? Enfin, si l'usage qu'on doit faire de la science consiste à instruire les autres et à leur persuader les choses dont on a une fois acquis la certitude, la conversation méthodique n'est-elle pas, du commencement jusqu'à la fin, une partie intégrante de la philosophie et de la sagesse même ?

Ainsi ce n'est pas par modestie, par déférence pour la science des autres, que Socrate parle constamment d'examiner les choses en commun, κοινῇ βουλεύεσθαι¹, κοινῇ σκέπτεσθαι, κοινῇ ζητεῖν, συζητεῖν : cette forme de recherche est impliquée dans l'objet même qu'il a en vue. Pour disserter sur les principes de la nature, il suffit d'écrire ; pour connaître les hommes et les convaincre, il faut converser avec eux.

Le dialogue socratique affecte fréquemment la forme de l'ironie. Socrate questionne sans jamais répondre[2] ; et, par ses questions, il amène l'interlocuteur à se contredire ou à rester court, et à confesser qu'il ne sait pas ce qu'il croyait savoir[3].

Or l'emploi d'un tel procédé se comprend beaucoup mieux s'il s'agit de la connaissance des choses humaines que s'il s'agit de la connaissance de la nature. Comment, s'il s'agit des choses extérieures, se borner à questionner les hommes, sans confronter leurs assertions avec la réalité elle-même ? Ne faudrait-il pas, pour procéder avec fruit à une telle interrogation, être déjà compétent soi-même sur les questions physiques et métaphysiques ? Ensuite, ne faudrait-il pas que l'auditoire, lui aussi, eût une compétence spéciale, pour que son jugement sur la discussion eût quelque valeur ? Mais s'il s'agit des choses humaines, tout homme porte en lui la pierre de touche nécessaire pour éprouver les opinions ; tout homme est compétent. L'interrogateur peut trouver,

---

(1) *Mém.*, IV, 5, 12.
(2) Arist., *Soph. el.*, c. XXXIII.
(3) Plat, *Rép.*, I, 337 a, e ; *Sophiste*, 183 b.

dans la conversation elle-même, tout ce qu'il faut pour mettre son interlocuteur en flagrant délit de contradiction non seulement avec lui-même, mais encore avec la nature des choses. D'ailleurs ne sont-ce pas avant tout les choses humaines, piété, justice, courage, vertu, dont chacun croit connaître la nature sans la connaître en effet? Les physiologues eussent refusé le combat auquel Socrate conviait ses interlocuteurs. Seuls les hommes qui s'occupaient des choses morales pouvaient se prêter à de telles interrogations, et s'y prêtaient en effet.

Il en est de même de la maïeutique. Socrate est, quant à lui, stérile en fait de sagesse; mais il aide les autres par ses questions à accoucher de ce qu'ils portaient dans leur esprit sans s'en apercevoir. Puis, ayant mis ainsi au jour les idées secrètes de ses interlocuteurs, il examine avec soin si ce que leur âme a engendré est chimère ou fruit réel et viable[1]. Que penser d'un tel procédé?

Socrate, nous dit-on, se considère lui-même comme stérile en fait de sagesse. De quelle sagesse est-il ici question, sinon de la sagesse pratique, laquelle en effet a ce caractère singulier d'être, par un côté, incommunicable, de n'exister en nous que si elle est nous-même, de ne se produire en notre personne que si elle jaillit de notre propre fonds?

Comment Socrate peut-il faire sortir, de l'esprit même

---

(1) *Théét.*, 149, 157 c.

de ses interlocuteurs, des idées susceptibles d'être vraies et viables? Cette doctrine est bien étrange s'il s'agit de vérités physiques ou métaphysiques. L'audacieuse doctrine qui identifiera l'esprit de l'homme avec le principe des choses n'apparaît nulle part chez Socrate : s'il lui arrive de lire dans l'avenir[1], ce n'est pas par les seules forces de son intelligence, c'est grâce à une révélation mystérieuse toute surnaturelle. Mais la maïeutique est une méthode très raisonnable et très légitime s'il s'agit de faire découvrir aux hommes les vérités morales. Car ces vérités ne sont que l'expression et la connaissance réfléchie de la nature humaine; et tout homme porte en soi la nature humaine. La fiction du *Ménon* est une extension platonicienne et paradoxale de la maïeutique socratique. Socrate, quant à lui, ne tire de l'esprit de ses auditeurs que des connaissances relatives à la piété, à la justice, à la tempérance, au courage, au gouvernement des cités, à tout ce qui constitue l'honnête homme[2].

Enfin comment Socrate, qui fait profession d'être ignorant, peut-il apprécier la valeur des fruits qu'il fait produire aux intelligences? N'est-ce pas qu'il s'agit ici exclusivement de ces idées morales et pratiques sur lesquelles tout homme, en tant qu'homme, est compétent, du moment que, dans ses jugements, il sait faire taire les goûts et passions qui lui sont propres, pour se

---

(1) *Mém.*, I, 1, 5.
(2) *Ibid.*, I, 1, 16.

placer à ce point de vue supérieur à l'individu qu'avait justement défini Socrate?

La dialectique a en outre deux conditions morales fort remarquables, la possession de soi et l'amour : ἐγκράτεια et ἔρως.

« A ceux qui se possèdent et à ceux-là seulement il est donné de rechercher en tout ce qui est le mieux, et, distinguant les choses par une dialectique d'actions et de paroles, selon les genres auxquels elles appartiennent, de choisir les bonnes et de s'abstenir des mauvaises[1]. » C'est parce que la dialectique a pour objet la détermination de la valeur des choses au point de vue moral et humain, que la possession de soi en est la condition essentielle. La vraie valeur morale des choses, en effet, c'est l'intérêt qu'elles présentent pour la nature humaine en général, et non pour l'individu considéré dans ses goûts et ses passions, lesquels sont superficiels et passagers. Or, c'est grâce à l'empire sur soi que l'homme fait abstraction, dans ses jugements, de ses préférences individuelles et accidentelles.

L'amour enfin, ἔρως, joue un rôle important dans la dialectique de Socrate. Il en est question chez tous les socratiques. Non seulement Xénophon et Platon, mais Euclide, Criton, Simmias, Antisthène, ont écrit sur l'amour. De quel amour est-il ici question? Nul doute que Socrate n'entende parler, non de l'amitié pure et simple, mais

---

(1) *Mém.*, IV, 5, 11.

d'une affection mêlée d'attrait sensible. C'est une sorte d'ardeur spirituelle, qui pénètre l'homme tout entier et qui lui cause une émotion étrangère à la pure amitié. Sans doute, Socrate flétrit l'amour physique, mais non pas dans tous ses éléments. Il en retient ce charme qui exalte l'âme et qui fait défaut dans un commerce où l'intelligence nue est seule en cause. Il en conserve, peut-on dire, l'élan, sinon l'objet[1].

Cet amour, d'ailleurs, ne saurait aller jusqu'à la passion et au délire, comme l'amour dont parle Platon dans le *Phèdre*. La possession de soi demeure, ici même, un devoir supérieur et inviolable. La distinction platonicienne d'un bon et d'un mauvais délire eût été rejetée par Socrate. Tout délire, selon lui, est un esclavage.

Comment s'explique la prescription d'un tel état d'âme?

Socrate ne songe certainement pas à investir l'amour du rôle que lui assignera Platon, et qui consistera à nous faire pénétrer dans le monde de la beauté, comme dans le vestibule de la vérité transcendante et divine. Pour que l'amour pût apparaître comme doué d'une telle puissance, il faudrait qu'il consistât dans le ravissement et l'extase, tandis que l'amour socratique est inséparable de la possession de soi. Déjà Socrate condamne les poètes parce qu'ils composent leurs ouvrages,

---

(1) Xén., *Banquet*, ch. VIII.

non par science, mais par enthousiasme[1]. Il eût condamné à plus forte raison, comme sacrilège, la prétention de surprendre par le délire, les secrets que les dieux ont cachés à notre intelligence.

C'est dans les recherches sur les choses humaines qu'il y a place pour un amour où se réunissent l'attrait sensible et la possession de soi. D'après le principe de la maïeutique, l'âme doit tirer sa sagesse d'elle-même, comme le corps tire de lui-même le fruit auquel il donne naissance. L'âme, comme le corps, doit donc être fécondée. L'amour intervient ici pour jouer un rôle analogue à celui qu'il remplit dans la procréation physique. Les intelligences se fécondent entre elles comme les corps. Sous l'action de l'amour noble, l'âme devient grosse des nobles pensées et des nobles sentiments. « Oreste et Pylade, Thésée et Pirithoüs et plusieurs autres demi-dieux sont célébrés... parce que, s'admirant l'un l'autre, ils ont accompli ensemble les plus glorieuses actions[2]. » C'était d'ailleurs une idée familière aux Grecs que l'amour des jeunes hommes entre eux exaltait leur courage et les rendait capables de grandes choses.

Ainsi, dialogue, ironie, maïeutique, possession de soi, amour, tous ces éléments de la méthode socratique, si on les envisage, non dans les formules abstraites, mais sous leur aspect historique, témoignent de la préoc-

(1) Plat., *Apol*, 22 b-c.
(2) Xén., *Banquet*, c. VIII.

cupation réfléchie et exclusive de constituer la science des choses morales. Mais ce ne sont encore là que les dehors de la méthode. Que faut-il penser de ce qui en fait le fond, à savoir du procédé de réfutation qui constitue en quelque sorte la méthode négative, et des procédés de définition et d'induction dont se compose la méthode positive? Ne semble-t-il pas qu'ici du moins nous ayons affaire à des instruments d'une portée vraiment universelle, à des conditions, non seulement de la science des mœurs, mais de la science en général quel qu'en soit l'objet.

En quoi consiste la réfutation socratique? Socrate commence par dégager du problème en question la donnée qu'il suppose[1]. Par exemple, si on lui dit que tel homme est meilleur citoyen qu'un autre, il demande à son interlocuteur quel est, selon lui, l'office d'un bon citoyen. L'interlocuteur ayant fait une réponse telle quelle, Socrate lui pose de nouvelles questions, portant sur des cas où l'on applique communément le terme de bon citoyen. Par là il amène l'interlocuteur à faire des réponses incompatibles avec la première : d'où il résulte que la définition avancée était, ou trop étroite, ou trop large, ou défectueuse par quelque autre endroit[2].

Socrate, quant à lui, applique ce mode de réfutation aux jugements, soit des hommes ordinaires, soit

---

(1) *Mém.*, IV, 6, 13 : ἐπὶ τὴν ὑπόθεσιν ἐπανῆγεν ἂν πάντα τόν λόγον.
(2) Ex. : *Mém.*, IV, 2 : Entretien de Socrate et d'Euthydème.

des politiques, des poètes et des artistes en renom[1], soit des professeurs d'éloquence et de vertu, ou sophistes; en somme, il l'applique aux opinions concernant les choses morales : nous ne voyons pas qu'il s'en soit servi pour réfuter des doctrines physiques ou métaphysiques. A l'égard de ces dernières, il se contente de faire ressortir la contradiction qui règne entre les idées des philosophes.

Certes, le procédé socratique de réfutation peut trouver son emploi en toute matière : c'est pourtant aux choses morales qu'il s'applique le plus légitimement. Socrate, si l'on y prend garde, fait reposer la vérité d'une assertion particulière donnée sur la connaissance du principe général qui se rapporte à cette assertion. Or, une telle méthode ne se comprend pas, s'il s'agit de l'ordre des réalités physiques, où le particulier est donné avant le général. Conçoit-on qu'au moment où nous affirmons que nous voyons le soleil tourner autour de la terre, on nous arrête pour nous demander si, avant de nous exprimer ainsi, nous nous sommes assurés que nous savons ce que c'est que la vue et ce que c'est que le mouvement? Toutes les philosophies, même la philosophie antique, ont nécessairement subordonné la connaissance des principes physiques aux faits et apparences qu'il s'agit d'expliquer, et non l'existence des faits ou apparences à la connaissance des prin-

---

(1) *Apol.*, ch. vi à viii.

cipes. Mais dans l'ordre moral le particulier n'est pas donné : il est en question. Aristide ne m'est pas donné comme vertueux : je me demande si je dois le déclarer tel. La conduite que je dois tenir pour observer la piété n'est pas donnée : elle est à venir, elle n'est que possible. Et comment la déterminer, si ce n'est en partant de l'idée générale de la piété? Socrate a donc raison de subordonner la vérité des jugements particuliers à la connaissance du général, s'il a en vue spécialement le domaine moral; car, ici, le particulier n'est que ce que nous le faisons ; et nous ne le faisons tel ou tel qu'en vertu des idées inhérentes à notre esprit. Or les principes universels n'existent chez la plupart des hommes que sous forme d'habitudes ou d'instincts aveugles : de là cette précipitation et cette inconséquence qui se remarque dans leurs jugements. La méthode de Socrate a justement pour objet de substituer, à ces opinions aveugles et vacillantes, des maximes réfléchies et inébranlables.

Cependant nous n'avons pas encore abordé les deux procédés socratiques qui, plus que tous les autres, semblent être d'une application théorique universelle, je veux dire la définition et l'induction[1] : la définition, objet suprême de la dialectique ; l'induction, marche méthodique qui conduit à la définition.

La définition est l'expression adéquate de cette

---

(1) Arist., *Mét.*, XIII, 4, 1078 b, 25.

essence générale qui est l'objet de la science. La définition socratique a ceci de particulier qu'elle ne se borne pas à donner des choses un signe distinctif : elle prétend énoncer la condition nécessaire et suffisante de leur existence. Elle ne dit pas seulement ce qu'est la chose, vue du dehors : elle pénètre jusqu'à ce qui est capable de la produire. Ainsi ce n'est pas encore définir l'homme juste que de l'appeler : celui qui fait des choses justes. On peut faire des choses justes par hasard, et non par justice ; et l'on peut être juste, sans manifester la justice que l'on porte en soi. Au contraire, dire que l'homme juste est celui qui sait ce que les lois ordonnent relativement aux hommes, c'est en donner une véritable définition. Car nous ne voyons pas que jamais les hommes fassent autre chose que ce qu'ils croient devoir faire ; et ceux qui connaissent la justice feront nécessairement des choses justes en toute circonstance[1]. Ils ont en eux la capacité universelle de la justice.

Ainsi la définition socratique se fait par l'énonciation de la capacité interne dont la chose à définir est la manifestation extérieure.

Or, où trouve-t-on tout d'abord cette distinction de la chose concrète et particulière et de la puissance invisible et générale, si ce n'est dans l'homme ; et cette recherche d'une essence métaphysique justifiée, s'il

---

(1) *Mém.*, IV, 6, 6.

s'agit de l'âme humaine, par la conscience elle-même, ne devient-elle pas au plus haut point téméraire et périlleuse, si l'on prétend la pratiquer à propos des phénomènes extérieurs de la nature ?

Et de même, pourquoi Socrate place-t-il la capacité ou principe total de l'action dans une idée, dans la connaissance pure et simple des conditions de l'action, abstraction faite de la force nécessaire pour la réaliser ? C'est que, chez l'homme, la force ou activité est toujours présente, et se détermine toujours conformément à la connaissance. Telle est du moins l'opinion de Socrate sur la volonté. La volonté est comme une donnée constante, dont il est pratiquement inutile de faire mention. Il n'en serait pas de même s'il s'agissait de la production des phénomènes physiques ; car, pour ceux-ci, la nature des causes génératrices et leur mode d'action sont inconnus et inaccessibles.

Pour arriver à la définition ainsi conçue, le moyen qu'emploie Socrate est l'induction.

Cette opération se compose de deux parties que l'on peut appeler l'invention et la discussion.

Pour découvrir l'essence générale, Socrate prend comme point de départ un certain nombre d'exemples de la chose à définir. Mais ces exemples ne consistent pas dans des faits naturels, directement observés : Socrate les cherche exclusivement dans les discours des hommes. Le langage, les opinions, les jugements ordinaires, ou bien encore la nature vue à travers l'homme, telle est la matière de son induction, tel est le sol où elle doit germer. Socrate s'attache même tout d'abord de préférence aux sentiments des hommes sur les petites choses, sur les occupations vulgaires[1]. L'initiation aux petits mystères, dit-il, doit précéder l'initiation aux grands. C'est pourquoi il parle constamment de cordonniers, de fabricants de métaux, de charpentiers, de bouviers, ainsi que le lui ont reproché ses ennemis[2].

A l'observation, ainsi entendue, Socrate joint l'analogie. Il fait appel aux choses que l'interlocuteur connaît; et, lui montrant la ressemblance qui existe entre ces choses et celles sur lesquelles porte l'entretien, il l'amène à découvrir que celles-ci mêmes ne lui étaient pas réellement inconnues[3]. Qu'est-ce par exemple que l'homme juste? Nous savons que le charpentier est celui qui sait le métier de charpentier, le musicien celui qui sait la musique, le médecin celui qui sait la médecine. Nous en conclurons par analogie que l'homme juste est celui qui sait la justice[4]. Le thème ordinaire et comme essentiel de ces analogies, c'est le passage, des arts mécaniques et spéciaux, à l'art moral et général, et, en somme, le passage des choses du corps aux choses de l'âme.

Cependant l'observation et l'analogie ne donnent que

---

(1) *Gorgias*, ch. LI, p. 497 b-c.
(2) *Mém.*, I, 2, 37.
(3) Xén., *Économiques*, 19, 15.
(4) *Gorgias*, 460 b.

des résultats provisoires : seule la discussion fournit des résultats définitifs. Ayant une fois inventé une formule générale au moyen de cas judicieusement choisis, Socrate considère le plus grand nombre de cas possible, et confronte sa formule avec tous ces exemples, la maintenant sans modification si elle résiste à l'épreuve, la modifiant comme il convient si elle n'y résiste pas. Non seulement il varie, mais il renverse l'expérience, cherchant la définition de l'objet contraire, et vérifiant si cette nouvelle définition est bien à la précédente comme la négation est à l'affirmation.

Telle est l'induction socratique. Or tous les détails de ce procédé conviennent aux choses humaines, tandis qu'ils s'appliquent mal aux choses physiques ou métaphysiques.

Prendre pour point de départ le langage et les discours de la vie commune, et non les faits extérieurs, est une méthode justement traitée de vaine et de fantastique s'il s'agit de connaître l'essence absolue de l'être et des choses ; mais c'est une méthode fort naturelle et légitime, si l'on n'a en vue que de démêler ce qui gît au fond des jugements des hommes. Et de même on conçoit très bien que le philosophe donne une attention particulière aux choses vulgaires et communes, s'il se propose expressément de connaître l'homme ; car c'est dans cet ordre de choses que la nature humaine se montre telle qu'elle est, dégagée du masque que mettent sur elle la convention et le faux savoir.

L'emploi complaisant de la méthode d'analogie, le rang de preuve attribué à ce mode de raisonnement serait le fait d'un esprit peu scientifique, s'il s'agissait d'embrasser dans ses recherches tous les domaines de la réalité. Mais s'il s'agit de se mouvoir dans un seul et même domaine, et si ce domaine est celui des choses humaines, l'analogie est une bonne méthode. Car alors elle se borne à aller d'une espèce à l'autre au sein du même genre, et cela dans l'ordre de choses qui nous est le plus familier et où il nous suffit de rentrer en nous-mêmes pour trouver à chaque pas des points de repère.

Enfin le procédé socratique de discussion et de contrôle demeure une méthode fort incertaine et insuffisante, s'il s'agit de connaître les choses de la nature: Socrate s'efforce de vérifier son induction par l'examen de tous les cas qui peuvent se présenter. Mais comment rassembler tous les cas d'un même genre, dans l'ordre des choses physiques et matérielles? Comment susciter à volonté les manifestations de l'essence opposée à celle dont on cherche la définition? Sans doute l'expérimentation moderne devait réaliser ces conditions dans une certaine mesure. Mais les anciens n'avaient aucune idée d'un tel mode d'investigation. En revanche, ils devaient penser que, dans l'ordre des choses humaines, les conditions dont il s'agit étaient suffisamment réalisables. S'il est insensé de prétendre connaître tous les cas différents où peuvent se rencontrer le chaud, le froid, la génération ou la destruction, il paraît plus facile de donner une énumération complète des actions que nous appelons justes et de celles que nous appelons injustes. Le nombre des noms qui représentent ces actions est limité, et tous les noms sont à la disposition de l'homme, puisqu'ils sont son œuvre. Cette possibilité d'embrasser le domaine entier des choses morales devait surtout être admise dans une nation où les conditions de la vie humaine étaient relativement simples, où l'ensemble des devoirs se groupait naturellement autour d'un petit nombre d'idées précises et concordantes, où l'on ignorait ces conflits de l'individu et de la société, de la conscience et de l'intérêt public, de la famille et de la patrie, de la patrie et de l'humanité, du bien-être physique et de la haute culture, qui ont introduit dans la vie morale des peuples modernes une complication inextricable.

A l'induction et à la définition ainsi entendues se borne la méthode logique de Socrate. Aristote reproche à cette dialectique, qui procède exclusivement par interrogations, de s'en fier à l'opinion commune, et de ne pas dépasser la vraisemblance. Il fera appel, quant à lui, à une intuition spéciale et directe, condition indispensable d'une démonstration complète et infaillible[1]. Le reproche d'Aristote se comprend, s'il s'agit d'atteindre aux premiers principes de toutes choses. Mais, s'il s'agit uniquement de chercher au fond de la nature humaine une règle pour les jugements et la conduite des hommes ;

---

(1) *Dern. Anal.*, I, 2. *Soph. él.*, ch. XI.

s'il s'agit de démêler et d'énoncer les principes qu'applique la raison de l'homme lorsqu'elle se recueille et s'affranchit de la routine et de la passion, afin de trouver dans ces principes, devenus objets de conscience claire, une arme contre la routine et les passions elles-mêmes; s'il s'agit, en un mot, d'affranchir l'homme par la connaissance de l'homme, on comprend que Socrate se soit contenté de l'observation des phénomènes humains et n'ait pas cherché à lire, par une intuition métaphysique, dans les mystères de la pensée absolue.

IV

Ainsi la nature et la portée de la méthode socratique sont exactement proportionnées à l'objet que Socrate avait en vue, et qui n'était autre que la constitution de l'éthique comme science. Réciproquement, la doctrine concrète de Socrate, ses conclusions sur les choses et sur l'homme sont précisément ce qu'on pouvait attendre de l'emploi d'une telle méthode. La matière répond à la forme comme la forme à la matière.

Il peut sembler, à jeter un coup d'œil d'ensemble sur l'enseignement de Socrate, que la science qu'il constitue franchit, en fait, les limites marquées par sa méthode, et embrasse en un sens, non seulement les choses humaines, mais encore les choses physiques et les choses divines.

S'il rejette la physique mécaniste des anciens philosophes, n'est-ce pas pour y substituer une physique téléologique[1]? S'il condamne la théologie cosmologique, ou recherche de la manière dont les dieux ont formé l'univers, ne préconise-t-il pas ce qu'on peut appeler une théologie morale, s'appliquant à démontrer l'existence d'une intelligence et d'une providence divines[2]? La place considérable que tiennent, dans les *Mémorables* eux-mêmes, les spéculations de ce genre, l'originalité des vues de Socrate sur ces objets, ont induit certains critiques à y voir, non seulement des parties importantes de la philosophie de Socrate, mais même les parties maîtresses. C'est ainsi que, pour M. Fouillée, Socrate est essentiellement le promoteur d'une métaphysique téléologique, et que, pour M. Franck[3], Socrate est, avant tout, un philosophe théologien.

Mais pour savoir si la téléologie et la théologie morale font partie intégrante de l'objet de la science selon Socrate, il ne suffit pas de rechercher si Socrate a émis des idées profondes sur ces matières. Il faut en outre se demander quel est le rapport de ces idées avec les principes fondamentaux de sa philosophie.

Or, des idées téléologiques et théologiques de Socrate, on peut, semble-t-il, faire deux parts : l'une qui franchit les limites de l'éthique, mais qui nous est en même temps donnée pour le fruit d'une inspiration

---

(1) *Mém.*, I, 4 ; IV, 3.
(2) *Ibid.*, l. c.
(3) *Journal des Savants*, oct. 1881.

surnaturelle supérieure à la science, l'autre qui a un
caractère plus scientifique, mais qui se rattache à
l'éthique comme à sa source et à sa raison d'être.
Lorsque Socrate parle de son signe démonique et de la
faculté qu'il lui doit de prévoir quelquefois l'avenir [1];
lorsqu'il parle de la divinité, voisine de chacun de nous
et prête à avertir quiconque fait silence pour l'entendre;
lorsqu'il déclare que craindre la mort c'est se croire
sage sans l'être, parce que c'est croire savoir ce que
l'on ne sait pas [2], il est clair qu'il parle de ces choses
qui, n'étant pas en notre pouvoir, sont en même temps
hors des prises de notre science [3].

Quand au contraire il traite des choses physiques et
divines suivant une méthode scientifique, on le voit
préoccupé de considérer les choses, non en elles-mêmes,
mais du dehors et par rapport à l'homme. Ainsi il tend
constamment à substituer aux dieux les démons, plus
voisins de nous, et aux démons mêmes les simples phénomènes démoniques ou signes visibles des dieux, per-
çus directement par l'homme [4]. Il croit que nous ne pouvons pas voir les dieux, et que nous ne voyons que
leurs manifestations à notre égard [5]. L'ordre et l'harmonie que les dieux ont pu mettre dans les choses consiste pour nous dans l'appropriation de ces choses à nos

(1) *Mém.*, I, 1, 3 à 5.
(2) *Apol.*, 29 a.
(3) *Mém.*, I, 1, 9.
(4) *Apol.*, 27 b e.
(5) *Mém.*, IV, 3, 13.

BOUTROUX.

besoins [1]. De la sorte, les objets physiques ou théologiques sont ramenés à des objets moraux et humains.

Ces conjectures sur l'adaptation de la nature extérieure aux besoins de l'homme, outre qu'elles découlent naturellement, chez Socrate, d'un sentiment religieux très sincère et très profond, sont appelées par sa doctrine éthique, suivant laquelle le bonheur de l'homme dépend de lui, de la seule connaissance de lui-même. Comme, malgré ses efforts pour se suffire, l'homme ne peut se détacher de la nature physique, il faut bien, s'il prétend être bon et heureux sans s'occuper des choses extérieures, qu'il admette que les dieux s'en occupent pour lui et les dirigent dans le sens de ses besoins. La téléologie et la doctrine de la providence étaient les postulats nécessaires de la morale socratique.

Ce rôle même nous montre qu'elles sont des compléments, non des parties essentielles, de la philosophie de Socrate.

L'objet propre de cette philosophie, non seulement en théorie, mais en fait, c'est celui-là même que les sophistes avaient mis en honneur, c'est l'art, ou habileté pratique, mais entendu d'une manière originale qu'il s'agit maintenant d'approfondir.

L'art, pour Socrate, n'est pas la recherche du bien absolu, la faculté de régler nos actions sur la totalité des conséquences qui doivent en résulter, de manière à

---

(1) *Mém.*, IV, 3. I, 4.

n'accomplir que celles dont les suites même les plus éloignées seront conformes à nos vœux. Les dieux se sont réservé la connaissance de l'issue finale de nos entreprises. Celui qui plante un verger sait-il qui en recueillera les fruits? Celui qui bâtit une maison sait-il qui l'habitera[1]?

Mais, d'un autre côté, l'art digne de ce nom n'est pas non plus semblable aux professions spéciales telles que celles de charpentier, de cordonnier ou d'armurier. Ces hommes se proposent de réaliser tel ou tel objet particulier et matériel : l'art poursuit une fin générale et immatérielle, savoir le bien et le bonheur de l'homme. C'est ce que déjà les sophistes ont enseigné, et avec raison. Mais si les sophistes ont eu l'idée de ce qu'on peut appeler la fin morale, ils se sont trompés sur la manière d'y parvenir. Ils ont cru qu'il était assez pour cela d'une pratique routinière, analogue à celle qui réussit dans les professions spéciales. Cependant, même dans ces professions, la routine est loin de suffire. Tout bon artisan a non seulement la pratique, mais la science de son métier, dans la mesure où son métier peut-être objet de science. Une analogie bien conduite nous amènera à penser que l'art moral doit être, lui aussi, une science, et cela suivant l'acception que comporte le mot science dans le domaine moral.

En résumé, l'art moral, intermédiaire entre la religion

(1) *Mém.*, I, 1, 8.

et les professions spéciales, l'art ayant pour fin le bien et le bonheur actuel de l'homme, et pour ressort la science des choses humaines : tel est l'objet des réflexions de Socrate.

Et cet objet répond exactement à son idée de la science. Celle-ci cherche le général qui forme la trame des discours des hommes, c'est-à-dire les catégories sous lesquelles ils rangent les choses particulières. Mais n'est-ce pas dans les choses morales que se rencontre excellemment ce rapport de genre à espèce, de principe à application, de connaissance latente à connaissance manifeste, que suppose une telle idée de la science ? Les choses morales ne renferment pas en elles l'absolu, l'un en soi, le principe suprême de l'être et du connaître ; mais la science socratique ne vise pas si haut. En revanche, et contrairement à l'opinion des sophistes il y a certainement au sein de la nature humaine elle-même des points fixes et solides, qui offrent prise à une science satisfaite du général.

Ne sont-ce pas d'ailleurs les choses morales qui forment la matière ordinaire des discours des hommes ? N'est-ce pas sur ces questions que chaque homme a acquis de l'expérience et peut avancer une opinion digne d'examen ? C'est donc en cet ordre de choses qu'il y aura le plus de chances de succès pour une science qui cherche ses éléments dans les discours des hommes, même les plus ignorants et les plus humbles.

Calculée en vue de la connaissance des principes

moraux, la méthode socratique a ainsi réagi sur la conception des choses morales elles-mêmes. A la lumière de l'idée de science, Socrate a démêlé, dans la nature humaine, ce fonds de notions communes et invariables qui avait échappé aux sophistes ; tout ce qui est humain s'est dès lors revêtu, aux yeux du philosophe, d'une dignité nouvelle.

Cette réaction de la méthode sur l'objet n'apparaît pas moins nettement dans les détails de la morale socratique.

On y peut distinguer deux parties essentielles : 1° le principe général : toutes les vertus sont des sciences [1] ; 2° la déduction des vertus fournie par ce principe.

En quel sens Socrate a-t-il professé que toutes les vertus sont des sciences ?

Selon M. Edouard Zeller[2] la science dont il est ici question serait la science en général, la science de la nature des choses. Mais dans aucun texte relatif à notre question nous ne trouvons cette expression abstraite : la science. Tous disent plus ou moins explicitement : les vertus sont des sciences [3].

La vertu n'est donc pas identifiée avec la science en général, mais avec une certaine science. Quelle est maintenant cette science ?

---

(1) Arist. *Eth. Nic.*, VI, 13, 1144 b, 28.
(2) II (3ᵉ édit.), 93, 117.
(3) *Mém.*, III, 9, 5 ; IV, 2, 22 ; IV, 6-7. — Arist., *Eth. N.*, VI, 13, 1144 b, 17.

Selon M. Fouillée[1], la science dont parle Socrate serait la science du bien en soi, c'est-à-dire la science de la valeur réelle et absolue des choses.

Mais un tel objet dépasserait la fin qu'il s'agit d'atteindre. Quand il est question, dit Socrate, de devenir un bon cordonnier, un bon pilote, un bon musicien, la science que chacun juge indispensable, c'est celle de la cordonnerie, de la direction des navires, de la musique : seule, cette science spéciale fait, en chaque ordre de choses, l'homme compétent. Or c'est aussi la compétence que Socrate préconise en matière morale. Et l'analogie qu'il établit constamment entre les professions spéciales et la pratique de la vertu montre que ce n'est pas dans une science universelle, nécessairement vague, mais dans la science de la vertu elle-même, qu'il place la condition de cette compétence nouvelle. Si Socrate se sépare des sophistes qui rapprochaient outre mesure l'art moral des arts mécaniques, il ne va pas jusqu'à abolir toute analogie entre ceux-ci et celui-là. La vertu est encore un art déterminé et spécial ; les hommes justes ont leurs œuvres propres, aussi bien que les artisans[2].

La science ainsi déterminée, c'est-à-dire la science spéciale de la vertu, est, selon Socrate, la définition même ou essence de la vertu. Socrate entend par là qu'elle en est la condition nécessaire et suffisante.

Elle en est la condition nécessaire. Si la compétence

(1) *La Phil. de Socrate*, t. I, 177, 281, 285.
(2) *Mém.*, IV, 2, 12.

est nécessaire dans les arts mécaniques, comment serait-elle superflue dans un art certes plus délicat et compliqué, puisqu'il a pour matière des choses invisibles, accessibles au seul entendement? Le vulgaire croit à tort qu'en matière morale la nature suffit. Vainement les sophistes ont-ils à la nature substitué l'exercice. Celui qui ignore la définition du bien pourra le rencontrer quelquefois, par un heureux hasard, mais il ne sera jamais sûr de ne point passer à côté. Il risquera même de prendre le mal pour le bien et réciproquement. Faute de posséder, par exemple, la définition du juste, on pourra croire qu'il est toujours injuste de tromper autrui et de lui nuire, tandis qu'il est juste de tromper les ennemis de l'Etat et d'asservir une nation injuste [1]. Faute de posséder cette même définition, on s'arrêtera à examiner une question comme celle-ci : « Qui est le plus injuste, de celui qui trompe volontairement, ou de celui qui trompe involontairement [2] ? » et l'on s'étonnera de trouver des arguments à l'appui de l'une comme de l'autre thèse, alors qu'au fond la question est absurde, les termes « injuste » et « volontairement » s'excluant immédiatement l'un l'autre. La science rend bonnes certaines actions qui, sans elle, seraient indifférentes ou même mauvaises, par exemple l'emploi de l'argent. C'est par la science et par elle seule que l'habileté dans la parole et dans l'action devient une vertu : livrée à elle-même,

---

(1) *Mém.*, IV, 2, 14 à 15.
(2) *Ibid.*, IV, 2, 19.

cette habileté risque de rendre les hommes plus injustes et plus malfaisants qu'ils ne l'étaient naturellement [1].

Non seulement la science est nécessaire, mais elle est suffisante pour engendrer la vertu. Cette doctrine est ce qu'on peut appeler le paradoxe socratique. Peut-être le paradoxe est-il moins fort qu'il ne semble au premier abord.

Certes il serait étrange que Socrate attribuât à la science une telle efficacité, s'il s'agissait d'une science purement théorique ou même de la science du bien en soi et de la valeur rationnelle des choses. Une telle connaissance, objecterait-on d'abord, fournit une loi à l'intelligence, mais ne détermine pas la volonté. Mais la science dont parle Socrate est expressément la science de la convenance et de l'utilité des choses au point de vue humain ; c'est la connaissance du rapport qui existe entre les choses et la fin que l'homme poursuit de lui-même naturellement et nécessairement. « Pour être obéi de mes subordonnés, dit à Socrate un commandant de cavalerie [2], me suffira-t-il donc de leur montrer que je leur suis supérieur ? — Oui, répond Socrate, pourvu que tu leur prouves que t'obéir est pour eux plus beau et plus utile que le contraire (κάλλιόν τε καὶ σωτηριώτερον αὐτοῖς). » Socrate raisonne ainsi : il est constant que les hommes font toujours ce qu'ils croient devoir faire, c'est-à-dire ce qu'ils

---

(1) *Mém.*, IV, 3, 1.
(2) *Ibid.*, III, 3, 10.

considèrent comme étant pour eux le plus profitable. Si donc on leur démontre que la vertu est ce qui, pour eux, est le plus profitable, ils pratiqueront infailliblement la vertu. Notre philosophe, en somme, transporte à la science du bien l'efficacité pratique qu'il constate communément dans la simple opinion du bien. Il y a plus : la science du bien lui paraît devoir être plus efficace encore pour déterminer la volonté humaine que ne peut être la simple opinion du bien, parce que la science est inébranlable, tandis que l'opinion est à la merci des circonstances.

M. Fouillée [1] veut que le paradoxe socratique consiste essentiellement dans la négation du libre arbitre. Ce paradoxe consiste bien plutôt dans la prétention de démontrer que la vertu est toujours, pour l'homme, ce qu'il y a de plus avantageux.

Quant au libre arbitre, Socrate l'omet plutôt qu'il ne le nie. Et, en effet, le libre arbitre est à peu près inutile dans une doctrine qui ne demande à l'homme que d'embrasser le parti qu'il jugera le plus beau et le plus avantageux. Ce mode de détermination, selon Socrate, est celui-là même du vulgaire ; il est tout spontané, et n'implique pas la conscience de pouvoir se déterminer en sens contraire.

On peut objecter, il est vrai, que pour qu'un homme juge insuffisante la simple opinion du bien et cherche

---

(1) *La Phil. de Socr.*, t. I, 173.

en quoi consiste le bien véritable, il lui faut faire un effort qui implique l'intervention du libre arbitre.

Socrate n'a garde d'omettre la nécessité d'un tel effort ; mais il le rapporte à l'empire sur soi et à la tempérance, qui elle-même est à ses yeux une science, la première de toutes[1]. L'obligation de l'empire sur soi-même et de la tempérance se démontre de la même manière que l'obligation de toutes les autres vertus : par ses effets utiles. Il ne s'ensuit nullement que dans l'acquisition de cette vertu, condition première de toutes les autres, le libre arbitre n'ait aucun rôle à jouer. La négation du libre arbitre pourrait se déduire de la doctrine, si Socrate interposait expressément l'empire sur soi-même (ἐγκράτεια) entre la science (σοφία) et la tempérance (σωφροσύνη), comme une conséquence de la première et rien de plus, ainsi que le veut M. Fouillée[2]. Mais Socrate fait de l'empire sur soi-même une condition de la science aussi bien qu'un résultat. « Ne te semble-t-il pas, dit-il, que le défaut d'empire sur soi-même (ἀκρασία) détourne les hommes de la science (σοφία), qui est le plus grand des biens, pour les porter vers son contraire[3] ? » « A ceux-là seuls qui se possèdent, dit-il ailleurs, il est donné de pratiquer la dialectique[4]. » Ce n'est donc pas une science abstraite, c'est une

---

(1) *Mém.*, I, 5, 4.
(2) *La Phil. de Socr.*, I, 173.
(3) *Mém.*, IX, 5, 6.
(4) *Ibid.*, IV, 5, 11.

science vivante, action et connaissance tout ensemble, qui est la racine de la vertu.

Par là se détermine assez nettement le rapport que Socrate a établi entre la science et la pratique. Il soutient que la science engendre la vertu, et joue à son égard le rôle de cause efficiente; mais il soutient en même temps que la recherche de la science a pour ressort le désir d'arriver à la vertu, et qu'ainsi la vertu joue à l'égard de la science le rôle de cause finale. La science est à la fois cause et moyen, la vertu à la fois fin et résultat. Il y a entre les deux termes solidarité, action réciproque. Qu'un tel rapport soulève des difficultés pour qui veut l'approfondir, c'est ce qu'il faut bien accorder. Mais Socrate a pu le trouver suffisamment clair à une époque où la cause efficiente et la cause finale n'avaient pas encore été étudiées pour elles-mêmes, et où la volonté était encore mal distinguée de l'intelligence.

Si telle est la doctrine de Socrate sur les rapports de la science et de la vertu, Socrate a sans doute, explicitement, dépassé le point de vue de la morale vulgaire qui se contente de donner des préceptes isolés sans les rattacher à aucun principe. Il a également dépassé le point de vue des anciens sages et des grands écrivains de son temps qui se bornaient à tirer directement de leur conscience des maximes parfois profondes, sans chercher à les démontrer scientifiquement. Il a, le premier, fait de la science un élément intégrant de la morale. Le premier, il a ramené l'action, qui apparaît comme individuelle, à la connaissance vraie, qui est universelle.

Mais ce n'est pas à dire pour cela qu'il ait appliqué à la morale l'idée universelle de la science, et non simplement cette idée d'une science de l'homme qui apparaît comme le terme de sa dialectique. Où puiser la connaissance rationnelle du bien et de la vertu, qui est tout ce que Socrate, ici même, entend par la science, sinon dans les discours des hommes, témoignage immédiat de leurs désirs, de leurs besoins et de leur expérience ? Quel plus sûr moyen de donner des choses une définition pratique, exprimant l'intérêt qu'elles présentent pour l'homme, sinon d'employer cette analogie et cette induction qui prennent pour base les faits humains eux-mêmes, et les interprètent à la lumière de la raison humaine ? De même, quelle science aura le plus de chance d'agir sur la volonté, quelle science méritera le mieux cet éloge hardi : οὐδὲν ἰσχυρότερον φρονήσεως[1], si ce n'est cette science vraiment vivante, que la maïeutique socratique dégage de notre propre âme, et qui n'est, au fond, que la conscience de notre propre nature ? Si l'on y prend garde, les détails de la doctrine des rapports de la vertu et de la science coïncident à chaque pas avec les détails de la dialectique, de telle sorte que, celle-ci étant posée, celle-là s'ensuivait nécessairement.

La dialectique, issue de l'idée générale et encore

---

(1) *Eth. Eud.*, VII, 13.

vague de science morale, réagit sur cette idée et la détermine. La science morale n'est que la dialectique en acte.

On aboutit à une conclusion analogue si l'on examine la seconde partie de la morale socratique, à savoir la déduction des vertus fournie par le principe général de la morale.

Quelles sont les principales maximes de cette science du bien qui est la condition nécessaire et suffisante de la vertu?

Socrate distingue à cet égard le bien en général et les biens particuliers.

Le bien en général, c'est l'utile vrai, distingué de l'agréable[1]. Toute la morale consiste à distinguer ce qui fait effectivement notre bien de ce qui semble le faire, mais ne nous procure en réalité qu'un plaisir passager, peut-être même un détriment. Pourquoi l'intempérance est-elle mauvaise? C'est, dit Socrate, qu'elle détourne l'homme des choses utiles (ὠφελοῦντα), pour le porter vers les choses agréables (ἡδέα)[2].

Si Socrate distingue fortement ce qui est bon en réalité de ce qui n'est bon qu'en apparence, nous ne voyons pas qu'il pense à un bien absolu, dont le bien de l'homme ne serait qu'une manifestation particulière. Il paraît avoir identifié complètement le bien avec l'utile[3]; et s'il

---

(1) *Mém.*, IV, 6, 8.
(2) *Ibid.*, IV, 5, 6.
(3) *Ibid.*, IV, 6, 8.

recommande l'acquisition de la science, la pratique de la justice, le soin de l'âme et les plus hautes vertus, c'est en tant qu'il les juge utiles pour le bonheur de l'homme. Le jour même où il préfère la mort à la honte, la raison qu'il en donne, c'est qu'en l'absence du signe démonique qui d'ordinaire l'avertit quand il va faire une chose destinée à lui nuire, il est convaincu que la mort ne lui causera aucun dommage [1].

Cette doctrine est visiblement, dans la philosophie socratique, la réaction de la forme sur la matière. La matière, c'était tout d'abord l'idée vague de plaisir et de bien-être, telle qu'elle se rencontrait dans les raisonnements des sophistes sur le but de nos actions. Or la science, c'est, pour Socrate, la recherche du général. Dès lors, au contact de l'idée de science, l'idée de bien-être se dédouble, et engendre d'une part l'idée du plaisir pur et simple, ou jouissance fortuite et passagère, incapable de devenir objet de science, d'autre part l'idée de l'utilité vraie et du bonheur, répondant, par sa généralité, aux conditions de la dialectique. L'utilité vraie est cet objet, à la fois stable et humain, dont chacun de nous porte en soi le type et la mesure, et qu'il appartient à la maïeutique, à l'induction et à la définition, de dégager et de déterminer.

Quelle est maintenant la doctrine de Socrate sur les biens particuliers?

_____
[1] *Apol.*, c. xxix sqq.

On se représente quelquefois Socrate comme déduisant à priori les biens particuliers de l'idée du bien absolu, comme jugeant la coutume et la légalité au nom de la raison et de la justice. Telle n'est nullement sa manière de procéder. Loin de faire le procès à la tradition et à la loi positive, au nom de la raison, c'est dans le traditionnel et le positif qu'il cherche l'expression du rationnel. Les biens particuliers sont, selon lui, les choses mêmes que les hommes s'accordent à considérer comme bonnes : la santé et la force du corps et de l'âme [1], l'aisance domestique [2], les connaissances utiles [3], les relations de famille et d'amitié [4], la société civile et la prospérité de la patrie [5], la bonne réputation [6], d'une manière générale l'habileté dans la conduite de la vie.

Socrate ramène expressément le juste au légal, la piété à l'observation des lois religieuses de son pays. « Φημὶ γὰρ ἐγὼ [7] τὸ νόμιμον δίκαιον εἶναι...., τὸ αὐτὸ νόμιμόν τε καὶ δίκαιον : je dis que la justice consiste dans l'observation de la loi; que juste et légal, c'est tout un. » Qu'est-ce d'ailleurs que la loi? C'est ce que les citoyens assemblés ont décrété par écrit comme devant être fait ou

---

(1) *Mém.*, III, 12, 4, 6.
(2) *Ibid.*, II, 17.
(3) *Ibid.*, IV, 2, 23 à 35.
(4) *Ibid.*, II, 3, 19.
(5) *Ibid.*, III, 7, 9.
(6) *Ibid.*, II, 1, 31.
(7) *Ibid.*, IV, 4, 12.

évité[1]. La piété elle-même ne consiste en autre chose, sinon à connaître et pratiquer les lois de son pays relatives aux dieux : τὰ περὶ τοὺς θεοὺς νόμιμα[2].

Socrate, il est vrai, parle aussi de lois divines et non écrites[3]. Mais il entend par là, non des lois d'un caractère abstrait et universel, mais des lois tout aussi positives (νόμιμον) que les lois humaines. Ces lois sont écrites dans l'âme, si elles ne le sont pas sur des tablettes matérielles. Quand Socrate veut en donner des exemples, il cite la prescription d'honorer les dieux, la défense d'épouser ses propres enfants, toutes maximes qui ont le caractère de statuts particuliers et positifs. « Dans l'ordre divin comme dans l'ordre humain, dit-il en propres termes, le juste se ramène au légal[4]. »

Là toutefois ne se borne pas la doctrine de Socrate sur les biens particuliers. A la morale commune et traditionnelle, comme matière, il joint l'idée de science comme forme ; et, au contact de cet élément nouveau, la morale, sans qu'il y paraisse tout d'abord à l'extérieur, se transforme jusque dans son fond.

La première fonction de la science est de justifier, de déduire ce que le sens commun et la tradition ne nous donnent que comme des faits suspendus dans le vide.

Cette déduction a lieu en montrant que toutes les

---

(1) *Mém.*, IV, 4, 13.
(2) *Ibid.*, IV, 6, 4.
(3) *Ibid.*, IV, 4, 19.
(4) *Ibid.*, IV, 4, 25.

actions que le sens commun et la tradition nous prescrivent sont propres à nous assurer des avantages, tandis que le contraire de ces actions doit tôt ou tard nous causer du détriment. Ainsi, la tempérance est un bien, parce qu'elle est la condition du plaisir, parce qu'elle nous aide à supporter la privation, parce qu'elle nous fait estimer de nos semblables. Si l'on a besoin d'un général, d'un précepteur, d'un intendant, c'est l'homme tempérant que l'on choisira et non l'homme intempérant[1]. L'observation des lois civiles est un bien, parce qu'en toutes circonstances ceux qui observent les lois sont mieux traités dans l'État ; dans la vie publique ou privée, ce sont ceux-là qui inspirent le plus de confiance[2]. Le raisonnement est le même à l'égard des lois non écrites. Les observer est un bien ; car, qui les viole est puni : ainsi, les parents qui épousent leurs enfants ont des rejetons mal conformés[3]. C'est en ce sens que Socrate affirme que le légal est en même temps juste. Une loi est juste, en tant que l'observation de cette loi procure des avantages, tandis que la violation à des suites funestes[4].

La science déduit ainsi et justifie les lois établies. Mais ce n'est pas tout. En même temps que le sage, par la science, se rend compte de la valeur rationnelle de la

---

(1) *Mém.*, IV, 5.
(2) *Ibid.*, IV, 4, 17.
(3) *Ibid.*, IV, 4, 19 sqq.
(4) *Ibid.*, IV, 4, 25.

tradition et de la légalité, et apprend ainsi à se conformer aux lois de son pays, non en aveugle, comme le vulgaire, mais par réflexion et raisonnement, il conçoit l'action accomplie par science comme supérieure à l'action qui émane de l'instinct ou de la coutume. La science ne lui apparaît plus seulement comme confirmant les règles positives de la morale : elle devient elle-même une condition indispensable de la vertu, la racine de toute vertu, la vertu par excellence. Agir sous la seule influence de la nature, comme les prophètes et les devins [1], ce n'est pas seulement s'exposer à faillir toujours par quelque endroit, c'est n'avoir que le masque de l'art ou de la vertu. Celui-là seul qui est vertueux par science (σοφία) mérite vraiment le nom de vertueux. Rien d'aveugle ou d'irréfléchi ne saurait être réellement bon : par contre, du moment que l'homme est en possession de lui-même, ses actions sont nécessairement bonnes. C'est ainsi que Socrate accusé se refuse à exciter la compassion chez ses auditeurs, parce que la compassion est un sentiment aveugle [2]. En revanche, il déclare que, comme il n'a jamais fait de mal le voulant et le sachant (ἑκών), il est assuré qu'il n'a effectivement jamais fait de mal [3].

L'état d'âme qui correspond immédiatement à la science, parce qu'il en est à la fois la condition et le

---

(1) *Apol.*, 22 B.
(2) *Ibid.*, 35 b.
(3) *Ibid.*, 37 A.

premier résultat, c'est l'empire sur soi-même (ἐγκράτεια) ou la liberté (ἐλευθερία). L'empire sur soi-même devient ainsi la première de toutes les vertus [1], celle qu'il est à la fois nécessaire et suffisant de posséder pour bien faire en toutes circonstances. Pour savoir comment il doit agir, le sage n'a, en définitive, qu'une question à se poser : telle conduite convient-elle, oui ou non, à un homme libre ?

Par cette doctrine s'explique, en plus d'une rencontre où elle nous étonne, la conduite de Socrate. S'il refusait l'argent de ses auditeurs, ce n'était pas libéralité ou crainte des détracteurs, c'est qu'il estimait qu'à recevoir de l'argent de quelqu'un on le constitue son maître [2]. S'il préconisait le travail manuel, ce n'était pas par sympathie pour les occupations des humbles, c'est qu'il y voyait une source d'aisance matérielle et d'indépendance [3]. S'il est vrai qu'il lui est arrivé de marcher pieds nus sur la glace et de rester debout un jour et une nuit à la même place [4], ce ne fut pas fanfaronnade ou folie ; peut-être fut-ce contemplation mystique ; peut-être aussi n'étaient-ce là que des expériences qu'il instituait sur lui-même pour voir jusqu'où pourrait aller son indépendance à l'égard des choses. De même encore, s'il supporte l'humeur acariâtre de sa femme Xanthippe, ce

---

(1) *Mém.*, I, 5, 4.
(2) *Ibid.*, I, 5, 6.
(3) *Ibid.*, II, 7, 4.
(4) Plat. *Banquet.*, c. XXXV-XXXVI.

n'est pas résignation ou indulgence, c'est que sa femme lui fournit un précieux moyen de s'exercer à l'empire sur soi-même. S'il se plaît aux festins, s'il converse sans embarras avec la courtisane Théodote[1], s'il trouve bon que dans les relations des sexes on obéisse à la nature pourvu seulement qu'on ne se crée point d'embarras[2]; s'il admet entre les jeunes hommes un genre d'amour si étrange et si périlleux, c'est que, dans tout cela, il ne voit rien qui ne se concilie avec la possession de soi, qui ne soit un témoignage ou un instrument de liberté.

Dans cette fière conception de la vie, les règles positives et traditionnelles de la morale ne sont nullement laissées de côté; mais du rôle de principes elles descendent à celui de matière ou de conditions extérieures. Le sage se possède, et cela lui suffit : au demeurant, il parle et agit comme les autres hommes. Il prend conscience de sa liberté dans l'observation même des lois et coutumes de son pays. Ces lois règlent ses actions extérieures, comme la science règle sa disposition intérieure; et l'harmonie entre les deux disciplines s'établit d'autant mieux que la possession de soi, commandement suprême de la loi intérieure, se concilie d'elle-même avec les modes d'action extérieure les plus multiples et les plus divers. Il est clair d'ailleurs que, parmi les diverses disciplines positives qui peuvent se concevoir, le sage se déterminera pour celle de sa

---

(1) *Mém.*, III, 11.
(2) *Ibid.*, I, 3, 14.

nation. Quoi de plus favorable, en effet, à la liberté intérieure où il aspire, que l'accord avec les hommes parmi lesquels il vit ? Quoi de plus contraire, en revanche, au recueillement et à la possession de soi, que le conflit avec les choses, qui nous agite, nous trouble, et nous tire hors de nous ?

Toute cette doctrine aboutissait à deux aphorismes célèbres : « La vertu est une » et « La vertu s'apprend ».

Par l'unité de la vertu, Socrate n'entendait pas, à la manière des mystiques, l'élimination de toutes les vertus particulières au profit de telle ou telle perfection transcendante. Il voulait dire simplement que toutes les vertus ont une racine commune, à savoir la science du bien, telle qu'il la comprenait. Pour le sage, la diversité des vertus honorées parmi les hommes n'est que la multiplicité d'aspects que présente la vertu maîtresse, selon les objets divers auxquels elle s'applique. La vertu n'était ainsi ni absolument une, ni tout à fait multiple : elle était l'unité dans la multiplicité, la science du bien et la possession de soi réalisées au sein des vertus consacrées par la tradition.

Socrate professait que la vertu s'apprend, mais il n'entendait nullement dire par là qu'elle s'apprend au moyen d'un enseignement ou d'une spéculation purement théoriques, comme pouvaient s'apprendre les doctrines des physiologues. Elle ne s'apprenait pas non plus, selon lui, par la seule pratique, comme l'avaient cru les sophistes. La vertu s'apprend, dit Socrate, par l'instruction jointe à l'exercice (μάθησις et μελέτη). Les textes où il est question de cette doctrine[1] montrent tous clairement que Socrate ne sépare pas ces deux termes. Juste conséquence de l'union intime d'un élément théorique et d'un élément pratique au sein de la science même qui est le principe de la sagesse.

Si telle est la doctrine de Socrate sur les biens particuliers, elle porte, comme sa doctrine du bien en général, l'empreinte de la dialectique socratique. Le respect scrupuleux de la tradition et des lois de son pays est conforme à cette méthode qui place le point de départ de la connaissance, non dans la raison pure, mais dans les notions communes. Le philosophe ne pourrait sans se contredire retourner contre ces notions les principes mêmes qu'il en a tirés.

D'autre part le dialecticien doit remonter le plus haut possible dans la recherche des principes généraux qu'impliquent les discours des hommes. Or, c'est en accomplissant cette tâche que Socrate en arrive à placer l'essence de la vertu, non dans les actes extérieurs conformes à la légalité, mais dans la science du bien et la possession de soi, qui sont, de ces actes, le fonds commun et permanent. La science du bien et la possession de soi sont aux bonnes actions ce que la définition est à la classe des objets à définir.

Enfin, le sens spécial selon lequel Socrate enseigne

---

(1) *Mém.*, III, 9, 2; IV, 1, 3; I, 2, 19. Cf. *Lachès*, 190 e.

que la vertu est une et qu'elle peut s'apprendre, répond exactement à la nature du général dans la dialectique socratique. Ce « général », en effet, n'a nullement une existence distincte, mais n'est que le continuel sous-entendu des discours des hommes ; et, puisé dans les notions communes relatives à la vie sociale et privée, il a nécessairement un caractère pratique en même temps que théorique.

V

C'est ainsi que la dialectique et l'éthique socratiques se pénètrent et se déterminent l'une l'autre. L'idée des choses morales comme objet de science conduit Socrate à créer une méthode scientifique applicable à un tel objet. D'autre part, l'emploi de cette méthode réagit sur l'objet lui-même et lui donne une physionomie nouvelle. De l'élaboration de la forme en vue de l'objet est résultée la théorie de l'induction et de la définition pratiques ; de l'élaboration de l'objet au moyen de la forme est résultée la doctrine de la vertu placée dans l'observation réfléchie et libre des lois et maximes positives.

L'expression de « science morale » semble ainsi caractériser exactement et complètement l'invention de Socrate, pourvu qu'on entende par ces mots, non une morale fondée sur la science des choses en général, mais un effort de l'esprit humain pour constituer une science sans sortir du cercle des faits moraux eux-mêmes, et en se bornant à féconder l'expérience morale par un mode de réflexion approprié.

Là est vraiment le centre de la doctrine et le mobile principal de la pensée de Socrate.

Parce qu'il institue un ordre de recherches nouveau, il écarte et rejette les recherches de ses prédécesseurs. Tous les novateurs ont ce dédain du passé : il fait partie de la foi en leur mission.

Parce que sa conception de la science est exclusivement calculée en vue de la connaissance raisonnée des choses humaines, il dit avec Protagoras que la science n'atteint pas les choses divines. Mais, plus rigoureux dans ses raisonnements, il n'a pas l'impertinence de supprimer un objet donné, sous prétexte que notre intelligence ne le peut comprendre : il constate, au contraire, les limites de nos facultés au moment même où il en découvre la puissance ; et, fidèle à la religion de son pays, il se confie aux dieux en tout ce qui dépasse la portée de notre intelligence.

La croyance de Socrate à une mission apollinienne et aux avertissements surnaturels d'une divinité protectrice se concilie très bien avec cette doctrine, non moins attentive à respecter le domaine des dieux qu'à prendre possession de celui des hommes.

Que Socrate ait eu l'ambition de relever la fortune politique de sa cité par une réforme morale, c'est ce qui n'est que très naturel et légitime chez un homme qui avait su démêler les principes de la vertu et du succès dans les choses humaines, et à qui sa philosophie même donnait un nouveau motif de reconnaissance et d'attachement envers son pays.

Enfin, que Socrate ait subi la mort plutôt que de renoncer à mettre les Athéniens à l'épreuve pour les convaincre de leur ignorance, c'est, comme il nous le dit lui-même, la conséquence logique d'une doctrine qui place dans l'examen de soi-même le principe et la condition de tous les biens, et qui attend des dieux l'achèvement de ce que la sagesse humaine a commencé.

Des diverses préoccupations qui se manifestent chez Socrate, c'est bien l'idée de constituer la morale comme science qui est la principale; car elle seule introduit l'harmonie et la lumière dans ce caractère en apparence bizarre et contradictoire. Elle seule nous explique comment Socrate est à la fois un croyant et un libre penseur; un homme positif et un spéculatif; un homme de son pays et de son temps, toujours disposé à s'accommoder aux choses extérieures, et un homme replié sur lui-même, toujours maître de soi, obstinément jaloux de sa liberté et de son indépendance; un aristocrate attaché au passé, méprisant pour le caprice populaire, et un révolutionnaire demandant que les fonctions soient données au plus instruit; enfin, ce qui résume tout peut-être, à la fois un philosophe et un homme action.

L'idée de Socrate n'est pas seulement nouvelle et originale, elle a tenu une grande place dans l'histoire intellectuelle et morale de l'humanité. Ce rôle a été double : il s'est manifesté à la fois dans l'ordre des sciences théoriques et dans l'ordre des sciences pratiques.

En vain Socrate s'était-il scrupuleusement renfermé dans l'étude des choses humaines. La fécondité de sa méthode en cette matière et la conformité de cette méthode avec le génie grec la firent bientôt considérer comme applicable à tous les objets, même physiques et métaphysiques. Platon et Aristote proclamèrent le principe de Socrate : « Il n'y a de science que du général », comme régissant, non seulement la science des choses humaines, mais la science universelle.

Le syllogisme, ou raisonnement déductif en matière qualitative, forme dernière et définitive de la méthode socratique, fut considéré comme l'expression de la liaison des choses dans la nature elle-même. D'Aristote cette méthode passa aux scolastiques qui la faussèrent en substituant aux discours vivants des hommes que les Grecs avaient pris pour point de départ de leurs discussions le texte muet et figé de tel ou tel livre tenu pour la vérité elle-même. Cependant la science positive se développait peu à peu. Quand elle prit conscience d'elle-même, elle déclara, avec Bacon, que la science syllogistique n'était qu'une science de mots ; avec Descartes, que les essences générales des socratiques n'étaient que des fictions stériles, et que la science avait pour objet, non le général ou la qualité, mais les rapports de grandeur ou la quantité. Le progrès de la science a donné de plus en plus raison à Descartes, et l'on est tenté aujourd'hui de se demander si le principe socratique : « Il n'y a de science que du général », transporté comme il l'a été dans la recherche des lois de la nature, n'a pas égaré bien plus que servi l'esprit humain.

Quand même il en serait ainsi, Socrate n'en serait pas responsable, lui qui proscrivait la recherche des causes physiques, et ne prétendit qu'à constituer la science morale. Mais cette extension de la méthode socratique ne fut nullement une aberration de l'esprit humain. Avant de connaître les choses en elles-mêmes, il faut les connaître par rapport à nous ; et c'est cette connaissance provisoire indispensable que nous fournissent l'induction et la définition socratiques. Peut-être l'élément de quantité est-il, en toutes choses, l'objet ultime que la science doit chercher. Mais elle ne saurait le pénétrer d'emblée : il lui faut d'abord définir les qualités qui en sont le support. En tout ordre de connaissances, l'emploi de la classification et de l'induction doit précéder l'application de l'analyse mathématique.

Quoi qu'il en soit, les scolastiques, avec leur science syllogistique, Platon et Aristote eux-mêmes, en tant qu'ils placent l'être proprement dit dans les formes exprimées par nos concepts, ne sont pas les vrais héritiers de Socrate. Ceux qu'il eût avoués, ce sont les philosophes qui, prenant pour point de départ l'observation des faits moraux de la nature humaine, ont cherché à constituer la morale comme une science distincte et se suffisant à elle-même. Le fruit le plus pur et le plus beau de la méthode socratique, c'est cette *Ethique à Nicomaque*, où, sans faire appel aux sciences physiques, sans demander à la métaphysique autre chose que l'élan de l'esprit et des vues générales sur les fins et sur l'activité, Aristote a réduit en maximes ce que chaque homme ayant l'expérience de la vie pense confusément sur les conditions de la vertu et du bonheur.

Et, dans cet ordre de recherche, l'influence de Socrate ne s'est pas bornée à l'antiquité. Lorsque après avoir suffi pendant quinze cents ans aux besoins moraux de l'humanité, la religion chrétienne commença à perdre de son empire sur les âmes, l'étude socratique de l'homme fut remise en honneur. On ne se contenta pas de démêler les secrets ressorts des actions humaines dans tel ou tel cas particulier, à la manière des moralistes. La morale fut de nouveau proclamée comme une science distincte, ayant son objet et sa méthode propres. On alla même si loin dans cette voie qu'une philosophie audacieuse, celle de Kant et de Fichte, non contente de réclamer une place pour la science morale, commença par faire table rase de toute métaphysique, pour que la morale pût sans entrave se constituer à sa guise, et ne voulût reconnaître d'autres droits à la **raison** théorique que ceux qu'admettait la science morale ainsi organisée. Et bientôt, de même qu'autrefois Platon et Aristote avaient édifié une philosophie métaphysique sur la base de la morale socratique, on vit Fichte, Schelling et Hegel fonder sur la morale de Kant une nouvelle philosophie de l'absolu.

Un moment compromise par l'excès de ses prétentions, la science morale, en rentrant dans les limites que lui avait marquées Socrate, a, de nos jours, acquis une précision et une vitalité nouvelles. Nombreux sont, aujourd'hui même, ceux qui estiment que le temps n'est pas encore venu pour la morale, s'il doit jamais venir, de revêtir la même forme scientifique que la physique ou même les sciences naturelles, et que, néanmoins, la morale comporte autre chose que les particularités où se confine le moraliste ou les développements oratoires qui suffisent à l'homme d'action. La vérité sur ce point paraît être, aujourd'hui encore, que la morale a un domaine distinct, à savoir l'ensemble des faits moraux de la nature humaine, une méthode propre, à savoir l'induction et la définition qualitatives, et que, en s'enfermant modestement dans son domaine et en appropriant scrupuleusement ses moyens d'investigation à l'objet qu'elle étudie, elle peut atteindre, plus sûrement que par tout autre moyen, la double fin qu'elle a en vue : la connaissance et la direction de l'activité humaine. L'homme dont les idées sont le plus vivantes dans la société contemporaine, c'est Socrate.

ARISTOTE[1]

> Τὸ πρῶτον οὐ σπέρμα ἐστίν, ἀλλὰ τὸ τέλειον.
> Arist., *Mét.*, xii, 7, 1073 a, 1.

S'il est vrai qu'en certains hommes s'incarne parfois le génie d'un peuple, et que ces vastes et puissants esprits soient comme l'acte et la perfection où tout un monde de virtualités trouve son terme et son achèvement, Aristote, plus que personne, a été un tel homme : en lui le génie philosophique de la Grèce a trouvé son expression universelle et parfaite. C'est donc plus que la pensée d'un individu, d'ailleurs considérable, c'est l'esprit de la Grèce elle-même, parvenue à l'apogée de sa grandeur intellectuelle, que nous évoquons en ce moment. Il sera conforme au tempérament analytique du philosophe dont nous nous occupons, et il est pratiquement indispensable d'établir de nombreuses divisions dans un sujet si vaste, et d'en considérer une à une les différentes parties.

---

[1] Ce travail est extrait de la *Grande Encyclopédie*, où il a paru en 1886.

1. — BIOGRAPHIE[1]

Aristote naquit à Stagire, colonie grecque ionienne de la Thrace, située au bord de la mer dans la presqu'île de Chalcidique, en l'an 384 avant J.-C., et mourut à Chalcis, en Eubée, en 322.

Son père, Nicomaque, était médecin, ainsi que ses ancêtres. Ils rattachaient leur famille à Machaon, fils d'Esculape ; et, avec beaucoup d'autres, ils s'appelaient Asclépiades. Nicomaque fut médecin du roi de Macédoine, Amyntas II, le père de Philippe. Cette circonstance a pu contribuer à faire appeler Aristote à la cour du roi de Macédoine pour l'éducation d'Alexandre. Il est vraisemblable qu'en sa qualité d'Asclépiade, Aristote fut de bonne heure instruit dans l'anatomie.

Vers l'âge de dix-sept ans, il perdit ses parents. Il se trouva alors indépendant et en possession d'une grande fortune. L'éclat d'Athènes l'attira dans cette ville. Il y vint en 367 ou 366 avant J.-C., dans sa dix-huitième année. Platon, qui y avait fondé son

---

[1] Les auteurs anciens qui traitent de la vie d'Aristote sont les suivants : 1° Diogène Laërce, V, 1-35 ; 2° Denys d'Halicarnasse, lettre à Ammœus, ɪ, 5 ; 3° l'auteur anonyme d'une biographie d'Aristote publiée par Ménage dans le second volume de son édition de Diogène Laërce, biographie composée peut-être d'après Hésychius ; 4° le Pseudo-Ammonius ; 5° le Pseudo-Hésychius ; 6° Suidas, à l'article : Ἀριττοτέλης. Ces textes se trouvent à peu près tous dans le tome I de l'édition des œuvres d'Aristote entreprise par Buhle, de 1791 à 1800. La valeur de ces différentes sources ne peut être déterminée *a priori*. Tout ce qu'on peut faire, c'est d'examiner une à une chaque indication au point de vue de sa vraisemblance interne et externe.

école vers 387 ou 386, en était alors absent; il était parti pour Syracuse en 368 ou 367, il devait la quitter vers 365, pour y retourner en 361 ou 360. Aristote entra dans le cercle des élèves de Platon, et il appartint à cette école pendant vingt ans, jusqu'à la mort du maître. Par là, déjà, se trouve réfutée la fable d'une brouille qui serait survenue, bien avant la mort de Platon, entre le maître et le disciple, et qui aurait été causée par l'ingratitude et le manque d'égards de celui-ci. On dit que Platon, ayant remarqué le zèle et la vivacité d'esprit d'Aristote, l'appelait : « le liseur » et encore : « l'intelligence ». Il est vraisemblable qu'à Athènes même il étudia, non seulement le platonisme, mais les autres systèmes alors en vigueur.

Longtemps avant la mort de Platon, il manifesta son indépendance. Il est très possible que, comme membre de l'école platonicienne, il ait déjà fait des cours pour son compte. Dès cette époque, du moins, il écrivit ; et, si ses premiers ouvrages sont platoniciens de forme et de fond, ils n'en contiennent pas moins déjà des objections contre les théories des Idées, et l'affirmation de l'éternité du monde. C'était à regret, nous dit-il, et par zèle pour l'intérêt supérieur de la vérité, qu'il combattait ainsi son maître. Il donnait, d'ailleurs, l'exemple du respect pour le génie de Platon. Dans une poésie qui nous est parvenue, il célèbre son maître comme un homme que le méchant n'a pas le droit de louer, et qui a montré, par sa vie et sa doctrine, comment l'homme bon est en même temps l'homme heureux.

La mort de Platon (347) ouvre, dans la vie d'Aristote, une nouvelle période. Il quitta Athènes et s'en alla, avec Xénocrate, à Atarne, en Mysie, auprès de son ami et condisciple Hermias, tyran de cette ville, dont il épousa, dans la suite, la nièce ou sœur Pythias. Il devait plus tard se remarier avec une femme nommée Herpyllis. Après la chute et la mort d'Hermias, survenue en 345, Aristote alla à Mytilène. De là, il semble être revenu à Athènes, et y avoir ouvert l'école de rhétorique dans laquelle il se posa en adversaire d'Isocrate. En 342, il accéda à l'appel de Philippe, roi de Macédoine, qui lui demandait d'entreprendre l'éducation de son fils Alexandre, alors âgé de quatorze ans environ. Il resta à la cour de Macédoine jusqu'à ce qu'Alexandre entreprît son expédition d'Asie (334). Sans s'égarer à la poursuite d'un idéal trop éloigné des conditions de la pratique, Aristote paraît avoir cultivé dans l'esprit de son élève les qualités généreuses. Alexandre garda toute la vie respect et amour pour son maître, bien qu'après le meurtre de Callisthène, neveu d'Aristote, 325, les relations se fussent rompues entre eux.

En 335 ou 334, Aristote revint à Athènes; et il y ouvrit, au Lycée, une école qui prit le nom d'école péripatéticienne, vraisemblablement à cause de l'habitude qu'avait le maître de se promener avec ses disciples tout en causant science et philosophie. Le matin, raconte Aulu-Gelle, Aristote donnait, à un auditoire choisi, un enseignement *acroamatique*, qui portait sur les parties les plus difficiles de la philosophie, notamment sur la philosophie de la nature et sur la dialectique. Le soir, il donnait un enseignement *exotérique*, offert à tous ceux qui se présentaient, et traitant de la réthorique, de la topique et de la politique. Il enseignait, et sous forme de cours et sous forme de conférences. Son école était, comme celle de Platon, une société d'amis qui se réunissaient, à des jours fixés, pour des repas communs.

Déjà riche par lui-même, et jouissant de l'assistance du roi, Aristote était en mesure de se procurer toutes les ressources scientifiques que comportait la société d'alors. On a dit qu'Alexandre lui envoya huit cents talents pour la confection de son *Histoire des animaux*. On dit même qu'il mit à sa disposition des millions d'hommes chargés de chercher pour lui des animaux de toute sorte, notamment des poissons, d'entretenir des jardins d'animaux et des volières, de l'informer de toutes les observations et de toutes les découvertes susceptibles de faire avancer la science. Ce sont là des légendes, mais dont les faits, sans doute, ont été l'occasion. Aristote a certainement rassemblé tous les documents de toute nature qu'il lui a été possible d'obtenir. Le premier, il a formé une grande collection de livres.

Bien qu'en 325 Aristote eût rompu avec Alexandre, la mort de ce dernier (323) ne l'en mit pas moins en danger. Lorsque éclata la guerre lamiaque, il fut considéré comme un ami des rois de Macédoine et d'Antipater, et poursuivi pour crime d'athéisme. Il partit d'Athènes, afin, dit-il, que les Athéniens ne se rendissent pas une seconde fois coupables envers la philosophie. Il s'enfuit à Chalcis, en Eubée. Il y mourut de maladie dès l'été de 322, peu de mois avant Démosthène, qui était né la même année que lui. Il avait soixante-deux ans.

Son caractère, attaqué de bonne heure par des adversaires politiques et scientifiques, apparaît dans ses écrits comme loyal, humain et noble ; et nul fait confirmé ne prouve le contraire. Sa vie est empreinte de dignité morale et philosophique. Aristote est un génie à la fois universel et créateur, et un travailleur infatigable. Il n'a pas l'élan de Platon : l'esprit tourné vers la réalité donnée, il tient pour chimérique ce qui serait sans rapport avec elle ; mais il n'est pas enfermé dans les faits, et dans le sensible : il cherche l'intelligible. En toutes choses, il recommande le juste milieu, la mesure. Une moyenne fortune, le gouvernement de la classe moyenne, telle est, selon lui, la meilleure condition pour l'individu et pour la société.

Il était, nous dit-on, maigre et de petite taille ; il avait de petits yeux et une expression d'ironie dans la bouche. De sa première femme, Pythias, il laissa une fille du même nom. De sa seconde, Herpyllis de Stagire, il laissa un fils, Nicomaque, celui-là même dont l'*Éthique à Nicomaque* porte le nom. Dans son testament il parle en termes affectueux de sa première et de sa seconde femme, de ses deux frères, et de leurs enfants ; et il témoigne de la sollicitude à ses amis et à ses parents éloignés.

II. — LES ÉCRITS D'ARISTOTE

L'histoire de la conservation des écrits d'Aristote est peu connue. Selon Strabon et Plutarque, les écrits d'Aristote et de Théophraste, après la mort de ce dernier, seraient venus aux mains de Néleus, qui les emporta chez lui à Skepsis, en Mysie. Là, ils auraient été cachés dans une cave. A l'époque de Sylla ils auraient été découverts par Apellicon. Puis, Sylla les aurait fait transporter à Rome. Quoi qu'il en soit de ces anecdotes, les textes qui s'étaient conservés furent revus et classés, au premier siècle avant Jésus-Christ, par Andronicos de Rhodes, philosophe péripatéticien, qui en donna une édition complète vers 60-50 avant Jésus-Christ. C'est cet Aristote, plus ou moins remanié, que nous possédons. Notre collection contient vraisemblablement tout ce qui subsistait d'authentique au temps d'Andronicos, et l'on a sujet de tenir en général pour apocryphes les ouvrages absents de cette collection qu'énumère Diogène Laërce. Mais, vraisemblablement aussi, tout ce que contient l'édition dite d'Andronicos n'est pas d'Aristote ; et les œuvres authentiques elles-mêmes n'y sont pas exemptes d'additions et de changements. De plus, nous connaissons les titres d'ouvrages certainement authentiques qui manquent dans notre collection et qui étaient apparemment perdus dès l'époque d'Andronicos. Toutefois il paraît bien que les œuvres les plus importantes pour la connaissance de la philosophie et de la science aristotélique nous aient été conservées.

Quels sont, parmi les ouvrages que nous possédons, ceux qui doivent être écartés comme inauthentiques ? La question ne peut, dans bien des cas, être résolue avec précision et certitude. Voici les résultats auxquels arrive Édouard Zeller, dans sa *Philosophie der Griechen*, t. III, 3ᵉ édition. Est, soit inadmissible, soit très douteuse l'authenticité des ouvrages suivants : *De Xenophane, Zenone et Gorgia; De animalium motu; De plantis; De coloribus; De audibilibus; De mirabilibus auditis; Physiognomonica; Mechanica problemata; De indivisibilibus lineis; De mundo; De respiratione; De virtutibus et vitiis; Œconomica; Rhetorica ad Alexandrum.* Les *Moralia Eudemea* et les *Moralia magna* sont des remaniements de la *Morale à Nicomaque*. Les fragments de lettres que nous possédons sont très mêlés d'additions et d'altérations.

Les écrits laissés par Aristote peuvent vraisemblablement être rangés dans les trois catégories suivantes :

1° Les livres d'enseignement et de science proprement dite : c'étaient les résumés et traités dont il se servait pour ses cours. Il ne les publia pas, mais les communiqua seulement à ses élèves.

2° Les écrits publiés : ceux-ci étaient destinés au grand

public. Ils étaient écrits, nous dit-on, avec abondance et avec charme. Une partie avait la forme de dialogues.

On a souvent, d'après des expressions empruntées à Aristote lui-même, donné aux écrits non publiés la dénomination d'*acroamatiques* ou *acroatiques*, et aux écrits publiés la dénomination d'*exotériques*. Il est certain que ces expressions répondent à une distinction capitale dans la philosophie d'Aristote. Il y a, selon lui, deux modes d'enseignement, proportionnés aux deux degrés de la connaissance. Ce qui est connaissable comme nécessaire et absolument certain est affaire de démonstration proprement dite; ce qui n'est connaissable que comme vraisemblable est affaire de dialectique. Dans ses cours, Aristote enseignait la science achevée : il démontrait ; l'élève n'avait d'autre rôle que celui d'auditeur. Mais, en dehors de ces cours, Aristote dirigeait des entretiens dialectiques où l'on raisonnait d'après les vraisemblances, d'après des considérations plus ou moins extérieures à l'objet en question, et où étaient admis, non seulement les élèves, mais aussi les gens du dehors. Telle est la valeur des mots *acroamatique* et *exotérique* employés à propos de l'enseignement d'Aristote. Lui-même ne les applique pas à ses ouvrages, mais ils s'y appliquent assez bien.

3° A ces deux catégories il faut en ajouter une troisième, savoir : des notes destinées à l'usage personnel d'Aristote. On peut appeler ces derniers écrits *hypomnematiques*.

Enfin, Aristote avait laissé des discours, des lettres et des poésies.

De ces trois sortes d'écrits nous ne possédons que les premiers. Des seconds et des troisièmes il ne nous reste que des fragments. Parmi les écrits perdus, les plus importants sont : dans la première catégorie : le *Traité des plantes*, l'*Anatomie*, les *Théorèmes astrologiques*; dans la seconde : les *Dialogues* et l'*Histoire de la rhétorique*; dans la troisième : des extraits de quelques ouvrages de Platon et des écrits sur les pythagoriciens et sur d'autres philosophes. C'est sans doute dans cette troisième catégorie qu'il faut ranger les *Institutions* (πολιτεῖαι), où se trouvaient des renseignements de toute sorte sur 158 cités helléniques et barbares, recueil perdu, dont nous possédons beaucoup de citations fort intéressantes. Le traité *De la constitution des Athéniens* a été récemment retrouvé sur un papyrus, et publié en 1891.

On peut classer de la manière suivante les écrits scientifiques proprement dits, ou écrits non publiés, que nous possédons, et qui représentent, d'une manière vraisemblablement complète quant à l'essentiel, l'œuvre philosophique d'Aristote :

1° Ecrits logiques, réunis à l'époque byzantine seulement sous le nom d'ὄργανον : Κατηγορίαι (catégories), en parties altérées et augmentées; περὶ ἑρμηνείας (du discours ou des propositions) : cet ouvrage paraît être l'œuvre d'un péripatéticien du IIIe siècle avant Jésus-Christ; Ἀναλυτικὰ πρότερα (premiers analytiques), traitant du syllogisme ; ἀναλυτικὰ ὕστερα (derniers analytiques), traitant de la démonstration ; τοπικά (topiques), traitant de la dialectique ou raisonnement en matière vraisemblable. Le IX° livre de cet ouvrage est d'ordinaire donné comme un ouvrage spécial sous le titre : Περὶ σοφιστικῶν ἐλέγχων (des arguments sophistiques).

2° Ecrits de philosophie naturelle : φυσικὴ ἀκρόασις (physique), en huit livres, parmi lesquels le VII°, quoique rédigé d'après des notes aristotéliciennes, ne paraît pas être d'Aristote ; περὶ γενέσεως καὶ φθορᾶς (de la génération et de la destruction) ; περὶ οὐρανοῦ (du ciel) ; μετεωρολογικά (météorologie) ; περὶ ψυχῆς (de l'âme), et divers opuscules qui s'y rattachent, appelés : *parva naturalia ;* περὶ τὰ ζῶα ἱστορίαι (histoire des animaux), en dix livres, ouvrage très altéré, dont le X° livre est inauthentique ; περὶ ζώων μορίων (les parties des animaux) ; περὶ πορείας ζώων (des organes moteurs des animaux) ; περὶ ζώων γενέσεως (de la génération des animaux), ouvrage gravement altéré.

3° Ecrits dits métaphysiques, traitant de ce qu'Aristote appelle la philosophie première (πρώτη φιλοσοφία) : L'ouvrage appelé *métaphysique,* en quatorze livres, est une collection faite vraisemblablement peu de temps après la mort d'Aristote, et comprenant tout ce qui se trouvait dans ses papiers de relatif à la philosophie première. Ces écrits doivent leur nom actuel (τὰ μετὰ τὰ φυσικὰ) à leur position après la physique, dans l'édition d'Andronicos. Ce qui en fait le fond, ce sont les livres I, III,

IV, VI à IX, X (numéros de l'édition de Berlin). Le livre II et le livre XI à partir du chapitre VIII, 1065 à 26, sont inauthentiques.

4° Écrits relatifs aux sciences pratiques : ἠθικὰ Νικομάχεια (morale adressée à Nicomaque) ; πολιτικά (politique), ouvrage inachevé. Selon Ed. Zeller, les livres VII et VIII de la *Politique* doivent vraisemblablement être intercalés entre les livres III et IV ; τέχνη ῥητορική (rhétorique) ; περὶ ποιητικῆς (poétique).

La question de chronologie n'a, relativement aux ouvrages didactiques, qu'une médiocre importance. Tous ces ouvrages, en effet, ont été composés dans les douze dernières années de la vie du philosophe (335-322) : ils renvoient les uns aux autres, et nous offrent dans leur ensemble le système achevé, sans aucune marque de progrès. Autant qu'on en peut juger par les très faibles indications que l'on peut tirer des témoignages historiques et de l'examen des ouvrages en eux-mêmes, Aristote a composé d'abord les écrits logiques (excepté les notes d'après lesquelles a été rédigé le περὶ ἑρμηνείας, lesquelles paraissent postérieures au περὶ ψυχῆς). Puis ont été composés les écrits de philosophie naturelle ; puis les ouvrages physiologiques et psychologiques, puis les ouvrages relatifs aux sciences pratiques ; enfin, vraisemblablement, et en tout cas, postérieurement à la physique, la collection dite métaphysique. Aristote paraît donc être allé de l'abstrait au concret, et, dans le domaine du concret, de l'être changeant à l'être immuable.

III. — L'ENSEMBLE DE L'ŒUVRE D'ARISTOTE

L'universalité, tel est bien, ainsi que l'indiquent déjà les titres mêmes des ouvrages, le premier caractère de l'œuvre d'Aristote. Théorie et pratique, métaphysique et science d'observation, érudition et spéculation, la philosophie d'Aristote embrasse tout. Elle est, ou elle veut être, le savoir, dans sa totalité. Plus nette que chez Platon, plus générale que chez Anaxagore et Démocrite, se dégage chez Aristote l'idée de la science, considérée comme le plus haut objet de l'activité. Ce n'est pas une curiosité de lettré, c'est l'ambition de pénétrer jusqu'à l'essence et à la cause des choses. Tout ce qui est, tout sans exception, même ce qui paraît vil et insignifiant, provoque en ce sens les recherches du philosophe. Dans toutes les productions de la nature, et jusque dans les plus humbles en apparence, il sait qu'il trouvera de l'intelligible et du divin.

C'est en ce sens qu'il aborda tous les objets accessibles à l'intelligence humaine ; et, pourvu de toutes les connaissances positives que l'on pouvait alors acquérir, aussi pénétrant dans ses intuitions que rigoureux dans ses raisonnements, il créa ou constitua la plupart des sciences entre lesquelles devait, par la suite, se partager le génie humain. La liste des sciences qu'il a ainsi organisées est la liste même des sciences qu'il a cultivées : histoire de la philosophie, logique, métaphysique, physique générale, biologie, botanique, éthique, politique, archéologie, histoire littéraire, philologie, grammaire, rhétorique, poétique et philosophie de l'art. Dans chacune de ces sciences Aristote est chez lui : pour chacune il pose des principes spéciaux et appropriés. Pur éthicien quand il traite de la justice et de l'amitié, il est naturaliste de profession quand il traite de zoologie.

Y a-t-il donc plusieurs hommes en Aristote ; et son œuvre immense n'est-il que la juxtaposition des travaux les plus divers, tels qu'ils pourraient résulter de la collaboration de plusieurs savants? Une telle appréciation serait certainement superficielle. Entre les différents travaux d'Aristote, il y a tout d'abord communauté d'esprit et de méthode. Ce fonds commun pourrait être défini un mélange harmonieux d'idéalisme, d'observation et de formalisme logique. Partout Aristote cherche l'idée dans le fait, le nécessaire et le parfait dans le contingent et l'imparfait ; partout il travaille à substituer aux données fuyantes de l'observation sensible des conceptions fixes et des définitions. Mais ce n'est pas tout : les différentes parties du savoir sont entre elles, selon lui, dans un rapport déterminé qu'il définit très nettement. D'une manière générale, le supérieur n'est connu qu'après l'inférieur et à l'aide de la connaissance de cet inférieur même ; mais en même temps c'est dans le supérieur que se trouve la raison d'être et la cause véritable de l'inférieur. Par exemple, l'âme n'est connue qu'après le corps, qui en est la base et la condition d'existence. Mais le corps n'existe que pour l'âme ; et c'est d'elle qu'il tient le mouvement réglé qui le fait être. Ce principe d'Aristote va nous servir à classer les diverses formes de son activité philosophique.

IV. — CLASSIFICATION DES SCIENCES

Sans être arrivé à la précision ni même à la fixité dans le détail, Aristote n'en est pas moins le premier qui ait conçu la science à un point de vue encyclopédique, et qui ait cherché un principe de classification complète des connaissances.

La science, d'abord, se distingue nettement des choses mêmes auxquelles elle se rapporte. Elle consiste dans la conception des choses comme nécessaires ; et elle comporte des degrés, selon que l'objet qu'elle considère comporte lui-même la nécessité, ou seulement la probabilité.

La science, dans son ensemble, suit une double direction, selon que l'esprit humain prend pour point de départ ce qui est premier à son point de vue, ou ce qui est premier absolument. Ces deux marches sont exactement l'inverse l'une de l'autre : car ce qui est premier pour nous, ce sont les faits, et les faits, selon l'ordre interne de la nature, sont ce qui existe en dernier lieu ; réciproquement, ce qui est premier en soi, ce sont les principes, et les principes sont la dernière chose que nous puissions atteindre.

La philosophie, au sens large du mot, est la science

en général. Elle comprend, en premier lieu, la philosophie première ou science des principes inconditionnés ; en second lieu, l'ensemble des sciences particulières, dont les principales sont : la mathématique, la physique, l'éthique et la poétique. La philosophie est une, grâce à la philosophie première qui est le réservoir commun où toutes les sciences particulières puisent leurs principes.

Cette division, quoique fondamentale, ne reparaît pas toujours dans les classifications des sciences que l'on trouve chez Aristote. En certains endroits il divise les propositions, à la manière des platoniciens, en *éthiques*, *physiques* et *logiques*, ces dernières comprenant les propositions mêmes qui se rapportent à la philosophie première.

Le plus souvent il divise les sciences en *théoriques*, *pratiques* (ou relatives à l'action) et *poétiques* (ou relatives à la production au moyen d'une matière), en mettant, au point de vue logique et absolu, la théorie avant la pratique, la pratique avant la poétique. Puis il subdivise les sciences théoriques en *théologie, mathématique* et *physique*. La théologie peut être rapprochée de la philosophie première : elle en forme le sommet. Les mathématiques s'occupent d'essences stables encore, mais non séparables d'avec la matière, si ce n'est par abstraction. La physique s'occupe des substances sensibles, c'est-à-dire mobiles et périssables. Les sciences pratiques ou sciences des choses humaines se subdivisent, si l'on va de la puissance à l'acte, c'est-à-dire de

ce qui est premier pour nous à ce qui est premier en
soi, en *éthique, économique* et *politique*. L'économique,
à vrai dire, est souvent donnée par Aristote comme
rentrant dans la politique. La rhétorique est surtout
présentée comme une science auxiliaire de la politique.
La poétique comprend tous les arts, parmi lesquels la
poésie et la musique tiennent le premier rang. Dans
cette classification il n'est pas fait mention de la logique.
C'est sans doute que cette classification n'embrasse que
les sciences portant sur des réalités, tandis que la
logique porte sur les concepts.

V. — LE POINT DE VUE ET LA MÉTHODE

L'objet qu'Aristote a en vue est essentiellement théorique. Savoir pour savoir, comprendre, ajuster les choses à l'intelligence, telle est la fin de tous ses efforts.

Tous les hommes, dit-il, ont un désir naturel de connaître. Nous aimons la science, en dehors de tout intérêt. La sagesse est indépendante de l'utilité : elle est même d'autant plus haute qu'elle est moins utile. La science la plus haute est celle du but ou de la fin en vue de laquelle les êtres existent. Cette science est seule vraiment libre, parce que seule elle n'existe qu'en vue du savoir même. Elle est la moins nécessaire de toutes les sciences, et, par là même, la plus excellente. La science nous fait connaître les raisons intelligibles des choses. L'ignorant qui observe s'étonne que les choses soient comme elles sont, et cet étonnement même est le commencement de la science : le sage s'étonnerait que les choses fussent autrement qu'il ne les connaît.

Comment procède Aristote pour acquérir la science, ainsi entendue ? Aristote n'est ni l'idéaliste dogmatique que suppose Bacon, fabriquant le monde avec les seules catégories du langage ni l'empiriste que voient en lui beaucoup de modernes. Il est observateur, et il est constructeur : d'une manière générale, il allie et combine intimement l'étude scrupuleuse des faits et l'effort pour les rendre intelligibles. Les faits sont pour lui le point de départ, mais il ne s'y tient pas : il cherche à en extraire les vérités rationnelles qu'il sait d'avance y être contenues. Le terme qu'il a en vue, c'est la connaissance des choses sous la forme démonstrative, c'est-à-dire sous la forme d'une déduction où les propriétés de la chose se connaissent par son essence même.

Le plus souvent, et surtout quand il s'agit de choses métaphysiques ou morales, avant d'aborder l'étude des choses en elles-mêmes, il recherche et discute toutes les opinions qui existent sur la matière. C'est la méthode dialectique, laquelle, tirant ses arguments, non de l'essence même de la chose, mais de ce qui est admis par l'interlocuteur, ne dépasse pas la vraisemblance. Dans l'emploi de cette méthode, Aristote part fréquemment des conceptions populaires : il en dégage un sens philosophique, qu'il utilise pour l'établissement de sa théorie. Il part aussi du langage, qui est pour lui comme un intermédiaire entre les choses et la raison. Surtout il a égard aux doctrines de ses devanciers, il énumère soigneusement toutes les opinions qu'ils ont soutenues ; et lors même qu'il rejette ces opinions, il en cherche la raison et la vérité relative. Ses dissertations philosophiques sont d'ordinaire composées de la manière suivante : 1° il détermine l'objet de la recherche, afin de n'être pas exposé aux malentendus, comme il arrive à Platon ; 2° il énumère et apprécie les indications et les opinions existant sur la matière ; 3° il recherche et examine, de la manière la plus complète, les difficultés ou ἀπορίαι que présente la question posée ; 4° considérant les choses en elles-mêmes, et utilisant dans ses raisonnements les résultats des discussions précédentes, il cherche la solution du problème dans la détermination de l'essence une et éternelle de l'objet en question.

VI. — ARISTOTE HISTORIEN

Il résulte de ce qui précède qu'Aristote est tout d'abord historien. Il a commencé par apprendre le plus possible. Platon, à ce qu'on rapporte, l'appelait le *liseur*. L'histoire n'est pas pour lui une fin dernière, quoiqu'il ait au plus haut degré la curiosité des faits, mais elle est un moyen indispensable. Elle fournit à l'esprit des matériaux sans lesquels il s'agiterait dans le vide. Aristote s'est livré à des études historiques approfondies dans tous les domaines de la science.

En ce qui concerne l'histoire de la philosophie, il avait écrit notamment sur les pythagoriciens et sur le platonisme. Tout le premier livre de la *Métaphysique* est rempli par des recherches historiques : c'est un exposé des principes mis en avant depuis Thalès jusqu'à Platon. Mais comme l'objet qu'il a en vue est dogmatique, il fait rentrer les systèmes antérieurs dans les cadres de sa propre philosophie. Il en recherche l'idée, la forme parfaite, le terme et l'achèvement ; il veut les comprendre plus profondément que les ont compris leurs auteurs eux-mêmes ; et il les résume en des formules créées par lui, qui en font des acheminements à son propre système. S'il classe les doctrines, c'est d'après les ressemblances et différences qu'elles présentent à son point de vue, non d'après l'influence qu'elles ont exercée les unes sur les autres. C'est ainsi que le résumé contenu dans le premier livre de la *Métaphysique* est destiné à préparer la théorie aristotélicienne des quatre causes. Aristote montre qu'avant lui on a plus ou moins discerné et mis en valeur les principes matériel, moteur et formel, mais qu'on n'a parlé de la cause finale que d'une manière accessoire et accidentelle. Anaxagore, qui a entrevu la cause finale, apparaît nous dit notre auteur, comme un homme sensé parmi des gens qui parlent au hasard. Les recherches chronologiques tiennent peu de place dans ces considérations. De même Aristote s'occupe peu des relations de maître à disciple. Il note les services rendus par chacun de ses devanciers à la philosophie en général, telle qu'il la conçoit ; il relève ce que chaque penseur a trouvé de durable ; il signale les inventeurs et les avocats des idées qui ont joué un rôle dans le développement de la science, et qui lui paraissent mériter examen. En un mot, il ne recherche pas les origines historiques des systèmes, mais il dégage de la masse informe des faits la formation logique de la philosophie définitive.

A l'histoire politique se rapportent les fameuses πολίτειαι, où Aristote exposait les constitutions de 158 cités grecques et barbares. Cet ensemble de traités rentrait dans ce que nous appelons archéologie et histoire de la civilisation. On y trouvait maint trait de mœurs, et jusqu'aux proverbes et aux chants populaires des différents peuples. L'ordre des matières, selon certains commentateurs grecs, était alphabétique. Selon Diogène, les constitutions étaient classées, d'après leurs ressemblances, en démocratiques, oligarchiques, aristocratiques et tyranniques. Nous pouvons aujourd'hui nous faire une idée des πολίτειαι, grâce au traité de la *Constitution des Athéniens*, récemment retrouvé. La première partie de ce traité est l'explication des transformations politiques d'Athènes depuis les origines. La seconde décrit l'organisation politique et administrative d'Athènes vers le temps du procès de la Couronne.

Dans l'ordre littéraire, Aristote avait écrit l'histoire de la rhétorique et de la poésie. Cette histoire, qui ne nous a pas été conservée, est grandement louée par Cicéron. « Aristote, dit-il, y avait noté tous les préceptes donnés par les rhéteurs, et cela avec tant de perfection que l'on trouvait ces préceptes mieux exposés par lui que par leurs auteurs mêmes, et que, quand on voulait les connaître, c'est chez lui qu'on les cherchait. »

Il avait également dressé des listes chronologiques des représentations dramatiques, et des listes des vainqueurs aux jeux olympiens et pythiques. Ces ouvrages sont perdus.

On le voit : la curiosité d'Aristote est insatiable et s'étend à tous les domaines. Mais il veut savoir et comprendre, non s'amuser au récit des faits : l'histoire n'est pour lui qu'un instrument de la science, les faits n'ont de valeur que comme véhicules de l'idée.

VII. — LOGIQUE

Aristote veut connaître les faits, non seulement en tant qu'ils sont, mais en tant qu'ils doivent être ; il veut résoudre le contingent en nécessaire. Il lui faut donc, tout d'abord, rechercher les conditions sous lesquelles l'esprit conçoit quelque chose comme nécessaire ; en d'autres termes, il lui faut premièrement envisager la science dans sa forme, abstraction faite de son contenu : c'est l'objet de la logique[1].

---

(1) Les textes relatifs à cette partie de la philosophie d'Aristote sont les ὀργανικά, savoir : les *Catégories*, l'*Hermeneia*, les *Analytiques premiers* et *derniers*, les *Topiques* et les *Arguments sophistiques*.

La logique est la détermination des lois du raisonnement et des conditions de la science. Aristote distingue, dans la connaissance, la forme et la matière, et considère la forme comme ayant une existence et des lois propres. Son existence consiste dans la réalité des concepts stables, ou idées générales, unes, exactement déterminées quant à leur compréhension et quant à leur extension. Sa loi fondamentale est le principe de contradiction : « Il est impossible qu'un même attribut appartienne et n'appartienne pas à un sujet donné, considéré sous un seul et même rapport. » Il y a d'ailleurs, selon Aristote, proportion et accord entre la pensée et l'être ; et par suite, notre philosophe ne se fait pas faute d'admettre dans sa logique maint élément d'un caractère métaphysique.

La logique aristotélique est une analyse rationnelle des conditions auxquelles doit satisfaire un raisonnement pour que la conclusion en soit conçue comme nécessaire. Il ne s'agit pas de savoir comment, en fait, nous raisonnons dans la vie commune, mais comment doit être construit un raisonnement pour que la nécessité de la liaison qu'il établit apparaisse immédiatement et irrésistiblement comme évidente. C'est pourquoi le problème de l'analyse psychologique du raisonnement naturel, qu'a indiqué Locke, ne saurait être substitué à celui d'Aristote que si l'on admet la réduction du nécessaire au contingent, de l'idéal au réel, du précepte au fait, de l'art à la nature.

Il convient de distinguer : 1° les instruments de la

pensée ; 2° le rôle et la valeur de ces instruments dans la constitution de la science.

Les instruments de la pensée sont les notions, les propositions et le raisonnement.

Sous le titre général de *notions* se rangent, les prédicables, les catégories et les notions de rapports logiques.

Les *prédicables*, qu'Aristote appelle, ce semble, genres des problèmes, sont les notions universelles qui se rapportent aux modes généraux suivant lesquels une chose peut être énoncée relativement à une autre. C'est ce qu'on nomme les universaux, savoir : le genre, l'espèce, la différence, le propre et l'accident.

Les *catégories* sont les genres irréductibles des mots et, par suite, des choses, car les classes des mots sont les classes mêmes des choses. Ce sont les genres suprêmes. Les catégories sont au nombre de dix : 1° l'essence, par exemple : homme, cheval ; 2° la quantité : long de deux aunes ; 3° la qualité : blanc ; 4° le rapport : double, moitié ; 5° le lieu : au lycée ; 6° le temps : hier ; 7° la situation : être couché, assis ; 8° la manière d'être : être chaussé, armé ; 9° l'action : couper, brûler ; 10° la passion : être coupé, brûlé. Les catégories se divisent en deux classes, l'essence, à elle seule, constituant la première, et les neuf autres catégories constituant la seconde.

Cette table des catégories paraît dressée empiriquement, par la comparaison des mots entre eux. Elle diffère foncièrement de celle de Kant, qui présente les différentes manières de lier *a priori* et en un sens nécessaire les éléments divers d'une intuition en général, c'est-à-dire de ramener cette matière éparse à l'unité de l'aperception transcendentale.

Les différents *rapports logiques* des termes entre eux sont l'identité et l'opposition, cette dernière comprenant la contrariété, la contradiction et le rapport de privation à possession.

Le principe général relatif à l'opposition est que deux termes opposés entre eux relèvent toujours d'une seule et même science.

Les *propositions* résultent de l'assemblage des concepts. Elles sont affirmatives ou négatives, universelles ou particulières. Seules, elles comportent vérité ou erreur, tandis que les concepts isolés ne sont ni vrais ni faux. La conséquence n'est pas la même, si deux jugements sont entre eux contradictoires, ou simplement contraires. Deux jugements contraires ne peuvent être vrais l'un et l'autre, mais ils peuvent être faux ; tandis que de deux jugements contradictoires, l'un est nécessairement vrai, l'autre faux : ceci résulte du principe du milieu exclu, expression particulière du principe de contradiction.

Les propositions comportent des conversions, ou interversions du sujet et de l'attribut, dont Aristote détermine les règles.

Le *raisonnement* consiste essentiellement dans le syllogisme. La théorie du syllogisme et de la démonstration ou syllogisme parfait est appelée par Aristote *analytique*. Aristote en revendique la création. Il affirme qu'avant lui sur ces matières il n'existait rien, qu'il n'a pas eu seulement à perfectionner, mais à inventer, et que c'est à force d'essais laborieux qu'il est arrivé à son but. Kant a dit de la théorie du syllogisme que depuis Aristote elle n'avait pas fait un pas, soit en avant, soit en arrière.

Le syllogisme est un raisonnement dans lequel, certaines choses étant posées, quelque chose d'autre en résulte nécessairement. Le propre du syllogisme, c'est de mettre en évidence la nécessité de la liaison. Ce résultat est obtenu par l'emploi d'éléments adaptés à une application exacte du principe de contradiction. Ces éléments sont des termes considérés comme étant entre eux dans le rapport de la partie au tout. Soit A contenant B, et B contenant C, il s'ensuit nécessairement, d'après le principe de contradiction, que A contient C. Tel est le type du syllogisme, et les trois termes qu'il implique s'appellent pour cette raison *grand*, *moyen*, *petit*. Cette relation de contenance est considérée par Aristote comme l'équivalent de la relation du général au particulier. Le genre est comme un cercle défini qui contient les espèces.

Le syllogisme est parfait ou imparfait, selon qu'il est immédiatement conforme au type que nous venons d'indiquer, ou qu'il n'y devient conforme qu'à l'aide de transformations ou réductions.

L'origine de cette théorie se trouve dans les mathématiques. Elle consiste dans une adaptation aux notions qualitatives des rapports de grandeur. Il était naturel qu'Aristote cherchât, dans une imitation analogique des mathématiques, le moyen de démontrer nécessairement en matière qualitative ; car les mathématiques réalisaient, de l'aveu de tous, cette nécessité dans l'enchaînement des termes, qu'il avait en vue. L'instrument de la liaison nécessaire, dans le syllogisme, c'est le moyen terme.

Parmi les cas particuliers du syllogisme, le plus important est l'*induction*, ou raisonnement qui va du particulier au général. Voici un exemple de ce raisonnement : « L'homme, le cheval et le mulet vivent longtemps. Or, l'homme, le cheval et le mulet sont des animaux sans fiel. Donc, tous les animaux sans fiel vivent longtemps. » La condition de la légitimité de la conclusion, c'est la convertibilité de la mineure. Ici, par exemple, il faut qu'à la proposition : « L'homme, le cheval et le mulet sont des animaux sans fiel », il soit légitime de substituer : « Tous les animaux sans fiel sont l'homme, le cheval et mulet. » La légitimité de cette substitution n'est plus une question de logique. En fait, la série des animaux sans fiel est infinie. Mais l'essence de l'animal sans fiel est tout entière dans chaque animal sans fiel. La question est de discerner cette essence, de dégager le type de l'animal sans fiel, de manière à distinguer les caractères qui appartiennent aux animaux sans fiel en tant qu'ils sont sans fiel, d'avec les caractères qui leur appartiennent indépendamment de cette condition. Pour y parvenir, on considère un certain nombre d'animaux sans fiel, on les compare entre eux, on cherche ce qu'ils ont de commun, et, par là, ce qui, en eux, est essentiel et nécessaire. En d'autres termes on considère les êtres de la nature, non seulemenent avec les sens, mais avec le νοῦς, lieu des essences et capable de les retrouver, de les reconnaître dans les données des sens.

L'induction d'Aristote vise ainsi à la classification des êtres et des faits, et à une classification *naturelle*. En tant qu'elle s'applique à discerner les rapports nécessaires des rapports contingents, elle rend possible la prédiction, et ainsi elle fournit de véritables lois, au sens moderne du mot. Mais cette possibilité de prédiction est restreinte aux faits qui découlent immédiatement d'une essence déterminée, elle ne s'étend pas aux faits qui résultent du mélange de plusieurs essences. Car le mélange des essences n'a pas de raison nécessaire, est chose purement contingente. Les genres, selon Aristote, sont radicalement séparés les uns des autres, chacun d'eux est un absolu. Par cette doctrine de l'indépendance des genres, la théorie aristotélicienne de l'induction est en opposition, tant avec le cartésianisme, qui ramène les lois physiques aux déterminations mathématiques, l'hétérogène à l'homogène, qu'avec l'évolutionisme, qui admet l'existence actuelle des espèces, mais en leur attribuant une genèse naturelle dans le passé à partir d'une origine commune.

Le syllogisme proprement dit et l'induction sont entre eux, selon Aristote, comme l'ordre de la nature et l'ordre de la connaissance humaine. En soi, le syllogisme est plus intelligible : pour nous, l'induction est plus claire. Le syllogisme part du général. Or, il nous est impossible de prendre connaissance du général, sinon par induction. Non que les principes généraux reposent sur la sensation et l'induction comme sur leur fondement ; mais c'est l'induction qui pour nous dégage ces principes, c'est elle qui nous fournit les éléments intelligibles que le νοῦς reconnaît comme nécessaires et vrais.

Tels sont les instruments de la science. Comment, par leur moyen, la science se forme-t-elle ?

La science est la connaissance des choses en tant que nécessaires. Une chose est connue scientifiquement quand nous savons qu'elle ne pouvait être autrement qu'elle est. Or cette connaissance est réalisée quand nous réussissons à rattacher la chose donnée à sa cause.

Il y a dans la nature trois sortes de liaisons : 1° les conjonctions qui se réalisent toujours, par exemple : les relations des phénomènes astronomiques ; 2° les conjonctions qui se réalisent d'ordinaire, par exemple : les relations des choses physiques entre elles et, davantage encore, des choses morales ; 3° le hasard, c'est-à-dire les coïncidences qui ne se reproduisent que peu ou point. La première espèce de liaison comporte la science parfaite, la seconde une science imparfaite bornée à la probabilité ; la troisième reste en dehors de la science. Il n'y a pas de science de ce qui se passe.

Ni l'opinion ni la sensation ne peuvent produire la science, parce que, incapables l'une et l'autre de détermination parfaite et de fixité, elles ne peuvent saisir le fini et l'immobile. La dialectique platonicienne, elle aussi, est impuissante à fournir la science, parce que, comme elle consiste en demandes et réponses, elle ne s'appuie que sur le consentement de l'adversaire, non sur le vrai en soi. Partie de l'hypothèse, elle ne dépasse pas la conséquence purement logique et formelle. C'est par la démonstration que s'obtient la science. L'*apodictique*, ou théorie de la démonstration, diffère essentiellement de la dialectique.

La démonstration se fait par syllogisme direct de la première figure. La réduction à l'absurde et les syllogismes de la seconde et de la troisième figure ne sont pas encore la démonstration. La démonstration prend son point de départ dans un principe non seulement accordé par l'adversaire, mais nécessaire en soi. C'est ainsi que raisonne le mathématicien.

La démonstration comprend trois éléments : 1° le sujet ; 2° l'attribut, qu'il s'agit de rattacher au sujet par un lien de nécessité ; 3° les principes généraux sur lesquels se fonde la démonstration. Ces derniers sont le principe de contradiction et ses dérivés. Indispensables, ils sont, en eux-mêmes, vides et insuffisants. C'est dans la nature du sujet que réside la base de la démonstration.

Il y a, en effet, des principes propres au sujet, par exemple le continu, inhérent à l'étendue; le discontinu, inhérent au nombre : ce sont ces principes spéciaux qui ont un contenu et qui sont féconds. C'est sur ces principes qu'il convient de s'appuyer, et l'on ne doit jamais, dans la déduction, passer d'un genre à un autre, à moins que l'un ne soit proprement subordonné à l'autre. Ainsi, la géométrie ne saurait s'expliquer par l'arithmétique : il est impossible d'adapter à des grandeurs étendues les démonstrations propres au nombre. Quand on viole cette règle, on n'a plus pour se guider que les principes communs à toutes les sciences; dès lors, les liaisons que l'on établit ne sont connues que comme accidentelles et contingentes, non comme essentielles et nécessaires : on a procédé par analogie, non par démonstration. L'impossibilité que voit ici Aristote sera levée par Descartes et Leibnitz.

Les principes propres sont indémontrables comme les principes communs. Prétendre tout démontrer serait se condamner, ou au progrès à l'infini, ou au cercle vicieux. Chaque science a, de la sorte, ses principes spéciaux irréductibles.

D'où viennent ces principes? Ils ne sont ni innés, ni reçus du dehors purement et simplement. Il y a en nous une disposition à les concevoir ; et, par l'effet de l'expérience, cette disposition passe à l'acte. C'est en cela, en définitive, que consiste l'induction, et ainsi c'est par induction que nous connaissons les premiers principes propres à chaque science.

La démonstration suppose la définition. Il faut qu'il y ait des définitions indémontrables : autrement on irait à l'infini. Il n'y a de définition, ni de l'individu, ni de l'accident, ou général indéterminé, mais seulement des espèces intermédiaires entre le général et l'individu. La définition se fait par l'indication du genre prochain et des différences spécifiques. Pour arriver à constituer une définition, il faut aller du particulier au général, et contrôler cette induction par une déduction allant du genre aux espèces.

En résumé, une chose est connue comme nécessaire, quand elle est rattachée, par voie de déduction, à une essence spécifique.

Au-dessous de l'apodictique qui enseigne comment on peut arriver à connaître une chose comme nécessaire, se place la *dialectique*, ou logique du probable : elle est exposée dans les *Topiques*. Le domaine de la dialectique est l'opinion, mode de connaissance susceptible de vérité ou de fausseté. Le dialecticien prend pour point de départ, non des définitions nécessaires en soi, mais les opinions ou les thèses proposées par le sens commun ou par les philosophes ; et il cherche quelle est, de ces opinions diverses, la plus vraisemblable. Il procède par questions et réponses, il examine contradictoirement le oui et le non sur chaque sujet. Ainsi il conduit ses questions de manière à poser d'abord une thèse, puis une antithèse; et il discute l'une et l'autre proposition. Cette discussion consiste à examiner les difficultés qui surgissent, lorsque l'on veut appliquer la proposition à des cas particuliers. Le dialecticien raisonne syllogistiquement, mais en partant du vraisemblable. Le vraisemblable, pris comme donné, c'est en définitive l'essence simplement *générique*, non encore déterminée par la différence *spécifique*. L'addition du principe spécifique au principe générique pourrait seule rendre la conclusion nécessaire. Mais les principes spécifiques ne se peuvent déduire des principes génériques, car tout genre comporte à titre égal différentes espèces.

Le rôle de la dialectique est considérable : elle est le seul mode de raisonnement possible dans les matières qui ne comportent pas de définitions nécessaires. Et, dans la recherche des vérités nécessaires elles-mêmes, elle est le préliminaire indispensable de la démonstration.

Ce qu'est la dialectique en matière logique, la *rhétorique* l'est en matière morale. Si la première cherche le vraisemblable, la seconde vise à le persuader. La rhétorique est ainsi le pendant de la dialectique, ou plutôt, comme la pratique est à la théorie ce que le particulier est au général, la rhétorique est une partie de la dialectique. Le mode de raisonnement propre à la rhétorique est l'enthymème, syllogisme où l'on sous-entend l'une des trois propositions, et où les raisons se tirent, non de l'essence même des choses, mais de vraisemblances et de signes. La matière principale de l'enthymème qu'emploie la rhétorique est l'analogie, ou induction qui va du particulier au particulier.

Enfin, de la dialectique se distingue l'*éristique*. Tandis que celle-là se meut dans le domaine des choses qui sont générales, ordinaires, sans être nécessaires, l'éristique se meut dans le domaine du pur accident, et cela, de propos délibéré. L'éristique se contente d'une vraisemblance acceptée par l'auditeur. Aussi les raisonnements éristiques sont-ils de purs sophismes. Aristote les dévoile et les décrit minutieusement.

Au-dessous des choses qui arrivent toujours, lesquelles dépendent d'une essence à la fois générique et spécifique et peuvent être connues comme nécessaires, au-dessous même des choses qui arrivent d'ordinaire, lesquelles dépendent d'une essence simplement générique et peuvent être connues comme probables, il y a celles qui arrivent accidentellement, sans aucune règle. Comme les choses qui arrivent ordinairement résultent du mélange des *espèces*, ainsi les phénomènes isolés résultent du mélange des *genres*; mais, tandis que ce qui n'est pas déterminable par l'espèce l'est encore, dans une certaine mesure, par le genre, fonds commun de plusieurs espèces, ce qui n'est pas même déterminable par le genre ne l'est plus du tout, vu qu'au-dessus des genres il n'y a plus que les principes universels, lesquels, s'appliquant à tout, ne déterminent rien. Du hasard donc, comme tel, de la rencontre des deux genres, il n'y a pas de science. Seuls, les éléments dont se compose le phénomène fortuit peuvent être connus comme nécessaires ou possibles, en tant qu'on les rattache à leurs essences spécifiques ou génériques respectives : l'assemblage de ces éléments, qui constitue proprement le phénomène fortuit, est sans raison, parce que les genres, comme tels, sont sans lien entre eux.

La logique aristotélicienne a régné sans conteste jusqu'à Bacon et Descartes. A partir des commencements de la philosophie moderne elle a été battue en brèche de divers côtés, soit qu'on lui reprochât de n'être que la logique de l'exposition, non celle de l'invention, soit même qu'on la considérât comme factice et illégitime. La discussion roule principalement sur la valeur du concept ou idée générale, qui est la base de la théorie. Les empiristes en particulier, pour qui les idées ne sont que des traces de la sensation, mesurent la valeur des généralités au nombre de faits constatés qu'elles représentent, et soutiennent que, la vérité de la majeure d'un syllogisme supposant celle de la conclusion, le syllogisme est nécessairement un cercle vicieux.

La question est ici de savoir si un concept n'est autre chose qu'une idée collective, ou si c'est une unité, statique ou dynamique, valable pour une série indéfinie de faits passés, présents et à venir. Mais lors même que le concept aristotélicien ne coïnciderait pas exactement avec la nature des choses, comme il arriverait si la continuité était la loi fondamentale de l'être, la logique d'Aristote n'en conserverait pas moins une réelle valeur. Non seulement elle subsisterait comme analyse des conditions de la connaissance idéale pour l'esprit humain ; mais elle serait légitime dans la mesure où il existe des espèces dans la nature. Or, il en existe, sinon peut-être d'une manière éternelle et primitive, du moins en fait et actuellement. Les êtres supérieurs, surtout, forment des groupes relativement stables. Lors même que la continuité serait la loi fondamentale, il n'en faudrait pas moins reconnaître dans la nature une tendance à la discontinuité et à la spécification. La logique aristotélicienne répondrait à cette partie ou à ce côté de la nature, qui est gouverné par la loi de spécification. Destituée de la valeur métaphysique et absolue que lui attribuait son fondateur, elle conserverait une valeur relative et expérimentale.

VIII. — MÉTAPHYSIQUE[1]

Tandis que chaque science spéciale considère quelque espèce particulière d'êtres, la physique, par exemple, l'être en tant qu'il y a en lui matière et mouvement, les mathématiques, la forme de l'être mobile en tant qu'on l'isole par abstraction de la matière où elle est réalisée, la philosophie première, ainsi que l'appelle

---

(1) Source : la collection appelée *Métaphysique*.

Aristote, considère l'être en tant qu'être, τὸ ὄν, ᾗ ὄν, et en recherche, en ce sens, les principes.

La métaphysique aristotélicienne s'est constituée en opposition avec la philosophie platonicienne. Aristote commence donc son exposition par une critique de son maître. Platon, dit-il, cherche et l'objet de la science et l'être en tant qu'être dans les essences générales conçues comme existant à part, en dehors des choses et en dehors les unes des autres. Or, le vrai est ici mélangé avec le faux. Platon a bien vu que le général seul peut être objet de science, et qu'ainsi le monde sensible comme tel ne peut être connu scientifiquement. Mais il s'est trompé en croyant que les genres peuvent exister à part et qu'ils sont eux-mêmes principes et substances. Les genres n'existent que dans les individus. On s'engage dans d'inextricables difficultés si l'on veut qu'ils existent en soi. Quel sera, dans cette hypothèse, le rapport des choses à leurs genres respectifs? Un rapport de participation? mais comment concevoir cette participation? Et puis, combien y aura-t-il de genres substantiels? Comment l'idée, substance une, peut-elle se retrouver dans une infinité d'individus? Si l'idée générale est substance, ou il n'y a pas d'individus, ou il n'y en a qu'un. De plus, le général ne peut être principe et substance, parce qu'il est destitué de force, parce qu'il ne peut exister en soi. Le général est toujours un attribut : la substance, au contraire, est sujet et chose existant à part. Donc, il est bien vrai que le général seul est objet de science, mais la substance, par contre, ne peut être qu'individuelle.

De là toutefois naît une difficulté. Si, d'une part, toute science porte sur le général, et si, d'autre part, la substance ne peut être que quelque chose d'individuel, comment y aura-t-il une science de la substance ? Notre théorie n'aboutit-elle pas à ce résultat : une science dont l'objet n'est pas, un être qui ne peut être objet de science ?

Pour résoudre cette difficulté, il nous faut élargir la notion de la science. Toute science ne porte pas sur le général. La science a deux modes, deux degrés. Il y a la science en puissance et il y a la science en acte. La science en puissance a pour objet le général, mais il n'en est pas de même de la science en acte : celle-ci a pour objet l'être parfaitement déterminé, l'individu.

Dans cette doctrine se trouve l'idée maîtresse de l'aristotélisme. Le général n'est pas le principe constitutif de l'être : il n'en est que la matière. Déterminé par un côté, il est, par un autre, indéterminé : tout type général peut être réalisé de diverses manières. Un être réel, une substance, est un être achevé qui, sous tous les rapports, est ceci et non cela : partant, dans un être réel quelconque il y a quelque chose de plus que dans n'importe quelle idée générale. Toute la science du général n'arriverait pas à construire l'individualité de Socrate. Deux choses sont nécessairement en dehors de cette science abstraite : les accidents, parce qu'ils sont au-dessous, les individus, parce qu'ils sont au-dessus du général. La connaissance des individus s'obtient par une intuition, laquelle, immédiatement, saisit l'unité substantielle qu'on ne pourrait déduire.

Cette irréductibilité de l'individuel au général se retrouvera dans toutes les parties de la philosophie d'Aristote. En vertu de ce principe, la spéculation abstraite sera impuissante à nous faire connaître la nature ; l'expérience y sera nécessaire. Et, dans l'ordre moral, les lois seront insuffisantes à faire régner la justice ; il y faudra joindre le magistrat, chargé d'appliquer judicieusement les règles générales à la diversité infinie des cas individuels.

Quels sont les principes de l'être ? L'être qui nous est donné est soumis au devenir. Or, le devenir, en tant qu'il existe, suppose des principes non engendrés : il faut nécessairement s'arrêter dans la régression vers les causes, quand il s'agit de trouver les éléments intégrants de l'existence actuelle.

Quels sont les principes requis pour l'explication du devenir ? Ces principes sont au nombre de quatre : 1° une matière ou substrat, théâtre du changement, c'est-à-dire de la substitution d'une manière d'être à une autre ; 2° une forme ou détermination ; 3° une cause motrice ; 4° un but. Ainsi les principes d'une maison sont : le bois comme matière, l'idée de la maison comme forme, l'architecte comme cause motrice, et l'habitation à réaliser, comme but.

Ces quatre principes, à leur tour, se ramènent à deux : la matière et la forme. En effet, la cause motrice n'es que la forme dans un sujet déjà réalisé : ainsi la cause motrice de la maison, c'est l'idée de la maison en tant que conçue par l'architecte. Et la cause finale est encore la forme, car la cause finale de chaque chose, c'est en réalité la perfection ou forme vers laquelle elle tend.

La matière et la forme sont donc en définitive les deux principes non engendrés nécessaires et suffisants pour expliquer le devenir. La matière est le substrat. Elle n'est ni ceci ni cela ; elle peut devenir ceci ou cela. La forme est ce qui fait de la matière une chose déterminée (τόδε τι) et réelle. Elle est la perfection, l'activité, l'âme de la chose. Le mot *forme* a, chez Aristote, un tout autre sens que chez nous. Ainsi, une main sculptée a, dans le langage d'Aristote, la *figure* et non la *forme* d'une main, parce qu'elle ne peut accomplir les fonctions propres à la main.

Il y a une échelle d'existences depuis la matière infime, qui n'a aucune forme, jusqu'à la forme suprême, qui et sans matière. La matière absolument indéterminée n'existe pas. La forme sans matière est en dehors de la nature. Tous les êtres de la nature sont des composés de matière et de forme. L'opposition de la matière et de la forme est relative. Ce qui est matière à un point de vue est forme à un autre. Le bois de charpente est matière par rapport à la maison, forme par rapport au bois non coupé. L'âme est forme à l'égard du corps, matière à l'égard de l'intelligence.

Aristote ne s'en tient pas à cette réduction des quatre principes à la matière et à la forme : il cherche à rapprocher l'un de l'autre ces deux principes mêmes. Pour y parvenir, il les ramène à la puissance et à l'acte. La matière n'est plus pour lui une pure réceptivité, comme pour Platon : elle a une disposition à recevoir la forme, elle la désire. La forme n'est plus quelque chose d'hétérogène par rapport à la matière : elle en est l'achèvement naturel. La matière est puissance, et puissance capable de deux contraires déterminés. Le mécanisme logique de la substitution des formes dans une matière inerte se résout ainsi en un dynamisme métaphysique. Dans le passage de la puissance à l'acte, il y a une action interne. Ce n'est plus une juxtaposition ou séparation d'éléments inertes et préexistants : c'est une création spontanée d'être et de perfection. S'il faut, dit Aristote, une force d'une quantité déterminée pour produire un certain effet, la moitié de cette force, prise isolément, ne produit cet effet à aucun degré. Autrement, étant donné un navire que plusieurs hommes, réunissant leurs forces, mettent en mouvement, un seul homme pourrait déjà imprimer à ce navire une certaine quantité de mouvement, ce qui est contraire à l'expérience. Telle partie qui produit un mouvement dans son union avec le tout, prise isolément et agissant seule, devient totalement impuissante. C'est que la partie, à vrai dire, n'existe pas en tant que partie dans ce qui est véritablement un tout : une partie n'existe qu'en puissance dans le tout dont on la peut tirer.

Le concept aristotélicien de la puissance et de l'acte est, on le voit, très empirique. Aristote suppose que l'effort d'un seul homme est sans action sur un navire, parce qu'il ignore que le travail qui ne se manifeste pas sous forme de mouvement engendre du moins de la chaleur. Il n'en reste pas moins que la poussée d'un seul homme est effectivement sans aucun effet en ce qui concerne le mouvement de translation. Et, de nos jours même, une école de chimistes, raisonnant à la manière d'Aristote, ne considère pas l'hydrogène et l'oxygène comme existant en acte dans l'eau ; mais, s'en tenant à l'expérience, ces savants disent que l'hydrogène et l'oxygène existent dans l'eau en puissance, en ce sens qu'en soumettant l'eau à certaines conditions on pourra obtenir de l'hydrogène et de l'oxygène.

En résumé, le devenir, selon Aristote, ne dérive ni de l'être ni du non-être absolus ; il dérive de l'être en puissance, intermédiaire entre l'être et le non-être.

De cet être en puissance ou matière procède tout ce qui, dans le monde, est indétermination et imperfection. La matière est le principe de la nécessité brute ou ἀνάγκη, laquelle est la causalité mécanique et aveugle, par opposition à la cause motrice agissant en vue d'une fin. S'il existe une telle nécessité, c'est que la nature est obligée d'employer, dans ses créations, des causes matérielles. Or la matière, en un sens, résiste à la forme. C'est pourquoi les créations de la nature sont toujours imparfaites ; il se produit même beaucoup de choses dépourvues de but, en tant qu'elles naissent par la seule action des forces mécaniques. Tels des esclaves, dont on règle l'action, agissent néanmoins souvent par eux-mêmes, en dehors de la règle. La matière est le principe de la contingence des futurs. En ce qui concerne l'avenir, la position d'une alternative déterminée est seule nécessaire : la réalisation de l'un ou l'autre terme de cette alternative est indéterminée. De la matière procède le hasard. Sont fortuits chez un être donné les phénomènes qui ne découlent pas de l'essence de cet être, mais qui résultent, soit de son imperfection, soit de l'influence des causes étrangères. Le hasard se manifeste par la rareté de l'événement. L'événement fortuit est nécessaire mécaniquement, mais il n'est nécessaire qu'à ce point de vue : sous le rapport de la finalité il est indéterminable et inconnaissable. La matière est la cause de l'imperfection des êtres et du mal. Elle est cause aussi de la multiplicité des espèces, car, à travers leur infinie variété, les êtres de la nature ne sont que des réalisations plus ou moins complètes d'un seul et même type fourni par la forme. Les animaux ne sont que des hommes inachevés, fixés à un certain point de leur développement naturel. De la présence de la matière au sein des choses naturelles, il suit que ces choses ne peuvent être objet de science parfaite; c'est-à-dire ne peuvent être connues comme entièrement déterminées. L'élément matériel des choses, en lui-même, ne comporte pas la science.

Telles sont les causes prochaines de l'être soumis au devenir. Mais cet être ne serait pas complètement expliqué si l'on s'en tenait à la considération de ses éléments. L'être qui devient ne trouve son explication dernière que dans un être éternel.

Déjà l'existence d'un Dieu se prouve, d'une manière populaire, par la perfection graduelle des êtres, par la finalité qui règne dans la nature. Elle se prouve scientifiquement par l'analyse des conditions du mouvement. C'est ce qu'on appelle l'argument du premier moteur.

Le mouvement, c'est le changement, c'est la relation de la matière à la forme. En ce sens, le mouvement du monde est éternel. En effet, le temps est nécessairement éternel ; or sans le mouvement ou changement le temps ne peut exister. Mais qui dit mouvement, dit, par là même, mobile et moteur. Donc, le mouvement, en tant qu'éternel, suppose un mobile éternel et un premier moteur immobile. Le mobile éternel se meut suivant un cercle ; c'est le premier ciel, le ciel des étoiles fixes. Le premier moteur immobile est ce qu'on appelle Dieu.

Cette preuve peut être généralisée de la manière suivante. L'actuel est toujours avant le potentiel. Le premier, dans l'absolu, n'est pas le germe, mais l'être achevé. De plus, l'actuation ne saurait se réaliser si l'acte pur n'existait déjà. Dieu est cet acte pur.

En somme, la démonstration de l'existence de Dieu se fonde sur ce double principe : 1° l'acte est, au point de vue de la nature absolue des choses, antérieur à la puissance ; 2° le conditionné suppose l'inconditionné.

Qu'est-ce que Dieu? Sa nature se détermine par son rôle de premier moteur. Dieu est acte pur, c'est-à-dire qu'il est exempt d'indétermination, d'imperfection, de changement. Il est immobile et immuable. Il est la pensée ayant pour objet la pensée et elle seule (ἡ νόησις νοήσεως νόησις). Il ne voit point le monde, car quand il s'agit de choses imparfaites, ne pas les voir est meilleur que de les voir : la dignité d'une intelligence se mesure à la perfection de son objet. Il est vie éternelle et excellente, et par là il est souverainement heureux.

A cette pensée qui se pense est suspendu le monde, comme une pensée qui ne se pense pas et qui tend à se penser. Voici comment Dieu meut le monde. Ce qui est désiré et pensé meut sans se mouvoir soi-même. C'est l'intelligible qui détermine l'intelligence, non l'intelligence qui détermine l'intelligible. Or, Dieu est le suprême désirable et le suprême intelligible. Donc Dieu meut le monde comme cause finale, sans se mouvoir lui-même. Dieu n'est pas le dernier produit du développement du monde, il est logiquement antérieur au monde. Et il n'est pas immanent au monde, comme l'ordre est immanent à une armée : il est hors du monde, comme le général est distinct de son armée.

L'effet immédiat de l'action divine, c'est le mouvement rotatoire de l'ensemble de l'univers, d'où résultent les mouvements ou changements des choses périssables. Le monde est un, parce que Dieu est un. Parce que Dieu est intelligent, le monde est un tout harmonieux, un poème bien composé. Tout y est ordonné en vue d'une seule fin. Le rapport des êtres au tout y est d'autant plus étroit que ces êtres sont plus haut situés dans l'échelle de la nature, comme, dans une maison bien ordonnée, les actions des hommes libres sont plus réglées que celles des esclaves. Dieu d'ailleurs, pour qui le monde est comme s'il n'existait pas, n'intervient en rien dans le détail de ses événements.

Cette théologie est un monothéisme abstrait. Tous les êtres et tous les faits de la nature sont ramenés entièrement à des causes naturelles. Ce n'est que la nature prise dans son ensemble qui est suspendue à la divinité. Il n'y a ni providence spéciale, ni rémunération surnaturelle dans une autre vie. De la religion populaire Aristote n'admet comme vraie que la croyance générale à une divinité et à la nature divine du ciel et des étoiles. Le reste ne consiste, selon lui, que dans des additions mythiques, dont le philosophe trouve l'explication, soit dans la tendance des hommes aux conceptions anthropomorphiques, soit dans les calculs des politiques.

IX. — PHYSIQUE GÉNÉRALE[1]

La philosophie première avait pour objet l'être immobile et incorporel : la physique, ou philosophie seconde, a pour objet l'être mobile et corporel, en tant que celui-ci a en lui-même le principe de son mouvement. La φύσις, c'est le mouvement spontané, par opposition au mouvement qui résulte de la contrainte.

La nature existe-t-elle comme telle? Y a-t-il dans l'univers un principe interne de mouvement, une tendance à une fin?

C'est, selon Aristote, le principe fondamental de la physique, que Dieu et la nature ne font rien en vain, que la nature tend toujours vers le meilleur, qu'elle fait toujours, autant qu'il lui est possible, ce qui doit être le plus beau. L'existence de la finalité dans l'univers est prouvée par l'observation. Dans les plus petites choses comme dans les plus grandes, si nous y prenons garde, il y a une raison, il y a de la perfection et du divin. La nature fait tourner au bien ses imperfections mêmes.

Mais si l'ordre et l'harmonie existent dans l'univers, s'ensuit-il que l'univers soit le produit d'une φύσις proprement dite, ou puissance créatrice divine? N'y a-t-il pas, de cet ordre et de cette harmonie, une autre explication possible? Qui, par exemple, nous empêche de

---

(1) Source : *La Physique.*

dire : Jupiter ne fait pas pleuvoir pour nourrir les graines, mais les graines germent parce qu'il pleut. La nécessité fait pleuvoir ; et, ce phénomène ayant lieu, le froment en profite. De même, la nécessité fait les organes des animaux, et ceux-ci s'en servent. Là où tout semble se produire en vue d'une fin, il n'y a en réalité que des choses qui survivent, parce qu'elles se sont trouvées constituées par le hasard d'une manière conforme à leurs conditions d'existence. Et les choses qui ne se trouvaient pas constituées de la sorte ont péri et périssent, comme Empédocle nous dit qu'il est arrivé à ses bœufs à face humaine.

Vaine explication, répond Aristote. Car les organes des animaux et la plupart des êtres que la nature présente à nos regards sont ce qu'ils sont, à savoir des composés harmonieux, ou dans tous les cas, ou du moins dans la majorité des cas. Or, il n'en est jamais ainsi pour les choses que produit le hasard : les rencontres heureuses n'y sont jamais que des exceptions.

Mais, dira-t-on, il existe des monstres. — Les monstres ne sont que des œuvres manquées, effets d'un effort impuissant pour réaliser le type parfait. La nature peut se tromper comme l'art, à cause de l'obstacle que lui oppose la matière même sur laquelle elle travaille.

Objectera-t-on enfin qu'on ne voit pas le moteur délibérer et choisir ? — Peu importe, car l'art non plus ne délibère pas : il agit d'une manière intelligente, sans se rendre compte de ce qu'il fait.

Donc, la nature est une cause, et une cause agissant en vue d'une fin. Mais il faut reconnaître qu'elle n'est pas la seule cause de l'univers. Son action n'est possible que grâce à la coopération de la cause matérielle ou mécanique, laquelle, tout en cédant à son attrait, ne se laisse jamais soumettre entièrement. A côté de la finalité, il y a donc partout dans l'univers une part de nécessité brute et de hasard.

C'est pourquoi, d'un côté, l'emploi du principe du meilleur est légitime dans l'explication des choses de la nature ; mais, d'un autre côté, les choses de la nature ne peuvent jamais être l'objet d'une science parfaite, où tout serait entièrement déterminé au point de vue de l'intelligence. La science de la nature est toujours imparfaite par quelque endroit, et elle comporte des degrés, comme les parties de la nature elle-même. D'après ces principes, la cause des choses naturelles se trouve, soit dans leur matière, soit dans leur forme ou destination. Et l'explication téléologique doit, autant que possible, compléter l'explication mécanique, laquelle, si achevée qu'elle soit, laisse les choses indéterminées aux yeux de la raison. Telle est la méthode que va suivre Aristote dans ses recherches sur les choses naturelles.

Le mouvement ou changement est la réalisation d'un possible. Il y a quatre espèces de changements : 1° le changement substantiel, consistant à naître et à périr. C'est le mouvement qui du non-être relatif va à l'être, et de celui-ci à celui-là. Il n'y a point de génération et de destruction absolues. Les individus seuls naissent et meurent : les genres demeurent ; 2° le changement quantitatif : c'est l'augmentation ou la diminution ; 3° le changement qualitatif, ou passage d'une substance à une autre ; 4° le changement spatial, ou déplacement.

Tous les modes de changement sont conditionnés par le mouvement dans l'espace. Aristote fait de ce mouvement une étude approfondie. Aux arguments des Eléates contre la possibilité du mouvement, il oppose cette doctrine, que l'infini n'existe qu'en puissance, non en acte. L'infini ne consiste que dans la possibilité d'un accroissement indéfini des nombres et dans la divisibilité indéfinie des grandeurs : il ne peut être donné. Donc, quand on raisonne sur le réel, on ne doit supposer que des quantités finies.

En ce qui concerne l'espace, Aristote étudie la nature du lieu. Le lieu d'un corps n'est pas quelque chose en soi, c'est la limite intérieure du corps ambiant. C'est comme un vase immobile où le corps serait contenu. Par suite, tous les corps ne sont pas dans un lieu, mais ceux-là seuls qui sont enfermés dans d'autres corps. Le ciel, contenant universel, n'est pas lui-même dans un lieu. L'espace, ou plutôt l'étendue du monde, est limité.

Le temps est le nombre du mouvement par rapport à l'avant et à l'après. Il est illimité dans les deux sens.

Le continu est la caractéristique du temps et de l'espace. Il est divisible à l'infini, mais en grandeurs continues elles-mêmes, et non, comme le supposait Zénon, en points indivisibles. Toute grandeur est divisible en grandeurs. Le continu est d'ailleurs une notion imparfaite, relative aux choses sensibles. Car il est divisible à l'infini, et par conséquent indéterminé quant au nombre de ses éléments.

De ces principes, Aristote conclut qu'en dehors du monde il n'y a ni espace ni temps, que le vide des atomistes est inconcevable, que tout mouvement se produit dans le plein, par substitution, et que le temps, qui est un nombre, suppose, comme tout nombre, une âme qui en compte les unités. Le mouvement dans l'espace, condition de tous les autres, est le seul qui soit continu. Et le mouvement circulaire est le seul qui puisse être à la fois un et continu, sans commencement ni fin.

Aristote ne pense pas qu'on puisse expliquer tous les changements par le seul mouvement dans l'espace. Il tient les qualités pour des réalités, et admet, comme irréductible au mouvement dans l'espace, un changement qualitatif. Il constitue cette théorie en opposition avec le mécanisme de Démocrite et le mathématisme de Platon. Contre les doctrines de ces philosophes il élève deux objections : 1° Démocrite et Platon réduisent les grandeurs en points indivisibles : or, toute grandeur est divisible à l'infini ; 2° il est impossible, de quelque manière qu'on s'y prenne, de faire sortir la qualité de la quantité pure.

C'est pourquoi Aristote pose en principe la distinction qualitative des substances.

Et, comme il y a une nature qualitative, il y a de même une transformation qualitative. Une substance, sous l'influence d'une autre, se modifie dans son intérieur. Ce phénomène est possible là où deux corps sont, en partie semblables, en partie dissemblables, c'est-à-dire là où deux substances sont opposées l'une à l'autre au sein d'un même genre ; et il n'est possible que dans ce cas. Le changement d'une de ces substances en l'autre n'est pas un simple déplacement mécanique, où les éléments demeurent identiques à travers le changement du composé : c'est vraiment la formation d'une substance nouvelle, autre dans son fond que la précédente. Entre la substance donnée et la substance résultant du changement qualitatif, il y a le rapport de la puissance à l'acte.

X. — MATHÉMATIQUES

Les mathématiques considèrent les rapports de grandeur, la quantité et le continu, en faisant abstraction des autres qualités physiques. Elles traitent ainsi des choses qui sont immobiles sans exister à part, essences intermédiaires entre le monde et Dieu. Le mathématicien isole par abstraction, dans les choses sensibles, la forme de la matière.

La mathématique est pure ou appliquée. La géométrie

et l'arithmétique constituent la mathématique pure. La mathématique peut être appliquée, soit aux arts pratiques, exemple : la géodésie ; soit aux sciences naturelles, exemple : l'optique, la mécanique, l'harmonique, l'astrologie. Dans ce dernier cas, la question de fait est l'affaire du physicien, le pourquoi est l'affaire du mathématicien.

La mathématique fait usage des notions du bon et du beau, parce que l'ordre, la symétrie, la détermination, objets mathématiques par excellence, comptent parmi les éléments les plus importants du bon et du beau.

Les ouvrages mathématiques d'Aristote ne nous ont pas été conservés. Il avait composé notamment un traité de mathématique, un traité de l'unité, un traité d'optique, un traité d'astronomie. Dans les ouvrages que nous possédons il donne souvent des exemples tirés des mathématiques

XI. — COSMOLOGIE

De l'éternité de la forme et de la matière suit la perpétuité du mouvement, et aussi celle de l'existence du monde. Les espèces elles-mêmes sont éternelles, et il y a toujours eu des hommes : les individus seuls naissent et meurent. Le monde étant éternel, la science du monde n'est plus une cosmogonie, mais une cosmologie.

(1) Sources : *De Cælo ; De generat. et corrupt. ; Meteorologica.*

Aristote n'a plus à expliquer la formation, mais seulement le système de l'univers.

Le monde est un, fini et bien ordonné. C'est une œuvre d'art. Il est beau et bon, autant que le permet la résistance de l'élément matériel. Il a une forme parfaite, la seule d'ailleurs qui rende possible le mouvement de l'ensemble sans vide en dehors de lui : la forme sphérique.

Il se compose de deux moitiés inégales : 1° le monde supralunaire ou céleste : c'est la voûte à laquelle sont attachées les étoiles fixes ; 2° le monde infralunaire ou terrestre.

Le monde céleste est animé d'un mouvement de rotation qui est produit directement par Dieu. La nature impérissable des étoiles et la régularité immuable de leurs mouvements prouvent qu'elles diffèrent, quant à la matière, des choses terrestres, qui sont soumises à un changement perpétuel. La matière des étoiles est l'éther, ou cinquième élément (quinte essence), le corps sans contraire et par suite incorruptible, n'admettant d'autre changement que le changement de lieu, ni d'autre mouvement que le mouvement circulaire. Les autres éléments, au contraire, matière des corps terrestres, sont corruptibles et comportent le mouvement de bas en haut et de haut en bas, c'est-à-dire du centre à la circonférence et de la circonférence au centre. Le ciel des étoiles fixes est le séjour de l'être et de la vie parfaite, de l'ordre inaltérable. Les étoiles sont des êtres exempts de vieillesse, qui mènent une vie bienheureuse, en exerçant sans fatigue une activité éternelle. Elles sont bien plus divines que l'homme. Nos aïeux ont eu une intuition vague de la vérité quand ils ont considéré les étoiles comme des dieux.

En dedans du ciel des étoiles fixes est la région des planètes, parmi lesquelles Aristote compte, outre les cinq planètes que connaissaient les anciens, le soleil et la lune. Au milieu du monde est la terre, de forme sphérique. Le ciel des planètes est fait d'une substance de moins en moins pure, à mesure qu'il s'éloigne davantage du ciel des étoiles fixes. A la différence du premier ciel, qui est une sphère unique portant toutes les étoiles, le ciel des planètes se compose d'une multiplicité de sphères ; car les mouvements des planètes, relativement irréguliers, supposent une multiplicité de moteurs dont les actions se combinent entre elles.

Les êtres autres que les astres fixes sont faits des quatre éléments. Chaque élément a son mouvement propre, qui est la marche rectiligne vers son lieu naturel. De là le poids et la légèreté. Le poids est la tendance de chaque corps à suivre sa direction propre. Il n'est pas possible de dire, avec Démocrite, que tout mouvement résulte purement et simplement d'un choc, et ainsi à l'infini. Il faut s'arrêter dans la régression, du moins dans l'ordre logique. Le mouvement né de la contrainte suppose le mouvement spontané.

Le propre de l'élément terrestre est de se porter vers

le centre. De là la situation de la terre, immobile au centre de l'univers. La terre est sphérique. Ses éléments sont entre eux dans une double opposition, de poids et de qualité. D'une part, ils sont lourds ou légers; d'autre part ils sont chauds ou froids, secs ou humides. Il résulte de cette opposition que les éléments de la terre se changent constamment les uns dans les autres. La chaleur et la lumière sont engendrées par le frottement que fait subir à l'air l'extrême vitesse des sphères célestes. A cause de l'inclinaison de l'écliptique, la production de la lumière et de la chaleur a lieu dans une mesure différente aux différentes régions de la terre et aux différentes époques de l'année. C'est l'origine du circulus de la génération et de la destruction, cette image de l'éternité dans la nature périssable. L'action va de la périphérie au centre, le ciel des fixes étant comme la forme suprême, la terre comme la matière infime. Par l'action réciproque des deux puissances actives, qui sont le chaud et le froid, et des deux puissances passives, qui sont l'humide et le sec, se forment les différents corps minéraux et corps organisés.

Les êtres terrestres forment une hiérarchie, depuis l'être le plus voisin de la matière brute jusqu'à l'homme masculin. Chaque forme inférieure est la base des formes supérieures, chaque forme supérieure est l'achèvement relatif des formes inférieures. Les principaux degrés de la hiérarchie sont représentés par les corps sans vie, les plantes, les animaux et l'homme.

XII. — ASTRONOMIE[1]

Aristote s'est beaucoup occupé d'astronomie. Simplicius rapporte, d'après Porphyre, que, en vue de ses études dans cette science, il fit recueillir par Callisthène les observations astronomiques faites par les Chaldéens à Babylone, notamment des observations remontant à 1900 ans avant Alexandre. Aristote lui-même nous dit qu'il utilisa les observations, remontant à une haute antiquité, des Égyptiens et des Babyloniens. Il avait écrit un Ἀστρονομικόν, qui est perdu.

Tous les êtres célestes, selon Aristote, sont sphériques. Le premier ciel, ou ciel des étoiles fixes, est une sphère. Les planètes sont mues par des sphères; la terre est sphérique.

Tout mouvement simple est un mouvement de rotation autour d'un axe. Le ciel des fixes n'a qu'un mouvement. Le ciel des planètes (Saturne, Jupiter, Mars, Vénus, Mercure, Soleil, Lune) en a plusieurs pour chaque planète. La terre n'a pas de mouvement.

Aristote soutient la doctrine de la sphéricité de la terre, et donne la juste explication des phases de la lune.

Il travailla, en commun avec l'astronome Callippe, à compléter et à rectifier la théorie des sphères d'Eudoxe, qui était le premier astronome du temps, et la théorie

---

(1) Sources : *De Cælo*; *Mét.*, XII, 8.

de Callippe lui-même. Voici le résumé de sa théorie.

Il faut, dit Aristote avec Platon, lequel suivait en cela Eudoxe et Callippe, admettre, et le nombre de sphères, et, pour ces sphères, le mode de mouvement, nécessaires pour expliquer, sans autres éléments que des mouvements rotatoires uniformes, les révolutions des planètes, telles qu'elles se manifestent à l'observation. En posant ainsi le problème, Eudoxe arrivait à supposer vingt-six sphères, Callippe trente-trois. Aristote admet le chiffre de Callippe. Mais comme, dans sa philosophie, les sphères extérieures sont aux intérieures ce que la forme est à la matière, il lui faut ajouter des sphères antagonistes, pour que chaque sphère extérieure n'imprime pas son mouvement à toutes les sphères qui lui sont intérieures, comme fait la sphère des étoiles fixes. Il y a donc, pour chaque planète, autant de sphères antagonistes qu'il en faut pour annuler l'action des sphères planétaires extérieures. Ces sphères supplémentaires sont au nombre de vingt-deux, lesquelles, ajoutées aux trente-trois de Callippe, font cinquante-cinq sphères. Que si l'on estime que le soleil et la lune, très éloignés des autres planètes, n'ont pas besoin de sphères antagonistes, le nombre total des sphères sera réduit à quarante-sept. Voilà, dit Aristote, ce qui est vraisemblable. Quant au nécessaire, nous en laissons l'affirmation à plus hardi que nous.

A chacune de ces sphères le mouvement doit être communiqué, comme au premier ciel, par une substance incorporelle, un esprit, un dieu. Les astres, objet et fin des mouvements des sphères, en sont d'ailleurs, par là même, les causes véritables. Les astres sont ainsi des êtres animés, raisonnables, supérieurs à l'homme.

XIII. — MÉTÉOROLOGIE[1]

La météorologie avait été beaucoup cultivée depuis Thalès. Aristote a profité des travaux de ses devanciers, mais il a fait aussi des recherches originales dans l'esprit de sa propre philosophie.

Les phénomènes météorologiques résultent, selon lui, de l'action des quatre éléments les uns sur les autres. Conformément à la nature de ces éléments, les résultats de leur action mutuelle sont moins déterminés, obéissent à des lois moins rigoureuses que les phénomènes qui se produisent dans le premier élément ou éther. C'est pourquoi Aristote cherche pour les météores des explications principalement empiriques et mécaniques. Il fait jouer un rôle prépondérant à la chaleur. Il explique de cette manière les comètes, la voie lactée, les nuages, les brouillards, les vents, les rapports des mers et des continents, la formation de la mer ; et ses explications dénotent souvent une observation exacte et un raisonnement habile. Les vents, par exemple, sont expliqués par le mouvement des vapeurs résultant de

---

(1) Source : *Meteorologica*.

leurs différences de température. Les tremblements de terre sont dus à l'action de gaz souterrains. L'arc-en-ciel n'est qu'un phénomène de réflexion : les gouttelettes des nuages font, à l'égard de la lumière du soleil, l'office de miroirs.

Ces recherches sont toutes théoriques : Aristote ne songe pas à en tirer parti pour la prédiction des phénomènes.

XIV. — MINÉRALOGIE [1]

Les minéraux sont les corps homogènes qui demeurent tels, et ne s'organisent pas en individus composés de parties différentes. Ces corps sont formés par le froid et la chaleur, combinant ou désagrégeant, en tant que propriétés actives, l'humide et le sec, qui jouent le rôle de propriétés passives.

XV. — BIOLOGIE GÉNÉRALE [2]

La biologie est une partie considérable de l'œuvre scientifique d'Aristote. Sans doute il a pu utiliser maints

---

(1) Sources : *Meteorologica*, IV. Voir aussi les quelques indications qui nous restent sur l'ouvrage perdu Περὶ μετάλλων, lequel était peut-être d'Aristote, mais plus vraisemblablement de Théophraste.

(2) Sources : *Historia animalium; De partibus animalium; De generatione animalium; De anima;* les *Parva naturalia,* notamment : le *De longitudine et brevitate vitæ.* Le *De plantis* n'est sans doute pas d'Aristote, mais il est né de son enseignement. Aristote cite aussi son traité d'*Anatomie,* ouvrage perdu : c'étaient des descriptions avec figures anatomiques.

travaux de ses devanciers, notamment de Démocrite, mais il les a tellement dépassés qu'il apparaît comme le véritable créateur de la biologie chez les Grecs. Il procède avant tout par observation, la détermination des phénomènes devant précéder la recherche des causes. A l'observation pure et simple, il paraît avoir joint la dissection. Il va de l'anatomie à la physiologie ; et il appuie, d'une manière générale, la biologie sur la physique, en lui donnant pour base la connaissance des quatre éléments. Il a abordé, non seulement tous les problèmes concevables de son temps, mais presque tous ceux qui préoccupent la science moderne. Les solutions qu'il présente sont en général soigneusement démontrées ; et ses raisonnements sont corrects et ingénieux, étant donnés les faits alors connus. Souvent aussi, il faut le dire, ses explications sont arbitraires ou surtout métaphysiques ; parfois même, il paraît accorder à de simples légendes la valeur d'une démonstration.

La vie est un mouvement. Or tout mouvement suppose, et une forme qui meut, et une matière qui est mue. La forme est l'âme, la matière est le corps. Ni l'âme n'est un corps, ni elle n'est sans corps. L'âme meut sans se mouvoir, elle est immobile, et non, comme le voulait Platon, automotrice. Comme forme du corps elle en est le but ; le corps n'est que l'instrument de l'âme, et sa structure se règle sur cette destination. Aristote définit proprement l'âme l'entéléchie première d'un corps physique organique. Cela veut dire que l'âme est la force permanente qui meut le corps et détermine sa constitution.

Il est naturel que la finalité de la nature apparaisse dans les êtres vivants plus clairement que partout ailleurs, parce que, chez eux, tout est, dès le point de départ, calculé en vue de l'âme. Mais, comme la forme ne triomphe de la résistance de la matière que peu à peu, la vie psychique a des degrés, lesquels sont essentiellement au nombre de trois : la nutritivité, la sensibilité, l'intelligence. La nutritivité est la qualité fondamentale des êtres vivants. C'est d'elle que procèdent le développement vital et la mort. Elle existe chez les plantes comme chez les animaux. Ceux-ci ont en plus la sensibilité. L'homme, animal supérieur, a la nutritivité, la sensibilité et l'intelligence.

La biologie aristotélicienne traite principalement des animaux. Le corps des animaux est fait de substances homœomères, lesquelles sont un mélange des substances élémentaires. La matière immédiate de l'âme est le souffle (πνεῦμα), principe de la chaleur vitale, corps voisin de l'éther, avec lequel l'âme se transmet, dans la semence, du père à l'enfant. Le siège principal de la chaleur est l'organe central, c'est-à-dire, chez les animaux pourvus de sang, le cœur. Dans le cœur est cuit le sang, après qu'il s'est formé des substances nutritives apportées par les veines ; et le sang, nourriture définitive, alimente et entretient le corps. Il devient chair, os, ongle, corne, etc. Le pouvoir nutritif des aliments ne vient pas de ce qu'ils contiendraient des particules de chair, d'os, de moelle, lesquelles iraient directement s'unir aux substances semblables existant dans le corps ; mais c'est grâce à une suite de coctions que l'aliment arrive à l'état qui lui permet de s'assimiler à l'organisme. Très précis sur l'assimilation, Aristote ne paraît pas avoir l'idée de la désassimilation.

XVI. — BOTANIQUE

Les ouvrages d'Aristote sur la botanique sont perdus, mais il a certainement donné l'impulsion aux études qui ont été faites sur les plantes dans son école ; et il paraît avoir grandement contribué à la création de la botanique scientifique.

XVII. — ANATOMIE ET PHYSIOLOGIE ANIMALES

Il y a lieu de distinguer l'anatomie et la physiologie générales et l'anatomie et la physiologie comparées.

Les parties de l'organisme sont de deux sortes : les parties homogènes, telles que les tissus ; les parties hétérogènes, telles que les organes. Les organes ont une fonction ; telles, la langue, la main. Les tissus ont des propriétés. Aristote étudie successivement les parties homogènes et les parties hétérogènes.

Les parties homogènes sont : 1° les veines, les os, les

cartilages, les ongles, les poils, la corne, etc. ; 2° la graisse, le suif, le sang, la moelle, la chair, le lait, la liqueur séminale, les membranes. Les explications d'Aristote au sujet de ces parties sont très souvent finalistes, dérivant la nature de la fonction. Ainsi les incisives poussent, dit-il, avant les molaires, parce qu'il faut couper ou déchirer l'aliment pour être en état de le broyer.

En ce qui concerne les parties hétérogènes, l'étude anatomique n'est pas séparée de l'étude physiologique.

Le premier des organes est le cœur. Aristote n'a point l'idée de la circulation telle que nous l'entendons aujourd'hui, ni de deux sortes de sang ; mais il admet que le sang se répand dans le corps par les veines comme par des canaux. Le cœur est le centre de l'être vivant, le siège de la formation du sang et la source de sa chaleur. Tous les animaux ont un cœur et du sang, ou des substituts de ces conditions premières de la vie. Les animaux que l'on peut diviser sans que les parties cessent tout de suite de vivre, ne sont pas des animaux simples, mais des agrégats d'animaux. Le degré d'unité mesure la perfection de l'être. Nul animal mutilé ne répare ses brèches comme la plante, où le principe de vie est dispersé dans l'être tout entier.

Les autres parties hétérogènes sont : le diaphragme, les organes des sens, les organes du mouvement, l'encéphale, les poumons, les viscères abdominaux, les organes des sexes.

Aristote s'étend sur les sens. La sensation consiste à être mû, à éprouver quelque altération. Il y a deux sortes de sens : les sens médiats, qui agissent par l'intermédiaire de l'air : ce sont la vue, l'ouïe, l'odorat ; et les sens immédiats, qui agissent par contact : ce sont le toucher et le goût ; ces derniers sont plus importants pour la conservation de l'individu. Les sens médiats apprécient, soit des différences de la nature des objets, soit des distances : il faut ainsi distinguer leur finesse et leur portée.

L'œil n'est pas un simple miroir ; la présence d'une image ne saurait suffire à produire la vision : il faut une propriété psychique qu'un simple miroir ne possède pas. Non seulement le fond de l'œil réfléchit l'image, mais il a la propriété de voir.

L'ouïe est, indirectement, le plus intellectuel de tous les sens, puisqu'elle permet la communication des idées par le langage. La parole n'est qu'une suite de sons qui ont pénétré dans l'oreille : c'est un même mouvement qui se propage de l'oreille à la gorge.

Le toucher diffère des autres sens en ce que ceux-ci ne nous fournissent que des oppositions d'un seul genre, tandis que le toucher nous donne le chaud et le froid, le sec et l'humide, le dur et le mou.

En ce qui concerne le mouvement, Aristote n'en connaît d'autre organe que les tendons, qu'il appelle nerfs. Il en cherche le principe, non dans les membres eux-mêmes, mais dans un organe moteur central. Le principe du mouvement est le cœur, ou son analogue chez les animaux qui n'en ont pas. Les mouvements sont de deux sortes : volontaires et involontaires. Les mouvements du cœur, par exemple, sont de deuxième sorte.

De même que le cœur est un organe calorifique, de même l'encéphale et les poumons sont des organes réfrigérants.

Parmi les organes abdominaux, Aristote étudie avec soin l'estomac, dont il donne des descriptions remarquablement exactes en ce qui concerne les ruminants et les oiseaux, et les organes des sexes, sur lesquels ses observations sont souvent très heureuses. Il recherche quelle part prennent les deux sexes à la production du nouvel être.

Il s'attache aussi à la question de l'hérédité. Il repousse la pangenèse, suivant laquelle les parents fourniraient des germes qui leur ressemblent, par cette raison qu'il y a des produits qui ne ressemblent pas à leurs parents : témoin les vers, nés des papillons. Selon lui, les matériaux du nouvel être se forment à l'aide de substances différentes de celle des parents eux-mêmes. Il y a un liquide séminal mâle, le sperme, et un liquide séminal femelle, les menstrues. Du mélange de ces deux éléments, comme de l'union de la forme avec la matière, résulte le germe. De l'homme naît ainsi l'âme, et de la femme le corps de l'enfant qui résulte de leur union.

La différence des sexes se ramène à une différence de degré. Chez la femme l'aliment a subi une élaboration moins complète que chez l'homme, la puissance créatrice n'a pas achevé son œuvre.

Aristote explique d'une manière analogue les cas de tératologie. Les monstruosités ne sont que des dissemblances plus ou moins grandes, résultant de l'excès ou du défaut. Elles s'écartent du cours ordinaire des choses, mais elles ont leur base dans les forces naturelles.

Aristote a traité dans le même esprit de l'embryogénie. Interprétant, suivant les principes de sa philosophie, les résultats de ses délicates observations, il admet que le développement du germe est un raccourci du progrès général de la vie dans la nature. La vie du germe est d'abord comparable à celle des végétaux ; puis l'embryon est dans un état comparable au sommeil ; mais à un sommeil sans réveil. Le fœtus devient animal quand il acquiert le sentiment. Alors seulement il est capable du sommeil véritable. L'ordre suivant lequel apparaissent les organes est déterminé par leur utilité et par la part qu'ils ont dans la formation des autres organes. Le cœur est ainsi l'organe qui se développe le premier.

On trouve chez Aristote beaucoup d'aphorismes et de considérations biologiques ressortissant à ce que nous appelons anatomie et physiologie comparées.

Il étudie soigneusement les ressemblances et les différences organiques. Les organes peuvent se ressembler par la figure. Des organes en apparence différents peuvent n'être que les développements plus ou moins complets d'un seul et même type, de telle sorte que l'excès ou le défaut fasse au fond toute la différence. Il peut y avoir ressemblance par analogie : ainsi la plume est à l'oiseau ce que l'écaille est au poisson. Même rapport entre les os et les arêtes, entre les ongles et les cornes, etc. Des espèces différentes peuvent présenter les mêmes organes diversement situés. Des organes différents peuvent remplir la même fonction.

Aristote détermine un grand nombre de corrélations organiques. Par exemple : tous les animaux ont du sang, ou un équivalent du sang. Les animaux sans pieds, à deux pieds ou à quatre pieds ont du sang ; tous ceux qui ont plus de quatre pieds ont de la lymphe. Il y a chez les ruminants corrélation entre la présence de cornes et l'absence de canines. Les mouvements latéraux de la mâchoire inférieure n'existent que chez les animaux qui broient leur nourriture. Tous les animaux véritablement vivipares respirent dans l'air, etc.

La loi de la division du travail est nettement formulée. La nature, dit Aristote, emploie toujours, si rien ne l'en empêche, deux organes distincts spéciaux pour deux fonctions différentes. Quand cela ne se peut, elle se sert du même instrument pour plusieurs usages ; mais il est mieux qu'un même organe ne serve pas à plusieurs fonctions.

Les influences du milieu sont indiquées comme

contribuant à déterminer les formes animales. Dans les climats chauds, dit Aristote, ce sont surtout les animaux froids par nature, tels que les serpents, les lézards, les bêtes à écailles, qui prennent des dimensions considérables.

Aristote a étudié aussi la relation du physique au moral ou physiognomonie. Vraisemblablement les *Physiognomonica* ne sont pas authentiques, mais ils procèdent sans doute de son enseignement. Dans l'*Histoire des animaux*, nous le voyons chercher à quelles différences morales correspondent les différences physiques dans le visage de l'homme.

Les espèces proprement dites sont, selon lui, stables et séparées les unes des autres. Mais à côté de l'absolu, Aristote admet l'existence du contingent. Il y a donc un certain jeu dans la nature, et les formes et facultés organiques comportent une variabilité restreinte. Une différence insignifiante en apparence et située dans de petites parties peut suffire à produire des différences considérables dans l'ensemble du corps de l'animal. Ainsi, par la castration, on ne retranche qu'une faible partie du corps de l'animal ; pourtant ce retranchement change sa nature et le rapproche de l'autre sexe. Quand l'être est à l'état embryonnaire, une différence très petite fera de lui un mâle ou une femelle. C'est de la disposition différente de petites parties que résulte la différence de l'animal terrestre et de l'animal aquatique. En somme, selon Aristote, il y a dans la nature unité de composition et continuité progressive. L'homme lui-même, qui, selon notre connaissance, occupe le haut de l'échelle, n'est, au point de vue physique, séparé des animaux que par des différences de plus ou de moins. D'un règne à l'autre le passage est insensible. Ainsi l'on trouve dans la mer des êtres intermédiaires entre les animaux et les plantes ; par exemple, les éponges. Les types principaux, et comme les étapes du développement, n'en sont pas moins déterminés et irréductibles entre eux.

XVIII. — ZOOLOGIE

Aristote fut le premier zoologiste classificateur. A vrai dire, il ne paraît pas avoir eu l'intention de constituer une classification zoologique : ses essais de classification ne se présentent que comme des exemples. Il n'a pas non plus nettement distribué les animaux en une hiérarchie de genres et d'espèces : il se borne à la délimitation des groupes principaux. Mais il a bien vu que le critérium de l'espèce se tire de la reproduction, de l'interfécondité. Il ne considère comme étant de même espèce que les animaux descendus de parents communs. Sa classification vise à être naturelle, c'est-à-dire qu'elle tend à mettre ensemble les animaux qui ont entre eux des ressemblances fondamentales. Son effort, ici comme partout, tend à distinguer l'essence de l'accident.

La première division est celle des animaux qui ont du sang (ce sont nos vertébrés), et des animaux qui n'ont pas de sang (ce sont nos invertébrés). La division des animaux sanguins est fondée principalement sur l'embryogénie et sur la considération de l'élément qu'habitent les animaux. Les animaux sanguins se divisent en vivipares vrais, ovovivipares et ovipares. Les animaux qui n'ont pas de sang se divisent en mollusques (correspondant à nos céphalopodes) crustacés, testacés (correspondant à nos mollusques, à l'exception des céphalopodes), et insectes.

Dans la description des espèces, dont il mentionne environ quatre cents, Aristote fait preuve de connaissances très étendues. Il traite, entre autres choses, du moral des bêtes. Il appelle les abeilles les sages.

En ce qui concerne l'origine première de l'homme et des autres animaux sanguins, il se demande s'ils procèdent d'une sorte de scolex (espèce de ver) ou d'un œuf parfait, dans lequel une portion seulement devient le germe en se développant aux dépens du reste. Il considère la production spontanée d'un œuf parfait comme peu vraisemblable, parce que nous n'en voyons jamais d'exemple. Les testacés et les vers, au contraire, naissent spontanément.

XIX. — PSYCHOLOGIE[1]

Ce qui différencie l'homme des autres animaux, c'est le νοῦς, lequel chez lui s'unit à l'âme animale. Il a des

---

(1) Source : *De Anima.*

facultés qui lui sont communes avec les animaux, et des facultés qui lui sont propres. En commun avec les animaux, l'homme a la sensation et les facultés qui en dérivent.

La *sensation* est le changement qui est produit dans l'âme par l'objet sensible, comme par un contraire, au moyen du corps, et qui consiste en ce que la forme de l'objet senti est communiquée au sujet sentant. La sensation est ainsi l'acte commun du sensible et du sentant.

Chaque sens nous renseigne exclusivement sur les propriétés des choses auxquelles il se rapporte spécialement ; et ce qu'il nous dit de ces propriétés est toujours vrai. Les propriétés générales sont connues par le *sensorium commune*, où se réunissent toutes les impressions sensibles. C'est là aussi que les sensations sont comparées et rapportées aux objets comme causes, et à nous-mêmes comme sujets conscients. L'organe du *sensorium commune* est le cœur. Ses données peuvent être vraies ou fausses.

La sensation est la base de la vie psychique animale. Elle est capable, au double point de vue théorique et pratique, d'un développement qui donne naissance à plusieurs autres facultés.

Quand le mouvement dans l'organe du sens se maintient au delà de la durée de la sensation, se propage à l'organe central, et, arrivé là, provoque une nouvelle apparition de l'image sensible, c'est l'*imagination*. Les produits de cette faculté peuvent être vrais ou faux. Si une image est reconnue comme la reproduction d'une perception passée, c'est la *mémoire*. Aristote joint à l'étude de ces facultés des recherches sur la nature du sommeil, de la mort et des rêves, au point de vue psychologique.

Considérée au point de vue pratique du bon et du mauvais, la sensation comporte un développement parallèle au précédent. Par cela seul qu'un animal est doué de sensation, il est capable de *plaisir* et de *douleur*. Quand son activité se déploie sans obstacle, c'est le plaisir; dans le cas contraire, la douleur. Plaisir et douleur sont, en définitive, chez les êtres qui en sont pleinement capables, des jugements sur la valeur des choses. Les êtres capables de plaisir et de douleur ont, en conséquence, le *désir*, lequel n'est que la recherche de ce qui est agréable. Ils ont de même les *passions*.

Toutes ces fonctions appartiennent déjà aux animaux, quoiqu'elles ne soient réalisées parfaitement que chez l'homme. L'homme a en outre l'*intelligence*. Jusqu'ici nous avons assisté à un développement, à un progrès continu. Entre l'âme animale et le νοῦς, au contraire, il y a solution de continuité. Le νοῦς est la connaissance des premiers principes. Il n'a pas de naissance, il est éternel. Il est exempt de passivité, il existe en acte. Il n'a pas d'organe. Il ne suit donc pas du développement de la sensation, il vient du dehors et il est séparable.

Mais l'intelligence humaine n'est pas seulement ce νοῦς achevé et immobile. Elle apprend; elle connaît les choses périssables, les choses qui peuvent être ainsi ou autrement. Donc le νοῦς, en l'homme, se mélange avec l'âme : il y a une intelligence inférieure intermédiaire entre le νοῦς absolu et l'âme animale. Cette intelligence peut être appelée νοῦς παθητικός, intelligence passive par opposition au νοῦς ἀπαθής ou intelligence en acte. Ce νοῦς inférieur est sujet, mais non objet ; son objet, ce sont les choses périssables. Il dépend du corps et périt avec lui. De cette intelligence passive il y a des rudiments chez les bêtes, par exemple, chez les abeilles ; mais elle n'existe pleinement que chez l'homme.

Le νοῦς παθητικός a deux sortes de fonctions : des fonctions théoriques et des fonctions pratiques.

Considéré au point de vue théorique, le νοῦς παθητικός, à l'origine, n'est νοῦς qu'en puissance. C'est une table rase sur laquelle rien n'est encore écrit. Le νοῦς παθητικός ne pense qu'à l'aide des images, et sous l'influence du νοῦς supérieur. Sous cette influence, il dégage de la sensation le général qui y est contenu, et que la sensation n'atteint que par accident : il se détermine peu à peu grâce à ces essences générales. Mais la science parfaite n'appartient qu'au νοῦς θεωρητικός ou νοῦς supérieur, lequel procède *a priori*, en partant des causes.

Le νοῦς, dans son usage pratique, n'a pas de principes propres : la pratique ne consiste que dans l'application des idées théoriques. Cette réalisation a lieu de deux manières : 1° par la production (ποιεῖν) ; 2° par l'action (πράττειν).

A propos de l'action, Aristote donne une théorie de la

volonté, qui en est la source. La volonté est la combinaison de l'intelligence et du désir. En tant que désir, elle pose des fins à réaliser ; en tant qu'intelligence, elle détermine les moyens qui correspondent à ces fins. Les objets de la volonté sont déterminés par rapport à deux fins principales : le bien et le possible.

A l'existence de la volonté est lié le libre arbitre. Dans les êtres sans raison, le désir ne peut naître que de la sensation. Dans l'homme, il peut être engendré, soit par la sensation, soit par la raison. Quand il est engendré par la sensation, c'est l'appétit ; quand il est engendré par la raison, c'est la volonté. Entre l'appétit et la volonté se tient le libre arbitre, ou faculté de se déterminer par soi-même. Vertu et vice dépendent de nous ; nous sommes le principe de nos actions. La réalité du libre arbitre est prouvée par l'imputabilité morale, que supposent la législation, la louange et le blâme, l'exhortation et la défense. L'essence du libre arbitre, c'est la spontanéité, et, plus précisément, cette spontanéité qui est la préférence ; car les enfants et les bêtes ont bien la spontanéité, mais l'homme seul est vraiment libre, parce que seul il est capable de choisir.

XX. — MORALE[1]

Chez les êtres dépourvus d'intelligence, les fins sont atteintes immédiatement et nécessairement. L'homme

---

(1) Source : *Éthique à Nicomaque*.

a une fin plus relevée, qui ne se réalise pas par le seul jeu des forces naturelles, mais par l'action de sa liberté. Il s'agit de savoir comment il doit organiser sa vie pour réaliser l'idée de l'homme, pour agir suivant son essence propre, et non sous l'influence de la nécessité ou du hasard. De là l'idée de la philosophie pratique ou philosophie des choses humaines. Cette philosophie recherche la fin et les moyens de l'activité propre à l'homme.

La philosophie pratique comprend trois parties correspondant aux trois sphères d'action qui s'offrent à l'homme. Ces trois parties sont : l'*éthique*, ou règle de la vie individuelle ; l'*économique*, ou règle de la vie de famille, et la *politique*, ou règle de la vie sociale. Selon l'ordre chronologique, l'éthique précède l'économique, qui précède elle-même la politique. Selon l'ordre de la nature et de la perfection, le rapport est inverse. La politique, en effet, est l'achèvement de l'économique, qui elle-même détermine l'activité humaine avec plus de précision que l'éthique pure et simple.

Nous commencerons par l'éthique ou morale. La morale se divise en morale générale et morale particulière.

Chez Aristote, la morale n'est pas avec la physique dans le même rapport que chez Platon. Le bien n'est pas transcendant ; la nature n'est pas hostile ou purement passive en face de l'idéal. De même que la forme existe en puissance dans la matière, ainsi la nature est disposée à la vertu, qui n'est que le développement normal des tendances naturelles. Sans doute nous ne naissons pas vertueux, mais de nous-mêmes nous tendons à le devenir : la culture et l'art sont l'achèvement de la nature. Il faut d'ailleurs distinguer entre le bien en soi et le bien pour l'homme. Le bien que considère la morale n'est pas le bien en soi, mais seulement le bien dans ses rapports avec la nature humaine.

Qu'est-ce que le bien moral? Toute action ayant un but, il doit y avoir un but suprême, et ce but suprême ne peut être que le bien supérieur à tous les autres biens, le meilleur. Qu'est-ce que ce meilleur? On s'accorde généralement à dire que c'est le bonheur, mais on n'est pas d'accord sur la définition du bonheur. Nous devons chercher en quoi il consiste véritablement.

Pour tout être vivant, le bien consiste dans la perfection ou pleine réalisation de l'activité qui lui est propre. Pour l'homme donc, la félicité résidera dans la perfection de l'activité proprement humaine. Tel est le signe distinctif du bonheur véritable. Dès lors on ne peut placer ce bonheur, ni dans la jouissance sensible, qui est commune à l'homme et à l'animal, ni dans le plaisir, qui n'est pas fin en soi, mais n'est poursuivi qu'en vue du bonheur, ni dans l'honneur, qui n'est pas en notre pouvoir et vient du dehors. Peut-être même la vertu à elle seule ne donne-t-elle pas le bonheur, car on ne saurait appeler heureux un homme vertueux empêché d'agir et accablé de souffrances. Le bonheur consiste dans la constante activité de nos facultés proprement humaines, c'est-à-dire intellectuelles. Le bonheur, c'est l'action guidée par la raison, au sein de circonstances favorables à cette action même.

S'il en est ainsi, l'élément constitutif du bonheur est sans doute la vertu ou réalisation de la partie supérieure de notre âme : la vertu remplit à l'égard du bonheur le rôle de forme et de principe. Mais le bonheur a en même temps pour matière ou condition la possession des biens extérieurs : santé, beauté, naissance, fortune, enfants, amis ; encore qu'il soit certain que les plus grands malheurs ne peuvent rendre l'homme vertueux véritablement misérable.

Quant au plaisir, considéré comme fin, il n'est pas un élément intégrant du bonheur ; mais, attendu qu'il accompagne naturellement l'action, dont il est le complément, il est intimement lié à la vertu. Il s'ajoute à l'action comme à la jeunesse sa fleur. C'est la conscience de l'activité. La valeur du plaisir se mesure ainsi sur celle de l'activité qu'il accompagne. La vertu porte avec elle une satisfaction spéciale que possède nécessairement l'homme vertueux. Les plaisirs sont admissibles dans la mesure où ils découlent de la vertu ou se concilient avec elle. Quant aux plaisirs grossiers ou violents, qui troublent l'âme, ils doivent être rejetés. En un mot, le plaisir, comme résultat, non comme fin, a sa place dans le bonheur.

Enfin, le bonheur implique le loisir, qui est une condition de l'activité. Celle-ci en effet a besoin de relâche ; mais le loisir n'est pas la fin du travail, c'est le travail qui est la fin du loisir. Le loisir doit être consacré à l'art, à la science, surtout à la philosophie.

Qu'est-ce maintenant que la vertu, principe du bonheur, et quelles sont les vertus principales? La vertu est une habitude caractérisée par la réalisation parfaite des puissances de l'homme. Or la nature humaine est double, à savoir intellectuelle et morale. La partie intellectuelle a pour objet le nécessaire, et est immobile ; la partie morale désire, agit, en tant qu'elle est en rapport avec le contingent. Il y a par suite deux sortes de vertus : les vertus dianoétiques ou intellectuelles, et les vertus éthiques ou morales.

Les vertus dianoétiques sont les plus élevées ; elles ne s'acquièrent pas par un effort de la volonté, mais par l'instruction. La vertu qui donne la plus haute félicité est la science ou contemplation. Elle est la plus noble des occupations de l'homme, parce que le νοῦς qui en est l'organe est ce qu'il y a de plus divin. Elle est l'activité la plus désintéressée, celle qui fatigue le moins et qui admet le plus la continuité. Elle est la plus calme, celle qui se suffit le mieux à elle-même. C'est par la science que l'homme se rapproche le plus de la divinité. Il ne faut donc pas suivre les conseils de ceux qui veulent que l'on n'ait que des sentiments humains, parce qu'on est homme, et que l'on n'aspire qu'à la destinée d'une créature mortelle, parce qu'on est mortel. Nous devons nous appliquer autant qu'il est en nous à nous rendre dignes de l'immortalité.

Mais la félicité suprême liée à la possession de la science parfaite n'est donnée à l'homme qu'en de rares instants. Ce qui lui convient véritablement, ce qui est proportionné à sa condition d'esprit uni à un corps, ce sont les vertus éthiques ou morales. La vertu éthique est une disposition ou habitude de l'âme, tendant à choisir en toutes choses le juste milieu qui convient à notre nature et que détermine le jugement pratique de l'homme intelligent.

C'est une habitude, une manière d'être de la volonté. Socrate, qui en faisait une science, oubliait que, dans la question de la vertu, il ne s'agit pas de la connaissance des règles morales, mais de leur réalisation. Il faut d'ailleurs, pour constituer la vertu, non seulement une détermination actuelle de la volonté, mais une manière d'être durable, une habitude.

Toute vertu, de plus, est un milieu entre deux vices, et ce milieu varie avec les individus. Autre est la vertu d'un homme, autre celle d'une femme, ou d'un enfant, ou d'un esclave. Il faut également tenir compte du temps et des circonstances. Le courage est, en ce sens, un milieu entre la témérité et la lâcheté ; la magnanimité est un milieu entre l'insolence et la bassesse, et ainsi de suite.

Enfin, c'est l'homme de bien qui est la règle et la mesure du bien dans chaque cas particulier. Les règles abstraites, en effet, ne déterminent que le bien en général. Dans chaque cas qui se présente, il y a quelque chose de singulier qu'elles n'ont pu ni n'ont dû prévoir. Le jugement vivant et universel de l'homme d'élite supplée à leur insuffisance.

Aristote étudie en détail les différentes vertus, soit dianoétiques, soit morales.

Les vertus dianoétiques sont les habitudes parfaites de la partie intelligente de l'âme. Or l'intelligence a deux degrés : l'intelligence scientifique et l'intelligence logistique. Les vertus de l'intelligence scientifique sont : 1° le νοῦς, qui connaît les principes des choses ; 2° la science, qui déduit de ces principes les vérités particulières. La réunion du νοῦς et de la science constitue la sagesse (σοφία). Les vertus de l'intelligence logistique sont : 1° l'art ou capacité de produire en vue d'une fin ; 2° le jugement ou intelligence pratique.

Les vertus morales sont aussi nombreuses qu'il y a de relations différentes dans la vie humaine. Ces relations étant en nombre indéterminé, il n'y a pas de liste complète possible des vertus morales ; à plus forte raison ces vertus ne sauraient-elles se réduire à un seul principe, comme le veut Platon. Aristote étudie les vertus morales les plus importantes. Ses dissertations sont très remarquables, pleines de fines observations de psychologue et de moraliste. Ses analyses de la justice et de l'amitié méritent particulièrement d'être citées.

La justice est, selon lui, le rétablissement de l'égalité proportionnelle ou vraie dans la vie sociale. L'équité est plus parfaite que la justice, parce que, tandis que celle-ci ne considère les actions qu'à un point de vue général et abstrait, l'équité tient compte de ce qu'il y a de propre à chaque action particulière. C'est un achèvement de la justice requis par la raison, la loi ne pouvant prévoir tous les cas. C'est la justice concrète et actuelle, superposée à la justice abstraite et encore indéterminée.

L'amitié est la suprême justice, une justice délicate et accomplie, où la règle aveugle et morte est entièrement remplacée par l'intelligence vivante de l'homme de bien. Il y a trois sources d'amitié : le plaisir, l'intérêt et la vertu. La vertu seule fait les amitiés stables.

XXI. — ÉCONOMIQUE[1]

L'homme, par la vie de famille, atteint un degré de perfection supérieur à celui que comporte la vie individuelle. La famille est une société naturelle. Elle comprend trois sortes de relations : la relation d'homme à femme, celle de parents à enfants, et celle de maître à esclave.

Le rapport familial de l'homme à la femme est un rapport moral d'amitié et de services réciproques. La

---

(1) *Éthique* et *Politique*, 1ᵉʳ livre. Il existe, sous le nom d'Aristote, des Οἰκονομικά qui ne sont sans doute pas authentiques.

femme a sa volonté propre, sa vertu, qui n'est pas celle de l'homme : elle doit être traitée, non en esclave, mais en personne libre. Toutefois, la perfection de la femme étant moins grande que celle de l'homme, celui-ci doit avoir autorité sur elle. La famille est une aristocratie, ou communauté d'êtres libres chargés d'attributions différentes. La femme, libre compagne de l'homme, doit avoir dans la maison son domaine propre, où l'homme ne s'ingère pas.

Le rapport des parents aux enfants est un rapport de roi à sujets. Parents et enfants forment une monarchie. L'enfant n'a, vis-à-vis du père, aucun droit, car il est encore une partie du père ; mais le père a le devoir de veiller au bien de son enfant, car l'enfant a, lui aussi, sa volonté et sa vertu, bien qu'imparfaites. Le père doit communiquer sa perfection au fils, et le fils s'approprier la perfection du père.

L'esclavage est de la part d'Aristote l'objet d'une étude particulière. Il en démontre la nécessité et la légitimité, et détermine la manière dont on doit traiter les esclaves. L'esclavage est nécessaire, car la maison a besoin d'ouvriers vivants, intelligents. L'esclavage est légitime. En effet, étant donné un être qui n'est propre qu'aux travaux corporels, cet être est la possession légitime de celui qui est capable des fonctions intellectuelles : le rapport du premier au second est celui de la matière à la forme. Or un tel rapport existe, en fait, entre les Barbares et les Grecs. Ainsi, l'homme libre est le propriétaire de l'esclave. Il n'en doit pas moins considérer que l'esclave est un homme, et le traiter comme tel.

XXII. — POLITIQUE[1]

La politique d'Aristote traite : 1° de l'Etat en général ; 2° des Constitutions.

La politique est la fin et l'achèvement de l'économique, comme celle-ci est la fin prochaine de la morale. L'individu ne peut arriver par lui-même à la vertu et au bonheur. Or dans la nature même de l'homme gît le penchant à la vie sociale. Ce genre de vie, qui est pour l'homme une condition d'existence, est aussi un moyen de perfectionnement moral. La politique, qui trace l'idéal et les règles relatifs à la communauté humaine, est ainsi étroitement liée à la morale : elle est le tout dont la morale et l'économique sont les parties, l'acte dont elles sont la puissance. Politique est le vrai nom de toute science pratique. La philosophie doit tracer l'idéal de la politique ; mais, de même que la morale, dans l'application, tient compte des individus, ainsi la politique appliquée tiendra compte des circonstances.

Comment se forme la société politique ? Selon l'ordre du temps, la première société qui se forme est la famille Puis se produit l'union de plusieurs familles, ou κώμη. L'Etat, ou cité (πόλις), vient enfin : c'est la plus haute

---

(1) Source : *La Politique.*

des sociétés. Tel est l'ordre chronologique ; mais, au point de vue de la nature et de la vérité, l'Etat est avant les individus, la famille et le village, comme le tout est avant les parties ; celles-ci ont dans celui-là leur cause finale et leur réalisation la plus haute.

La fin de l'Etat est la plus élevée qui se puisse concevoir, puisque l'Etat est la plus parfaite expression du penchant social. Cette fin ne peut être ni la simple satisfaction des besoins physiques, ni l'acquisition de la richesse, ni le commerce, ni même la protection des citoyens par les lois. Cette fin doit être le bonheur des citoyens. L'Etat a pour mission de veiller à ce que les citoyens possèdent, d'abord les biens intérieurs ou la vertu, ensuite les biens extérieurs. L'Etat achève le progrès de la nature humaine s'élevant de la puissance à l'acte.

Bien qu'il soit ainsi d'accord avec Platon, quant au but final de la politique, Aristote n'en est pas moins amené à critiquer son maître en ce qui concerne les droits et les devoirs de l'Etat. Il combat la doctrine platonicienne tendant à doter l'Etat de la plus grande unité possible, doctrine d'où résultait la nécessité de lui sacrifier la propriété et la famille. L'unité n'appartient qu'à l'individu. Déjà la famille n'est plus une unité. La cité est, par nature, une pluralité, et une pluralité hétérogène. Les théories platoniciennes de la propriété et de la famille sont inadmissibles. Non seulement elles sont inapplicables, mais elles méconnaissent, et la tendance de la nature, et l'intérêt de l'Etat. La propriété et la famille ne sont pas choses artificielles, mais objets de tendances naturelles. De plus, elles sont utiles à l'Etat, à qui elles procurent des avantages qu'il ne pourrait réaliser par d'autres moyens. L'Etat doit donc réglementer la propriété et la famille, non les anéantir. Sans doute, dans la pratique, Aristote se rapproche bien souvent de Platon, qu'il combat en théorie ; mais on n'en saurait conclure qu'il n'y a guère de différence entre la politique platonicienne et la politique aristotélicienne. La part faite à la nature imprime à cette dernière une direction tout autre.

Voici les dispositions essentielles de la politique d'Aristote. Comme le souverain bien réside dans le loisir intellectuel, les professions utiles sont incompatibles avec le titre de citoyen : agriculteurs, commerçants, ouvriers ne peuvent être membres de la cité ; c'est là du moins l'idéal. L'Etat a, vis-à-vis des citoyens, le rôle d'éducateur. Il travaille à régler leurs actions. Le pire des Etats est celui qui laisse chacun vivre comme il lui plaît. L'Etat règle l'âge et la saison de la procréation, fixe le chiffre de la population, ordonne l'avortement pour les grossesses qui conduiraient à dépasser ce chiffre, et l'exposition pour les enfants estropiés. L'éducation doit être publique et commune. Elle doit constamment avoir en vue le bien de l'intelligence, dans les soins qu'elle donne à la sensibilité, et celui de l'âme, dans les soins qu'elle donne au corps. Elle comprend la grammaire, la gymnastique, la musique et le dessin. Elle vise en toutes choses à former les habitudes morales de l'enfant. Elle est essentiellement libérale : les sciences et les arts qui ont un caractère mécanique et utilitaire sont écartés. La vertu de l'Etat, c'est la justice, c'est-à-dire l'ordre en vertu duquel chacun a, dans l'Etat, la place et la condition qui lui conviennent, chacun est investi de la fonction qu'il est capable et digne de remplir.

La maxime sur laquelle doivent se régler les Constitutions, c'est que la réalisation de la fin de l'Etat suppose deux organes : les lois et le magistrat. Le vrai souverain, le seul, c'est la raison, c'est l'ordre. Ce souverain est invisible. La raison doit donc être, dans la pratique, représentée par les lois. Mais les lois sont nécessairement énoncées dans des formules générales. Or, si compréhensive que soit une formule, elle laisse nécessairement échapper à travers ses mailles une infinité de cas particuliers. De là la nécessité du magistrat. Il est souverain, là où la loi n'a rien pu disposer, par suite de l'impossibilité où l'on est de préciser tous les détails dans des règlements généraux.

En ce qui concerne la forme du gouvernement, Aristote n'en pose pas, comme Platon, une seule comme bonne, toutes les autres comme mauvaises. Il dit que les Constitutions doivent se régler sur le caractère et les besoins des peuples pour qui elles sont faites, que la plus mauvaise en soi peut être la meilleure dans certains cas. Et il examine les moyens de tirer le meilleur parti des mauvais gouvernements, quand ils sont seuls possibles. C'est sous ces réserves qu'il classe les formes de gouvernement.

Il y a trois sortes de gouvernements, d'après le nombre des gouvernants : le pouvoir peut être entre les mains, soit d'un seul, soit de plusieurs, soit du plus grand nombre. Chacun de ces gouvernements a deux formes, l'une juste, l'autre corrompue, selon que les gouvernants ont en vue l'intérêt général ou leur intérêt propre. Aristote donne aux formes justes les noms de royauté, aristocratie, politie ; aux formes corrompues, les noms de tyrannie, oligarchie, démocratie.

La meilleure forme de gouvernement est une république réunissant l'ordre et la liberté. C'est une aristocratie. Tous les citoyens sont admis à prendre part aux fonctions publiques ; mais ne sont citoyens que ceux qui, par leur situation et leur culture, sont aptes à remplir les devoirs civiques. Tout travail corporel, notamment l'exercice de l'agriculture et de l'industrie, doit être accompli par des esclaves ou des métèques.

Au-dessous de cette forme idéale de gouvernement sont des formes moins parfaites, et néanmoins légitimes selon les circonstances. La plus pratique dans les conditions ordinaires est une république tempérée, tenant le milieu entre la démocratie et l'oligarchie. La démocratie est caractérisée par la liberté et l'égalité, et par ce fait que le gouvernement est entre les mains de la majorité des hommes libres et des pauvres. Dans l'oligarchie, le gouvernement appartient à la minorité des riches et des nobles. La république tempérée donne le pouvoir à la classe moyenne. Elle est l'équivalent politique de la vertu morale, laquelle est un milieu entre deux extrêmes.

Il est clair que les idées politiques d'Aristote ne sont souvent que la mise en théorie des faits qu'il a sous les yeux, mais ce serait exagérer que de n'y pas voir autre chose. Si les moyens qu'il préconise sont souvent empruntés à une expérience forcément restreinte, les fins qu'il assigne sont déterminées par la raison et la philosophie ; et la politique d'Aristote fournit aujourd'hui encore des enseignements aux hommes d'Etat, comme des documents aux historiens.

XXIII. — RHÉTORIQUE [1]

En rhétorique, Aristote n'a pas eu, nous dit-il, à créer. Cette science avait été développée avant lui par Tisias, Thrasymaque, Théodore, et beaucoup d'autres. Mais ces auteurs restaient enfermés dans le particulier et ne dépassaient pas le point de vue empirique. C'est à Aristote qu'appartient l'idée d'une rhétorique scientifique, et particulièrement la détermination d'un rapport étroit entre la rhétorique et la logique. Platon avait

---

(1) Source : *Rhétorique.*

cherché, mais sans y réussir, à fonder la rhétorique sur la science. Aristote, grâce à ses théories logiques, trouve dans la dialectique, distinguée de l'apodictique, le fonds même de la rhétorique. La rhétorique est l'application de la dialectique aux fins de la politique, c'est-à-dire à certaines fins pratiques. La dialectique est logiquement antérieure à la rhétorique : elle est le tout dont la rhétorique n'est qu'une partie. Selon l'ordre du temps la rhétorique est antérieure à la dialectique ; mais selon l'ordre de la science, c'est l'inverse qui est vrai.

La rhétorique enseigne à persuader par des raisons vraisemblables. La partie essentielle de la rhétorique est ainsi la doctrine des moyens oratoires. Ces moyens sont de trois sortes : 1° ceux qui se rapportent à l'objet ; 2° ceux qui se rapportent à l'orateur ; 3° ceux qui se rapportent à l'auditeur.

Les premiers consistent à faire apparaître ses affirmations comme vraies. Ils reposent sur la preuve. La preuve est ainsi l'élément principal de la rhétorique ; c'est aussi celui sur lequel Aristote insiste le plus. Comme la dialectique prouve par syllogisme et induction, ainsi la rhétorique prouve par enthymème ou démonstration imparfaite, et par exemple ou induction imparfaite. Il n'y a aucun genre de preuve, semble-t-il, qui ne se ramène à ces deux arguments. L'enthymème est un syllogisme où l'on raisonne d'après des vraisemblances ou des signes. L'exemple consiste, comme l'induction, à juger d'une chose par d'autres choses particulières semblables à celle qui est en question ; mais l'exemple ne va pas de la partie au tout, il ne va que de la partie à la partie. La rhétorique détermine les points de vue d'où se tirent les enthymèmes et les exemples : cette détermination est l'objet de la *topique* oratoire.

Aristote distingue trois genres de discours : le délibératif, le judiciaire et l'épidictique ; et il trace les règles propres à chacun d'eux.

Tels sont les moyens oratoires relatifs à l'objet. En ce qui concerne l'orateur, son rôle est de faire en sorte qu'on le considère comme doué d'intelligence, de probité et de bienveillance.

Enfin, les moyens relatifs à l'auditeur consistent à savoir exciter et calmer les passions. Aristote insiste longuement sur cette partie et y déploie une psychologie très fine. Il fait une étude intéressante de l'influence qu'ont les âges et les situations sur le caractère et les dispositions.

A la suite de ces théories qui constituent le fonds de la rhétorique, viennent des études sur l'élocution et la disposition, qui dénotent une connaissance approfondie de la matière, et beaucoup de justesse et de sagacité.

XXIV. — ESTHÉTIQUE [1]

Aristote distinguait trois parties de la philosophie : la partie théorique, la partie pratique et la partie poé-

(1) Source : *Poétique.*

tique ou relative à l'art. Il n'a pas traité de cette dernière avec développement. Il n'en est pas moins, par les indications et les exemples qu'il fournit, le fondateur de l'esthétique.

L'esthétique aristotélicienne part moins du concept du beau que de celui de l'art ; une théorie du beau y est toutefois esquissée. Les caractères essentiels du beau sont, pour Aristote, la coordination, la symétrie et la précision. La manifestation sensible n'est pas un élément essentiel du beau, car c'est surtout dans les sciences mathématiques qu'il apparaît comme réalisé. Le beau réside dans le général. La poésie, qui porte sur le général, est plus philosophique, plus sérieuse et plus belle que l'histoire, qui est enfermée dans le particulier.

Avec Platon, Aristote place l'essence de l'art dans l'imitation. L'art résulte du penchant de l'homme à l'imitation et du plaisir qu'elle lui procure. Ce que l'homme imite, c'est la nature, c'est-à-dire, selon la philosophie aristotélicienne, non pas seulement l'apparence extérieure, mais l'essence interne, idéale des choses naturelles. L'art peut représenter les choses telles qu'elles sont ou telles qu'elles doivent être. La représentation est d'autant plus belle que l'artiste a mieux su achever, dans le sens de la nature même, l'œuvre que celle-ci laisse nécessairement imparfaite. Tout art tend à représenter le général et le nécessaire. Cela est vrai même de la poésie comique, dont le vrai but est la représentation des caractères.

Les arts comportent plus d'un genre d'utilité. Ils produisent le délassement, la culture morale, la jouissance intellectuelle, et cet effet particulier qu'Aristote appelle purgation (κάθαρσις). La purgation est le propre des arts les plus élevés, notamment de la poésie sérieuse.

Qu'est-ce que cette fameuse purgation? Ce n'est pas précisément une amélioration morale, mais la suppression d'une passion qui dominait et troublait l'âme, au moyen d'un traitement homéopathique. Il importe d'ailleurs de remarquer que toute excitation à la passion n'est pas capable de produire cet effet curatif. L'excitation salutaire, c'est celle qui procède de l'art, celle qui est soumise à une mesure et à une loi, et qui, agrandissant l'objet des passions, détache celles-ci des circonstances de la vie individuelle, pour les appliquer à la destinée commune à tous les hommes.

Aristote ne donne pas de classification systématique des arts. Les plus élevés sont la poésie et la musique.

XXV. — POÉTIQUE

Ce qui nous reste de la *Poétique* d'Aristote se borne presque à l'étude de la tragédie. Mais Aristote avait traité de la poétique d'une manière complète.

La poésie est née du penchant à l'imitation. Une tragédie est l'imitation d'une action sérieuse et complète, d'une certaine étendue, en un beau langage, sous forme dramatique et non narrative, imitation qui excite la terreur et la pitié, et qui, par là, purge l'âme de ces mêmes passions. Le poète tragique nous présente, dans ses héros et dans leur destinée, des types généraux de la nature et de la vie humaine. Il nous montre des lois immuables dominant et réglant les événements en apparence accidentels. De là l'efficacité de la tragédie pour purger l'âme de ses affections désordonnées.

La partie la plus importante de la tragédie est l'action. L'action doit être naturelle. Non que l'auteur doive exposer simplement ce qui est arrivé, mais il doit montrer ce qui aurait pu arriver, ce qui est possible soit d'après les lois de la vraisemblance, soit d'après celles de la nécessité. L'action doit être une et complète. Il doit être impossible de déranger ou de retrancher une partie quelconque de l'ouvrage sans disjoindre et altérer l'ensemble. Car ce qui peut, dans un tout, être ajouté ou retranché sans qu'il y paraisse, ne fait pas partie du tout.

L'unité d'action est la seule dont Aristote fasse une règle. De l'unité de lieu, il ne parle pas. Quant à l'unité de temps, il se borne à constater que la tragédie s'efforce en général de renfermer l'action dans un seul jour ou de ne dépasser que peu cette durée.

Il détermine les règles relatives aux parties de l'action, aux caractères, lesquels doivent être plus achevés et plus beaux qu'ils ne sont dans la réalité, et encore à la composition, à l'élocution.

Comparant la tragédie à l'épopée, il donne l'avantage

à la première, parce qu'elle a une unité plus rigoureuse, une unité fermée, tandis que l'épopée comporte des parties dont chacune pourrait faire une tragédie.

XXVI. — GRAMMAIRE[1]

Aristote était considéré dans l'antiquité comme le fondateur de la grammaire et de la critique. Il avait écrit, relativement à l'explication et à la critique des poètes, des ouvrages aujourd'hui perdus. Les indications relatives à la grammaire que nous possédons ne sont pas données pour elles-mêmes, mais à propos d'autre chose. Elles n'en ont pas moins une grande importance en ce qui concerne la formation de la science grammaticale. Aristote s'est occupé de grammaire avec son esprit d'observation habituel ; mais la théorie du langage était alors dans l'enfance : de là le vague et l'obscurité que présentent souvent ses assertions.

Aristote admet trois parties du discours : le nom, le verbe et la conjonction. Le verbe et le nom sont soumis à la flexion. Les noms se divisent en masculins, féminins et neutres.

Les mots sont plutôt fondés sur un accord des hommes entre eux que sur la nature. Par suite, dans leur formation, c'est moins le principe de l'analogie que l'arbitraire qui domine.

---

(1) Sources : *De interpretatione*, ch. I ; *Rhétorique* ; *Poétique*, ch. XX-XXI.

XXVII. — DISCOURS ET POÈMES

On cite d'Aristote plusieurs discours, entre autres un λόγος δικανικός ou *Apologie*, dans lequel il se défend contre l'accusation d'impiété, un *Eloge de Platon*, un *Eloge d'Alexandre*; mais l'authenticité de ces ouvrages, aujourd'hui perdus, est très contestée.

Il avait composé aussi des pièces de poésie, dont il nous reste, parmi des fragments d'une authenticité très douteuse, quelques morceaux authentiques. Le plus important de ces spécimens est une partie d'un scolie en l'honneur d'Hermias d'Atarnes, son ami. Aristote y chante la vertu, à laquelle, pareil aux anciens héros de la Grèce, Hermias a sacrifié sa vie. Mentionnons aussi quelques distiques d'une élégie à Eudème, composée en l'honneur de Platon, « cet homme dont l'éloge même est interdit aux méchants ».

Voici le fragment du *Scolie à Hermias* :

« Vertu, objet de labeur pour le genre humain, prix suprême de la vie! Pour toi, vierge! pour ta beauté, les Grecs sont prêts à affronter la mort, à supporter des travaux terribles, infinis. Tant est beau le fruit que tu fais naître dans le cœur, fruit immortel, qui vaut mieux que l'or, et que la noblesse, et que le sommeil au doux regard! Pour toi, le fils de Zeus, Hercule, et les fils de Léda supportèrent beaucoup d'épreuves, nobles chasseurs poursuivant ta puissance. Par amour pour toi, Achille et Ajax entrèrent dans la demeure d'Hadès. C'est toi, c'est toi toujours qu'aimait, lui aussi, le fils d'Atarnes; et c'est pour ta beauté qu'il a privé ses yeux de la lumière du soleil. C'est pourquoi il est chanté pour ses belles actions; et les Muses grandiront son nom et le feront immortel, les Muses, filles de Mnémosyne, qui honorent la majesté de Jupiter hospitalier et la gloire d'une amitié fidèle. »

XXVIII. — LETTRES

Les lettres d'Aristote sont célébrées par Démétrius et par d'autres auteurs comme des modèles de style épistolaire. Selon Simplicius, le style de ces lettres unissait la clarté à la grâce, à un point que n'atteignit aucun écrivain connu. Diogène mentionne des lettres à Philippe, les lettres des Sélymbriens, quatre lettres à Alexandre, neuf à Antipater, et des lettres à Mentor, à Ariston, à Philoxène, à Démocrite, etc. Les fragments qui nous restent étant en général inauthentiques, nous ne pouvons juger par nous-mêmes du contenu et de la forme des lettres d'Aristote.

XXIX. — ARISTOTE ÉCRIVAIN

Aristote se sert de la langue attique écrite, telle qu'elle existait de son temps. Mais la multitude d'idées nouvelles qu'il se propose d'exprimer exerce sur l'instrument qu'il emploie une influence importante. La considération des choses dans leur individualité, la distinction précise des domaines scientifiques, l'effort pour arriver à former des concepts dégagés de tout élément sensible, se reflètent dans sa langue et dans son style. De même que l'analyse logique d'Aristote ne s'arrête dans son travail que lorsqu'elle a saisi les dernières différences, les différences spécifiques ; de même, dans la langue aristotélicienne, les synonymes apparents se distinguent et se définissent avec précision.

Pour définir les termes, Aristote avait deux moyens : déterminer scientifiquement la signification des mots traditionnels, et créer les termes nouveaux. Il a usé de ces deux méthodes, en faisant prédominer la première. Le plus souvent il part d'un terme usuel ; et, tantôt restreignant, tantôt étendant la signification de ce terme, il en fait l'expression exacte d'un concept logique. Mais, en bien des points, le langage traditionnel présentait des lacunes. Pour les combler, Aristote a créé des mots, en cherchant toutefois le plus possible un point d'appui dans la tradition elle-même. Grâce à la perfection de la terminologie qu'il a ainsi constituée, il a été le véritable fondateur de la langue scientifique universelle.

Voici des exemples d'expressions créées par Aristote : ἀδιαίρετος (individu) ; αἰτεῖσθαι τὸ ἐν ἀρχῇ (pétition de principe) ; ἄμεσος (immédiat) ; ἀνάλυσις (analyse) ; ἀνομοιομερής (hétérogène) ; ἀντίφασις (contradiction) ; ἀποδεικτικός (démonstratif) ; ἀπόφασις (affirmation) ; γενικός (générique) ; διχοτομία (dichotomie) ; ἐμπειρικός (empirique) ; ἐναντιότης (opposition) ; ἐνέργεια (énergie) ; ἑνότης (unité) ; ἐντελέχεια (entéléchie) ; ἐξωτερικός (exotérique) ; ἐπακτικός (inductif) ; ἑτερότης (altérité) ; ἠθικός (morale) ; θεολογική (théologie) ; κατηγορικός (catégorique) ; λογικός (logique) ; ὀργανικός (organique) ; etc.

Parmi les termes dont Aristote s'est borné à déterminer scientifiquement la signification, on peut citer : ἀντίθεσις (antithèse) ; ἀξίωμα (axiome) ; ἐναντίος (contraire) ; ἐνυπάρχειν (être immanent) ; ἐπαγωγή (induction) ; ἔσχατον (dernier) ; ἴδιον (propre) ; συμβεβηκός (accident) ; συλλογίζεσθαι (raisonner) ; συνεχής (continu) ; συνέχεια (continuité) ; σύνολον (tout) ; ὕλη (matière) ; ὑποκείμενον (substrat).

Voici enfin quelques exemples de la distinction des concepts par analyse et opposition : γένος (genre) et εἶδος (espèce) ; κίνησις (mouvement) et ἐνέργεια (acte) ; ἀντίφασις (contradiction) et ἐναντίον (opposition) ; ποιεῖν (fabriquer) et πράττειν (agir) ; δύναμις (puissance) et ἐνέργεια (acte) ; ἐπαγωγή (induction) et συλλογισμός (déduction) ; οὐσία (essence) et συμβεβηκότα (accidents) ; διαλεκτικός (dialectique) et ἀποδεικτικός (démonstratif) ; πρότερον τῇ φύσει (antérieur en soi) et πρότερον πρὸς ἡμᾶς (antérieur à notre point de vue).

Le style d'Aristote n'est pas moins personnel que sa langue. Les anciens vantaient son abondance et son charme ; son discours, dit Cicéron, s'écoulait en flots d'or. Ces éloges, évidemment, s'adressent à ses dialogues, aux ouvrages qu'il a publiés. Dans ses ouvrages didactiques (πραγματεῖαι), les seuls que nous possédions, on remarque l'exactitude des définitions, une netteté, une précision et une brièveté inimitables, une rigueur et une fixité dans le sens des mots qui rappellent le langage mathématique. En un mot, le style d'Aristote se distingue par une exacte appropriation de la forme au contenu. Mais bien souvent, surtout dans ceux de ses ouvrages qui ne sont qu'ébauchés, Aristote écrit avec sécheresse et négligence. Non seulement les phrases ne sont pas ordonnées en périodes, mais les anacoluthes et les parenthèses y abondent, au grand détriment de la clarté. Parfois aussi, au milieu de ces dissertations abstraites se rencontrent des passages qui ne manquent ni d'élan ni d'éloquence. Telle est la fin du chapitre VII du livre X de l'*Éthique à Nicomaque* :

« Certes, entre les actions vertueuses, celles du politique ou de l'homme de guerre l'emportent sur les autres en beauté et en grandeur; mais elles ne comportent pas le loisir, et elles ont leur fin hors d'elles-mêmes. Au contraire, l'action de la raison, déjà plus sérieuse en ce qu'elle est toute spéculative, n'a d'autre fin qu'elle-même, et porte avec elle un bonheur parfait et spécial qui accroît encore l'énergie de l'intelligence. Cette action se suffit, elle admet le loisir, et elle est exempte de fatigue, autant que le permet la nature humaine : elle réunit toutes les conditions du bonheur. C'est donc cette action qui constituera pour l'homme le bonheur parfait, si du moins elle remplit une vie d'une durée complète : car rien d'imparfait ne saurait entrer dans le bonheur. Une telle vie serait plus belle que ne le comporte la nature humaine; car si l'homme peut vivre ainsi, ce n'est pas en tant qu'il est homme, mais en tant qu'il y a en lui quelque chose de divin. Et, autant cette partie divine surpasse en excellence l'être composé d'âme et de corps, autant son action l'emporte sur les autres vertus. Si donc la raison est quelque chose de divin par rapport à l'homme, la vie remplie par l'action de la raison est divine en comparaison de la vie humaine. Et ainsi nous ne devons pas, comme on nous le conseille, n'avoir que des pensées humaines parce que nous sommes hommes, et n'avoir que des pensées mortelles parce que nous sommes mortels. Mais nous devons, autant qu'il est possible, nous faire immortels, et nous efforcer en toutes choses de vivre par la partie de nous-même qui est la plus excellente. Car si ce genre de vie ne peut tenir qu'une petite place dans notre existence terrestre, par sa grandeur et sa dignité il est au-dessus de tout. »

XXX. — INFLUENCE D'ARISTOTE

L'enseignement d'Aristote donna tout d'abord naissance à l'école péripatéticienne, qui fleurit pendant deux ou trois siècles et dont les principaux représentants sont : Théophraste de Lesbos (372?-287?), Eudème de Rhodes (ive siècle), Aristoxène de Tarente (né vers 350), surnommé le Musicien, Dicéarque de Messine (fl. 320) et Straton de Lampsaque (fl. 287). Critolaüs, qui fit partie de l'ambassade envoyée à Rome, en 156, par laquelle la philosophie fut introduite dans le monde romain, était un philosophe péripatéticien. L'école se distingua par ses recherches minutieuses en logique, en morale et dans les sciences de la nature ; mais la tendance naturaliste y prévalut de plus en plus sur la tendance métaphysique. Straton alla jusqu'à identifier la divinité avec la φύσις qui agit inconsciemment dans le monde, et jusqu'à substituer à la téléologie aristotélicienne une explication toute mécanique des choses, fondée sur les propriétés du chaud et du froid.

Avec la publication des œuvres d'Aristote par Andronicus de Rhodes, vers 70 av. J.-C., commença la série des nombreux interprètes et commentateurs du Stagirite, parmi lesquels on remarque Boéthus de Sidon

(1ᵉʳ siècle av. J.-C.), Nicolas de Damas (1ᵉʳ siècle av. J.-C.), Alexandre d'Aphrodisias en Cilicie (iiiᵉ siècle ap. J.-C.), surnommé l'exégète, par excellence (κατ' ἐξοχήν), le néoplatonicien Porphyre de Batanée (iiiᵉ siècle), Thémistius de Paphlagonie (ivᵉ siècle), Philopon d'Alexandrie (vi ᵉ et viiᵉ siècles), Simplicius de Cilicie (viᵉ siècle).

Si l'école péripatéticienne ne se compose guère que de disciples peu métaphysiciens ou de commentateurs purement érudits, les doctrines du maître restent du moins très vivantes et fécondes dans des philosophies qui ne descendent pas directement de lui, mais qui se nourrissent en grande partie de sa substance. Le principe des stoïciens, intermédiaire entre la puissance et l'acte et défini par la tension, immanent à toutes choses, intelligent et cause finale suprême, paraît bien n'être autre chose que la φύσις d'Aristote, dans laquelle on absorberait le νοῦς. Par sa distinction précise du mécanisme et de la finalité, de l'ordre physique et de l'ordre métaphysique des choses, du hasard et de l'action intelligente, Aristote a rendu possible l'épicurisme, lequel semble s'être constitué en grande partie avec les doctrines qu'Aristote définissait ou créait pour les réfuter. Le néoplatonisme lui-même, dans sa doctrine du νοῦς, doit beaucoup à Aristote. Les néoplatoniciens s'efforçaient de concilier Platon et Aristote; et Plotin soutenait que sa doctrine de l'un transcendant d'où émane le νοῦς était la conséquence nécessaire de la doctrine aristotélicienne.

Après avoir soutenu jusqu'à ses derniers moments la

philosophie antique, l'aristotélisme, en s'incarnant dans les croyances du moyen âge, les transforma en doctrines philosophiques. Ce fut principalement sous l'influence d'Aristote que se développa, dans cette période de mysticisme religieux, l'esprit de logique et de spéculation rationnelle.

Les écrits d'Aristote ne pénétrèrent que tardivement et indirectement dans le monde occidental. Jusque vers le milieu du xiie siècle, on ne connut que de faibles parties de l'*Organon*, à savoir les *Catégories* et l'*Hermeneia*, dans la traduction latine de Boèce. C'était, avec l'Εἰςαγωγή de Porphyre et le *Timée* de Platon, à peu près tout ce qu'on possédait de l'antiquité philosophique. De 1150 à 1210 environ parurent les autres ouvrages d'Aristote sous forme de version latine de traductions arabes, faites elles-mêmes au ixe siècle par des Syriens chrétiens, d'après des traductions syriaques. Peu après (xiiie siècle), le texte grec lui-même fut communiqué aux savants de l'Occident, notamment par des Grecs de Constantinople; et la traduction latine immédiate se substitua aux traductions indirectes. Robert Greathead, Albert le Grand et saint Thomas travaillèrent particulièrement à cette épuration de la traduction en latin.

Chose étrange et qui montre combien l'intelligence de l'homme est dépendante de sa volonté, les esprits les plus divers trouvèrent dans Aristote un point d'appui rationnel pour leurs croyances et leurs aspirations. Rien de plus un en apparence que le moyen âge, puisque tout le monde s'y réclame d'Aristote, mais il y a autant d'Aristotes que de philosophes. Il y a même des Aristotes qui n'ont plus que le nom de commun avec le Stagirite.

C'est de l'*Organon* aristotélicien qu'est née la fameuse querelle des universaux qui dure du ix⁰ siècle à la fin du xi⁰. En même temps se développent chez les Arabes et chez les Juifs, en possession de tous les écrits du maître, des systèmes complets de philosophie aristotélicienne. Les Arabes, monothéistes et naturalistes, sont séduits par la doctrine d'Aristote sur Dieu et par ses recherches en histoire naturelle. Averroès, de Cordoue (1126-98), se croit pur aristotélicien quand il soutient que l'entendement actif est une émanation de Dieu, qu'il est un pour tous les hommes et seul immortel. Le juif Moïse Maïmonide, de Cordoue (1135-1204), concilie sans difficulté avec l'aristotélisme la création de la matière et les miracles.

L'époque la plus brillante de la scolastique chrétienne est en même temps celle de l'apogée de l'autorité d'Aristote. Après s'être défié un moment de ses doctrines physiques, où l'on avait cru voir professée l'éternité du monde et celle du temps, on prend, dès 1230 environ, l'ensemble des écrits d'Aristote pour texte des leçons de philosophie. La doctrine aristotélicienne est l'expression de la lumière naturelle, comme les vérités de foi sont l'expression de la lumière surnaturelle. La raison ne coïncide pas avec la foi, mais elle y achemine. Aristote, représentant de la raison, est le précurseur du Christ dans les choses de la nature, comme saint Jean-Baptiste est son précurseur dans les choses de la grâce. Et l'aristotélisme, ainsi défini, circonscrit et subordonné, devient l'origine de ce qu'on a appelé dans la suite le déisme et la religion naturelle. A cette époque, on y trouvait tout ce qu'exige la théologie. Il ne peut, certes, démontrer la vérité des dogmes, ce qui serait contradictoire ; mais, à leur égard, il réfute les objections et établit la vraisemblance. Il fournit, en particulier, une théorie de la forme substantielle et des accidents réels et séparables, qui rend concevable la transsubstantiation sous la persistance des mêmes espèces sensibles dans l'Eucharistie.

Si l'aristotélisme assure l'orthodoxie, il n'est pas moins propice aux dissidents. Amaury de Chartres et David de Dinant (xii⁰ et xiii⁰ siècles) le tirent du côté du panthéisme, en identifiant le Dieu du Stagirite, l'un avec la forme, l'autre avec la matière universelle. Et les mystiques allemands, comme Théodoric de Fribourg (xiii⁰ et xiv⁰ siècles) et maître Eckhart (xiii⁰ et xiv⁰ siècles), présentent leur doctrine de l'union substantielle de l'âme avec la divinité comme le développement de la théorie aristotélicienne du νοῦς ποιητικός.

Enfin, Aristote, au moyen âge, n'est pas seulement le maître des philosophes : sous son patronage se mettent également ceux qui, à l'encontre de l'Eglise et de la philosophie d'alors, prétendent surprendre et enchaîner les forces mystérieuses de la nature. Pour ces réprouvés, Aristote est un magicien. On lui attribue des traités d'alchimie sur la philosophie occulte des Egyptiens. On le met, avec Platon, en tête de la liste des alchimistes œcuméniques. Les alchimistes se nomment eux-mêmes les nouveaux commentateurs de Platon et d'Aristote.

C'est ainsi qu'Aristote, au moyen âge, est partout un excitateur des esprits et une autorité ; mais son œuvre la plus considérable est sans contredit l'organisation de cette philosophie chrétienne, si complète, si précise, si logique, si fortement établie dans ses moindres détails, qu'elle semblait constituée pour l'éternité. Elle a fait loi dans les collèges de l'Université en France jusqu'au XVIIIe siècle. En 1624, la Sorbonne défendait à peine de vie de rien enseigner contre les anciens. En 1671, les professeurs sont encore invités à respecter le péripatétisme sous peine d'exclusion. Au commencement du XVIIIe siècle seulement l'aristotélisme scolastique cède la place aux idées nouvelles.

Ce n'est pas de la raison qu'est venue la première attaque vraiment meurtrière, c'est de la foi. Luther non seulement remarqua les différences importantes qui séparaient la philosophie aristotélicienne du christianisme, mais surtout il jugea impie de chercher un accord entre la foi donnée par Dieu et la raison corrompue par le péché. Œuvre de l'homme, la philosophie aristotélicienne, avec sa prétention à traiter des choses divines, ne pouvait être qu'erreur et sacrilège ; à se concilier avec elle, la religion ne pouvait que s'altérer et se dénaturer. Aristote était un maître d'hérésies : le salut de la religion impliquait l'absolue extinction de ses doctrines.

Combattu au nom de la religion chrétienne, l'aristotélisme, malgré la brillante restauration qu'il dut à des érudits de la Renaissance, tels que Pomponace, Scaliger, Vanini, Gennade, Georges de Trébizonde, ne tarda pas à être également battu en brèche au nom de la science et de la philosophie. Bacon ne vit dans la méthode aristotélicienne que la déduction appliquée aux données de l'opinion et du langage ; et la métaphysique aristotélicienne ne fut à ses yeux que la prétention d'expliquer les choses, à l'exclusion des causes mécaniques, par des actions surnaturelles et divines. Il condamna donc la philosophie d'Aristote comme contraire aux conditions de la science, laquelle cherche des explications mécaniques et procède par induction. Pour Descartes, l'aristotélisme fut la doctrine qui réalisait les qualités sensibles, et qui expliquait les phénomènes par ces entités chimériques. Idées obscures et stériles, ces abstractions ne pouvaient être les principes des choses. Au rebours d'Aristote, Descartes ramène la qualité à la quantité, non la quantité à la qualité.

Il semblait que la doctrine aristotélicienne eût définitivement vécu, lorsque Leibnitz la fit rentrer triomphalement dans la philosophie, en déclarant qu'il y avait dans la théorie des formes substantielles et de l'entéléchie, bien comprise, plus de vérité que dans toute la philosophie des modernes. Sur les traces d'Aristote, Leibnitz plaça la substance dans un principe d'action, fit descendre l'étendue et la matière du rang de substance au rang de phénomène, et concilia les causes finales avec les causes efficientes en mettant le mécanisme sous la dépendance de la finalité. Depuis Leibnitz l'aristotélisme a conservé sa place dans la philosophie, il a joué notamment un rôle important dans la formation du système hégélien.

Si grande que soit sa place dans l'histoire, peut-on dire qu'Aristote est, aujourd'hui encore, un des maîtres de la pensée humaine ?

En ce qui concerne la philosophie proprement dite, la chose ne paraît pas douteuse. Il semble même que l'aristotélisme réponde particulièrement aux préoccupations de notre époque. Les deux doctrines qui tiennent aujourd'hui la plus grande place dans le monde philosophique sont l'idéalisme kantien et l'évolutionisme. Or le système d'Aristote peut être mis sans désavantage en face de ces deux systèmes.

Il est opposé au kantisme. Kant rejette précisément la dépendance de l'esprit à l'égard de l'être, la valeur ontologique attribuée aux lois de l'esprit, l'inconditionné théorique, la subordination de la pratique à la théorie, qui sont de l'essence de l'aristotélisme. La philosophie de Kant s'est constituée en opposition directe à la philosophie dogmatique, dont Aristote est le représentant par excellence. Mais si Kant a découvert une conception nouvelle des choses dont l'examen s'impose désormais à quiconque veut philosopher, on ne saurait dire qu'il ait entièrement réussi à faire prévaloir son hypothèse. S'il a pour lui le témoignage de la conscience morale, qu'il se propose d'ailleurs surtout de satisfaire, il ne peut obtenir l'adhésion franche et complète de l'intelligence. Celle-ci persiste à dire avec Aristote : « Tout a sa raison, et le premier principe doit être la raison suprême des choses. Or expliquer c'est déterminer, et la suprême raison des choses ne peut être que l'être entièrement déterminé. De l'infini et du fini, c'est le fini, en tant qu'intelligible, qui est le principe ; l'infini, en tant qu'inintelligible, ne peut être que phénomène. » Entre Aristote et Kant, la question est de savoir si l'on doit attribuer la suprématie à la volonté ou à l'intelligence : or il ne paraît pas que cette question soit, aujourd'hui même, définitivement résolue.

Tout autre est la situation de l'aristotélisme en face de l'évolutionnisme. Loin de s'y opposer, il l'admet et le comprend, en offrant un moyen de le dépasser. Historiquement, il en est l'un des antécédents les plus directs. Soit dans la nature, soit dans l'homme, Aristote montre partout la continuité, le développement allant de l'inférieur au supérieur. Les plantes supposent les minéraux, les animaux les plantes, l'homme les animaux, et l'homme n'est que l'achèvement de l'être ébauché dans les productions inférieures de la nature. Chez l'homme même, l'imagination naît de la sensation, la mémoire de l'imagination, et l'intelligence ne peut penser sans images. On ne voit pas quelle thèse scientifique de l'évolutionisme serait incompatible avec la philosophie naturelle d'Aristote. Mais cet ordre mécanique des choses est-il l'ordre absolu ? Ces explications donnent-elles pleine satisfaction à l'intelligence ? Voilà la question que pose Aristote, et qu'il trouve le moyen de résoudre dans le sens d'une métaphysique spiritualiste.

Selon lui, l'ordre qui va de l'indéterminé au déterminé, du genre à l'espèce ne peut être considéré par l'intelligence comme l'ordre absolu de la génération des choses, parce que l'indéterminé comporte toujours d'autres déterminations que celles qu'il reçoit dans le monde réel. L'homme est l'achèvement de l'animal, mais l'animal comportait d'autres déterminations que celles qui en font un homme. Pourquoi les genres se réalisent-ils en telles espèces plutôt qu'en telles autres ? De ce choix parmi les développements possibles, la raison ne peut être trouvée que dans l'être même qui est le terme du développement. Il faut que la perfection de cet être soit une force qui dirige l'évolution de la matière dont il doit naître. De la sorte, l'ordre qui va de l'indéterminé au déterminé n'exclut pas ; il appelle un ordre symétriquement contraire, principe caché de sa direction et de sa réalisation. C'est ainsi qu'Aristote concilie le mécanisme évolutioniste avec la finalité par la distinction de l'ordre des choses selon le temps et de l'ordre des choses dans l'absolu. L'évolutionisme est la vérité au point de vue des sens ; mais, au point de vue de l'intelligence, il reste vrai que l'imparfait n'existe et ne se détermine qu'en vue du plus parfait. L'explication finaliste est le complément légitime et indispensable de l'explication mécaniste.

Ainsi l'aristotélisme a encore sa place dans la philosophie. Mais n'est-il pas désormais banni de la science ?

Il convient sur ce point de distinguer entre les sciences morales et les sciences mathématiques et physiques. La morale d'Aristote, et même, en plusieurs points importants, sa politique, loin d'être oubliées, sont plus que jamais en vigueur. Les préceptes de vivre en homme quand on est né homme, d'attribuer en politique la véritable souveraineté à la raison et à la loi, ne sont pas près de tomber dans l'oubli. Mais les sciences relatives à la nature, désormais toutes positives, paraissent n'avoir plus grand'chose de commun avec la philosophie naturelle du grand métaphysicien.

Pour émettre à ce sujet un jugement équitable, il convient d'abord de remarquer qu'un homme peut avoir exercé sur le développement des sciences une grande influence, sans qu'aucune de ses idées se reconnaisse dans les doctrines actuelles. Les sciences se constituent étage par étage ; et telle théorie ancienne qui ne se retrouve pas dans les théories modernes, a pu contribuer à les préparer. Or ce genre de mérite appartient certainement à Aristote. Il a mis en avant des théories et des concepts qui peuvent être fort différents des méthodes et des principes modernes, et qui n'en ont pas moins présidé à la formation de ces principes. Telle est la théorie aristotélicienne de l'induction, laquelle, sans doute, détermine le but à atteindre plus que les moyens à employer, et place ce but même dans la découverte des types plutôt que dans celle des lois, mais n'en est pas moins fort précieuse par la précision avec laquelle elle montre qu'il s'agit dans l'induction de dégager le nécessaire du contingent, l'universel du particulier. Telles sont les idées de genre et d'espèce, de puissance et d'acte, de mélange mécanique et de combinaison qualitative, de hasard ramené à la rencontre de causes indépendantes les unes des autres, de continuité dans l'échelle des êtres, de classification des sciences, etc.

Mais ce n'est pas assez de reconnaître qu'Aristote a fourni à la science plus d'un point de départ. Plusieurs de ses principes sont encore parfaitement reconnaissables dans l'esprit de la science contemporaine elle-même. Son grand principe qu'il y a des lois dans la nature, et qu'on ne peut les découvrir qu'en les dégageant de l'expérience par la réflexion, sa préoccupation constante d'étudier les choses dans le détail, de les saisir, non à travers des formules toujours vagues, mais en elles-mêmes avec leurs caractères propres, sa définition de la cause placée dans l'élément qui fait connaître la production comme nécessaire, sa doctrine de la continuité biologique et de la solidarité du supérieur à l'égard de l'inférieur : tous ces traits essentiels de la philosophie aristotélicienne se retrouvent dans la science d'aujourd'hui. Aristote est encore un maître, en même temps qu'il est un ancêtre.

Mais, dira-t-on, Aristote est finaliste, et la science, désormais, proscrit la considération des fins.

Il y a là peut-être quelque malentendu. La finalité aristotélicienne n'est pas la fabrication du monde, comme d'une horloge, par un ouvrier qui se propose une idée et calcule les moyens de la réaliser. Elle consiste, peut-on dire, dans les trois principes suivants : 1° l'ordre est dans le monde la règle, le désordre est l'exception : ce qui veut dire que les combinaisons de phénomènes qui résultent immédiatement des lois de la nature harmonieusement réunies en types, et qui, par suite, ont un développement normal, sont beaucoup plus nombreuses que les combinaisons dues à la rencontre fortuite de lois indépendantes les unes des autres ; 2° il y a en chaque individu une force organisatrice ou φύσις, en vertu de laquelle il tend à être et à réaliser une certaine forme ; 3° les types spécifiques sont exactement déterminés, séparés les uns des autres, et immuables. Est-il évident que la finalité, ainsi entendue, soit entièrement exclue de la science moderne?

Le premier de ces trois principes signifie que, par l'observation et l'induction, on peut atteindre à la connaissance des lois fondamentales. En opposition à cette théorie se dresse la théorie mathématique cartésienne suivant laquelle il n'y a pas en réalité de lois qualitatives et multiples dans la nature, mais seulement des déterminations diverses de la quantité homogène et mathématique. Mais, si la conception cartésienne est devant nous comme un idéal et représente la science achevée, la marche aristotélicienne demeure celle qui est appropriée à nos moyens de connaître. Aristote a seulement eu tort de croire que par l'induction nous puissions arriver à des lois simples et absolues qui ne supposent rien avant elles.

Le second principe a une ressemblance frappante avec celui de la lutte pour la vie. Ici comme là, on suppose en chaque individu une tendance à exister et à se développer dans un sens déterminé. Il est vrai que la science moderne voudrait arriver à réduire la vie elle-même à un mécanisme; mais elle n'en reconnaît pas moins que la vie, telle qu'elle nous apparaît, a les caractères et joue le rôle que lui attribuait Aristote. Toute la différence consiste à considérer comme dérivé ce qu'Aristote tenait pour primitif; mais, en attendant que la réduction soit opérée, nous ne croyons pas errer en disant : tout se passe comme s'il y avait en chaque être vivant une tendance à exister, et à exister d'une manière déterminée.

Enfin le troisième principe, qui a encore ses défenseurs parmi les savants eux-mêmes, n'est pas, dans le sens où l'entend Aristote, en contradiction absolue, même au point de vue physique, avec la doctrine des évolutionistes. Que veut dire Aristote? Il n'entend pas affirmer que l'histoire des êtres de la nature a commencé dans le temps, par une création d'espèces séparées : il veut dire que la réalisation d'un certain nombre de types, dictincts en même temps qu'harmonieux, est la fin et la règle des productions de la nature. Il admet que la nature, le plus souvent, arrive à réaliser cette fin ; mais à côté des productions tout à fait régulières de la nature, il admet des productions en partie régulières, en partie irrégulières. Or, si l'on fait abstraction du passé et de l'origine dans le temps, dont ne s'occupait pas Aristote, on ne trouvera pas une si grande divergence entre ce point de vue et celui de l'évolutionisme. A la différence du matérialisme et de la doctrine du hasard, l'évolutionisme admet que les espèces existent, au moins actuellement. Et il reconnaît dans la nature la tendance à une spécification de plus en plus complète. Le principe d'Aristote subsiste donc aujourd'hui même, du moins sous la forme hypothétique, la seule qu'un principe puisse recevoir dans la science : tout se passe comme s'il existait une hiérarchie de formes idéales distinctes les unes des autres, que les êtres de la nature tendent à réaliser

LE PHILOSOPHE ALLEMAND
JACOB BŒHME[1]

> « Gott ist von der Natur frei, und die Natur ist doch seines Wesens. ».
>
> J. Bœhme, *Vom dreifachen Leben des Menschens*, 16,37 (Bœhme'sWerke, édit. Schiebler, t. IV, p. 249).

I

Ce n'est pas l'usage, même en Allemagne, d'assigner au cordonnier théosophe de la Renaissance, Jacob Bœhme, une place importante dans l'histoire de la philosophie. On reconnaît en lui, avec Hegel, un esprit puissant ; mais, quand on accorde que de son œuvre obscure et confuse se dégagent un certain nombre de doctrines à peu près saisissables pour l'intelligence, on range ces doctrines du côté de la théologie et de l'édification chrétienne, plutôt qu'on n'y voit des monuments de la science profane et rationnelle. Une telle appréciation est naturelle en France, où la philosophie,

---

(1) Travail lu devant l'Académie des Sciences morales et politiques en 1888 et publié dans le compte rendu.

selon l'esprit de Descartes, relève surtout de l'entendement et se défie de tout ce qui ressemble au mysticisme. Mais en Allemagne la philosophie n'a pas revêtu d'une façon aussi constante la forme rationaliste. A côté de la lignée des Leibnitz, des Kant, des Fichte et des Hegel, qui sont comme les scolastiques de l'Allemagne moderne, il y a la série des philosophes de la croyance, de la religion ou du sentiment : les Hamann, les Herder, les Jacobi, le Schelling théosophe, et l'illustre philosophe chrétien, Franz von Baader. Ceux-ci sont, en face de ceux-là, les dissidents mystiques, comme jadis les Eckhart et les Tauler en face du rationalisme thomiste. Et même les philosophes allemands de la réflexion et du concept, les Kant et les Hegel, si l'on considère le fond et l'esprit de leur doctrine, et non la forme sous laquelle ils l'exposent, sont moins exempts de mysticisme et de théosophie qu'il ne semble et qu'ils ne le disent. Car eux aussi placent l'absolu véritable, non dans l'étendue ou dans la pensée, mais dans l'esprit, conçu comme supérieur aux catégories de l'entendement, et eux aussi cherchent à fonder la nature sur cet absolu. Or, si l'on a égard à cette forte empreinte de mysticisme et de théosophie que présentent en Allemagne, non seulement toute une série d'importants systèmes philosophiques, mais même les systèmes classiques par excellence, on ne pourra manquer, recherchant les origines de la philosophie allemande, de donner une grande attention au cordonnier théosophe ; et l'on se demandera s'il ne mérite pas le nom de *philosophe allemand*, qui lui fut donné, de son vivant même, par son admirateur et ami le docteur Walther.

A première vue, il est vrai, ce nom ne semble guère lui convenir. Bœhme n'est pas un savant, un dialecticien, ni même un chercheur désintéressé. Fils de paysans, il a commencé par garder les bestiaux. Puis il est devenu cordonnier à Gœrlitz, ville voisine de son lieu de naissance, et il a consciencieusement exercé son métier dans la crainte du Seigneur. Il a épousé la fille d'un honorable boucher de la ville, Catharina Kuntzschmann, dont il a eu quatre fils, et, dit-on, deux filles. Il a élevé ses fils selon sa condition et en a fait des ouvriers. Il a vécu dans la piété, la simplicité et l'humilité chrétienne. Il ne cessait, il est vrai, de méditer sur les choses religieuses. Mais tout son souci était, nous dit-il, de chercher dans le cœur de Dieu un abri contre la colère divine et contre la méchanceté du diable. Il a écrit ; son œuvre est même considérable. Mais à quelle source a-t-il puisé ? Il n'a lu ni les classiques ni les scolastiques, il ne connaît que les mystiques et les théosophes. Et même, ce qu'il sait, il le doit avant tout à des révélations personnelles et surnaturelles. Quatre fois la lumière céleste lui est apparue ; il a vu, tantôt le Christ, tantôt la Vierge éternelle ; et, dans ces apparitions, il en a plus appris, en quelques instants, que s'il avait pendant des années fréquenté les écoles. En tête de chacun de ses ouvrages on lit :

geschrieben nach gœttlicher Erleuchtung, écrit en vertu d'une illumination divine.

L'œuvre répond aux conditions dans lesquelles elle a été composée. C'est un mélange confus de théologie abstruse, d'alchimie, de spéculations sur l'insaisissable et l'incompréhensible, de poésie fantastique et d'effusions mystiques : c'est un chaos étincelant. Le premier ouvrage composé par Bœhme s'appelle : « *L'aurore à son lever, ou la racine et la mère de la philosophie, de l'astrologie et de la théologie considérées dans leur véritable principe : description de la nature, où l'on voit comment toutes choses ont été à l'origine*, etc. » Bœhme y expose la genèse de la sainte Trinité, la création et la chute des Anges, la création et la chute de l'homme, la rédemption et les fins dernières du monde. Il voit et veut faire voir, bien plus qu'il ne démontre : sa science est une hallucination métaphysique. Aussi fait-il constamment violence à la langue; il lui demande d'exprimer l'inexprimable. Les termes de l'ancienne mystique, de l'alchimie, de la philosophie sont mis par lui à contribution ; il leur impose des sens d'une subtilité inouïe, il veut qu'au fond de toute pensée il y ait de l'infini et du mystérieux. Est-il possible qu'en une telle œuvre il y ait matière à récolte pour l'historien de la philosophie, à moins que, par une interprétation arbitraire, il ne transforme en concepts ce qui, chez l'auteur, est pure intuition et imagination ?

Il serait malséant, pour juger cet homme qui ne

visait qu'à dégager l'esprit de la lettre, de s'en tenir aux apparences. Bœhme, en réalité, n'est pas l'homme simple et ignorant qu'il nous dit être. Il est doué d'une intelligence vive et ouverte, ainsi que l'ont tout de suite remarqué ses premiers maîtres. Or il vit dans un temps et dans un pays où s'agitent les plus grands problèmes. L'ancienne mystique fleurit encore en Allemagne avec Schwenckfeld et Sébastien Franck. En même temps s'y développe, depuis Nicolas de Cusa et sous l'influence du naturalisme italien, une théosophie brillante et profonde, représentée par Agrippa de Nettesheim et Paracelse, réhabilitation et divinisation de cette nature qu'anéantissaient les mystiques du moyen âge. D'un autre côté, à l'optimisme moral d'Eckhart et de ses disciples, Luther avait naguère opposé la doctrine du mal radical et positif, qui se dresse contre Dieu en adversaire, et qu'on ne saurait ramener à une simple diminution ou privation. Et, de bonne heure, les principes nouveaux étaient entrés en rapport ou en conflit avec le principe de l'ancienne mystique. Le protestantisme essayait déjà cette réconciliation de ses origines mystiques et de ses origines pauliniennes, de son monisme spiritualiste et de son dualisme moral, de son principe de liberté et de son principe de discipline, qu'il poursuit aujourd'hui encore. La théosophie s'unissait à la mystique dans Valentin Weigel, qui donnait pour matière à la réflexion subjective d'Eckhart l'homme de Paracelse, résumé et perfection des trois natures, terrestre, sidérale et divine, dont se compose l'univers créé.

A ce mouvement d'idées, Bœhme, dès sa jeunesse, prend avidement part. Dans les voyages qu'il fait comme compagnon cordonnier afin de devenir maître, il s'entretient des choses religieuses et théosophiques, il observe, il lit et il réfléchit. Ses lectures, peu nombreuses, portent sur des livres importants et sont très approfondies. Le livre des livres est pour lui la Bible, cette parole vibrante et profonde qui, surtout depuis Luther, est l'aiguillon le plus puissant de la réflexion. Mais Bœhme a lu en outre les écrits de beaucoup de maîtres. Il a lu Schwenckfeld, et il a remarqué ses objections contre cette doctrine de la satisfaction vicaire, qui tend à remplacer par une action extérieure et accidentelle l'opération interne de la grâce, seule source possible de la conversion essentielle. Il a lu Paracelse, et il a goûté en lui l'apôtre enthousiaste de la vie, le révélateur de la puissance magique de l'imagination, le voyant qui retrouve dans le monde et dans l'homme naturel cette image de Dieu que les mystiques ne savaient plus y voir. Il a étudié l'alchimie, et il en a cherché le sens spirituel et vrai. La transmutation a été pour lui le symbole de la nouvelle naissance à laquelle l'homme est appelé ; la pierre des philosophes s'est réalisée à ses yeux dans la puissance de la foi et de l'abandon à Dieu. Il a lu Valentin Weigel, et il s'est imprégné du mysticisme spiritualiste que ce pieux pasteur a hérité de Tauler, de la théologie allemande, de Schwenckfeld et de Sébastien Franck ; et en même temps il a conçu, grâce à lui, l'idée d'une combinaison de la mystique et de la théosophie.

Bœhme n'a pas lu seulement dans les livres, mais encore dans la nature. Tout ce qu'elle offre à nos yeux lui est un enseignement ; car la matière, pense-t-il, n'est pas un être à part, étranger à l'esprit : elle est l'esprit lui-même, révélé et visible. Les étoiles, le soleil, les éléments de la terre, la vie surtout, dans son origine et dans ses phases, l'arbre avec sa croissance, l'animal avec son désir et son instinct désintéressé, l'homme avec sa vie intérieure, sa lutte contre le mal, ses défaites et ses triomphes : Bœhme contemple avec recueillement toutes ces choses ; et, dans sa communication immédiate et religieuse avec la nature, il attend que celle-ci lui infuse son esprit et lui révèle les mystères de l'être.

C'est l'être éternel, intérieur et vivant qu'il cherche en tout et partout. Aussi les phénomènes de la nature, comme les doctrines exposées dans les livres, sont-ils pour lui des signes à déchiffrer, non l'objet même qu'il s'agit de connaître. S'il lit et observe, c'est pour avoir une matière où son esprit s'appuie pour réfléchir. Dégager l'esprit de la lettre, saisir la force agissante au sein du phénomène inerte, pénétrer jusqu'aux sources premières de toute réalité, voilà l'effort de Bœhme. Aussi l'expérience intérieure et la réflexion sont-elles, en définitive, ses vrais moyens d'investigation. Il est vrai qu'il est illuminé, que sa méditation est une prière et ses découvertes des révélations divines. Mais qu'importe l'explication que l'individu se donne à lui-même de la voie par où les idées sont entrées dans sa conscience ? La géométrie analytique de Descartes en est-elle moins vraie, parce qu'il en rapportait l'invention à l'assistance de la sainte Vierge ? C'est peut-être une suite de la constitution de l'esprit humain d'attribuer d'abord à une révélation surnaturelle et de considérer comme venant du dehors dans son esprit les idées nouvelles qui surgissent en lui et qui lui imposent par leur lumière et par leur beauté. Les essences platoniciennes, le νοῦς d'Aristote, l'idéal chrétien, les principes suprêmes de la connaissance et de l'action ont été reçus pour des êtres et des choses en soi avant d'être expliqués par les lois de l'esprit humain. Le naturel a d'abord été surnaturel ; car le génie ne sait comment il procède, et il s'apparaît à lui-même comme un dieu qui visite la créature. Bœhme, il est vrai, ne se contente pas de recevoir dans son intelligence les révélations de l'intelligence divine : il est visionnaire. La sagesse incréée, la Vierge éternelle lui est apparue plusieurs fois. Mais un enthousiasme, même quelque peu maladif, peut aussi bien accroître qu'affaiblir les forces de l'esprit humain ; et il arrive que l'ébranlement de l'organisme est justement l'effet de la tension excessive à laquelle l'esprit a dû le soumettre pour réaliser ses créations. Le roseau pensant plie sous l'effort de la pensée, plus encore que sous le poids de la matière. Il n'est en définitive qu'une clef et qu'une mesure de l'œuvre d'un penseur comme d'un artiste, c'est cette œuvre même. L'auteur est le moule qu'on brise pour voir la statue.

II

Que trouvons-nous donc dans l'œuvre de Bœhme si nous la considérons en elle-même, tant dans son esprit et sa signification interne, comme le veut l'auteur, que dans son contenu réel et objectif, comme le veut l'histoire ?

Et d'abord quel est le mobile des réflexions du cordonnier théosophe ?

« Depuis ma jeunesse, nous dit-il, je n'ai cherché qu'une chose : le salut de mon âme, le moyen de conquérir et de posséder le royaume de Dieu. » Il n'y a là en apparence qu'un objet tout pratique et religieux ; mais dans l'esprit de Bœhme cet objet va provoquer de profondes spéculations métaphysiques.

Il a appris des mystiques ce que c'est que posséder Dieu. Il faut se garder, enseignent ces maîtres, d'assimiler la possession de Dieu à la possession d'une chose matérielle. Dieu est esprit, c'est-à-dire, pour qui comprend la valeur de ce terme, puissance génératrice antérieure à toute essence, même à l'essence divine. Dieu est esprit, c'est-à-dire volonté pure, infinie et libre, se donnant pour objet la réalisation de sa propre personnalité. Dès lors on ne peut recevoir Dieu par une opération passive. On ne le possède que s'il se crée en nous. Posséder Dieu, c'est vivre de la vie de Dieu.

D'autre part, Bœhme a appris de Luther que l'homme naturel n'est pas simplement un fils éloigné de son père, qu'entre Dieu et sa créature il n'y a pas seulement un espace inerte, un non-être sans résistance. L'homme naturel est révolté contre son créateur : entre lui et Dieu se dresse le péché, comme une puissance réelle et positive, qui fait effort pour surmonter l'action divine. Le mal n'est pas un non-être : c'est un être véritable, qui lutte avec le bon principe. Et Bœhme retrouve partout dans la nature cette guerre effective que Luther lui a fait voir dans la conscience humaine. Qu'il regarde le soleil et les étoiles, ou les nuages, la pluie et la neige, les créatures raisonnables ou les créatures sans raison, telles que le bois, les pierres, la terre et les éléments ; de quelque côté qu'il se tourne, partout il voit le mal vis-à-vis du bien, la colère en face de l'amour, l'opposition du oui et du non. La justice même, ici-bas, est aux prises avec son contraire. Car les impies prospèrent comme les fidèles, les peuples barbares sont en possession des plus riches contrées, et jouissent plus que les serviteurs de Dieu des biens de la terre. En observant ces choses, nous dit Bœhme, je suis tombé dans une profonde mélancolie et mon esprit s'est troublé. Aucun livre, de ceux que je connaissais, ne m'apporta de consolation. Et le diable était là qui me guettait et me soufflait des pensées païennes que j'aurais honte d'exprimer ici. Est-il bien vrai que Dieu est amour, comme l'enseigne le christianisme, que Dieu est tout-puissant, que rien n'a de réalité devant lui? Telles sont sans doute les questions que Bœhme sentait poindre au fond de sa conscience. Le diable aurait bien voulu qu'il renonçât à pénétrer le mystère et s'endormît dans l'indifférence. Mais Bœhme a pénétré ses desseins et a résolu de les déjouer.

Comment concilier la fin de l'activité humaine, si noblement conçue par les mystiques, avec la réalité des choses, si exactement constatée par le fondateur du protestantisme? Comment, si l'homme et toute la nature sont radicalement révoltés contre Dieu, maintenir la possibilité de la naissance de Dieu au sein de l'âme humaine? Si l'homme, semblable à un arbre pourri, ne peut vouloir et faire que le mal[1], il n'y a pas de milieu, semble-t-il, entre abandonner cet arbre à sa pourriture, et le déraciner et jeter au feu. Si la nature est en opposition absolue avec Dieu, ou Dieu ne peut rien sur elle, ou il doit la détruire.

Maintenir l'idéal spiritualiste et optimiste des mystiques, tout en envisageant la nature au point de vue pessimiste de Luther et, plus généralement, à un point de vue réaliste : telle est la tâche que Bœhme s'est imposée. Cette tâche se détermine dans son esprit de la manière suivante. Tandis que, pour les mystiques, il

---

(1) Selon l'expression de Luther.

s'agissait de savoir comment Dieu pouvait naître en ce qui n'est pas lui, Bœhme se demande comment Dieu peut renaître en ce qui violemment s'est séparé de lui. Or il estime qu'il pourra résoudre ce problème s'il peut découvrir, et la source de l'existence divine, et l'origine du monde et du péché. Et cette science sera la régénération même. Car, lorsqu'elle pénètre jusqu'aux sources, la connaissance se confond avec l'action et la réalité. Voir les choses du point de vue de Dieu, c'est renaître à la vie divine.

Telle sera donc la division fondamentale du système de Bœhme : 1° Comment Dieu s'engendre-t-il lui-même ? 2° Pourquoi et comment Dieu a-t-il créé le monde, et comment le mal s'y est-il introduit ? 3° Comment Dieu peut-il renaître au sein de la créature corrompue, et quelles sont les fins dernières des êtres ?

C'est, on le voit, la question de l'origine et de la fin, posée dans toute sa généralité et dominant toutes les autres. Tandis que les anciens cherchaient *a posteriori* quels principes stables et déterminés se cachent sous le mouvement et l'indétermination des phénomènes, et ne connaissaient pas de milieu entre un absolu indéterminé tout illusoire, tel que le hasard, et un absolu plein et achevé, tel que l'intelligence, notre philosophe, pour qui toute nature est le résultat d'une action, cherche comment s'est fait l'absolu lui-même, en tant qu'il est ceci et non cela; il descend, à propos de Dieu même, de la puissance infinie à la production de l'être déterminé.

La philosophie des anciens était surtout une classification : celle de Bœhme sera une construction. Le problème de la genèse s'est substitué à celui de l'essence des choses. Et comme l'être dont on cherche ici la genèse et dont le mouvement interne doit expliquer la nature est expressément la personne consciente, libre et agissante, le système que nous allons étudier nous apparaît comme l'aurore d'une philosophie nouvelle, qu'on peut appeler la philosophie de la personnalité, considérée en elle-même et dans ses rapports avec la nature.

Quelle méthode Bœhme préconise-t-il pour cette recherche ?

Il s'agit, ne l'oublions pas, de voir découler l'être de sa source première, c'est-à-dire de saisir le passage de rien à quelque chose. Or, pour un tel objet, les moyens dont dispose la philosophie ordinaire sont impuissants. Que nous donnera l'érudition, sinon des opinions, des idées abstraites? La Bible même, si l'on y cherche la lumière sans remonter au delà, n'est qu'une lettre morte, un symbole qui ne s'explique pas. Et il en est des sens et de la raison comme de l'érudition. Les sens ne nous font connaître que les dehors figés et les produits des choses, non leur fond et leur vie interne. La raison extérieure, ou élaboration naturelle des données de l'expérience, est morte comme les matériaux qu'elle assemble. Elle analyse, elle sépare ; et les objets qu'elle considère, ainsi arrachés au tout vivant dont ils faisaient partie, ne sont plus que des êtres fictifs, incapables de nous instruire sur leur nature vraie et sur leur origine. C'est cette raison extérieure qui, voyant en ce monde les méchants prospérer à l'égal des bons, insinue à l'homme que le mal est l'égal du bien, et qu'ainsi l'existence du Dieu de la religion est problématique.

Toutes ces méthodes ont le même vice : elles sont passives et mortes. Elles supposent un objet réalisé et donné, et elles mettent l'esprit, comme un miroir inerte, en face de cet objet. Seule, une méthode vivante peut nous faire pénétrer dans les mystères de la vie. Seul l'être connaît l'être, et il faut engendrer avec Dieu pour comprendre la génération. La vraie méthode consiste donc à assister ou plutôt à prendre part à l'opération divine qui a pour terme l'épanouissement et le règne de la personnalité ; c'est la connaissance comme conscience de l'action : méthode qui, vraiment, va de la cause à l'effet, tandis que toute méthode purement logique, bornée à l'élaboration des données de l'expérience, n'est et ne saurait être qu'un vain effort pour s'élever de l'effet à la cause.

Mais comment l'homme pourra-t-il se placer ainsi au point de vue de Dieu ? Monter jusqu'à Dieu lui est impossible : il n'y a point de transmutation de la créature dans le créateur. Du moins, si l'homme ne peut monter en Dieu, Dieu peut descendre en l'homme. Non que Dieu puisse être évoqué et comme contraint matériellement par les pratiques d'une fausse magie ou par les œuvres d'une dévotion extérieure. Mais Dieu descend dans l'homme, si l'homme meurt à sa nature innée et corrompue, pour s'offrir à l'action divine. Le Christ l'a dit : « Il vous faut naître de nouveau, si vous voulez voir le royaume de Dieu. » La conversion du cœur dessille l'œil de l'intelligence. Comme l'homme extérieur voit le monde extérieur, ainsi l'homme nouveau voit le monde divin où il habite. Et ce retour vers Dieu est possible à l'homme, puisque l'homme a été créé à l'image de Dieu. Il n'a qu'à rentrer au plus profond de lui-même, à dégager l'homme intérieur de l'homme extérieur, pour participer à la vie divine. « Considère-toi toi-même, cherche-toi, trouve-toi : voilà la clef de la sagesse. Tu es l'image et l'enfant de Dieu. Tel est le développement de ton être ; telle est, en Dieu, l'éternelle naissance. Car Dieu est esprit, et, de même, en toi, ce qui commande est esprit et a été créé de la souveraineté divine. »

Quand une fois l'homme est ainsi placé au point de vue interne de la genèse universelle, tout ce qui d'abord n'était que voile et fumée interposée entre lui et la lumière, devient symbole transparent et expression fidèle. L'érudition, la Bible, la tradition, les concepts, les phénomènes de la nature, toutes ces choses, mortes en elles-mêmes, s'animent et vivent quand on les regarde avec l'œil de l'esprit. La parole éternelle qui parle au fond de nous-même nous dit le sens vrai de la parole écrite et sensible. Ce n'est pas tout. Il y a, entre le dedans et le dehors, réciprocité d'action. Certes, la vue des choses extérieures ne nous eût jamais, à elle seule, révélé le principe que ces choses manifestent : ce principe veut être saisi en lui-même. Mais le premier être n'est tout d'abord pour nous qu'une forme vide ; et c'est par la juste interprétation des phénomènes qu'il prend corps et se détermine. Toutefois, il ne saurait jamais trouver dans les phénomènes son expression adéquate. Infini, l'esprit ne peut être entièrement manifesté, car toute manifestation se fait au moyen du fini. L'esprit est par essence éternel mystère. Nous devons donc, et nous servir des phénomènes pour entrevoir le détail des perfections divines, et nous rappeler que les phénomènes n'en sont jamais qu'une manifestion imparfaite. Et dans les discours que nous faisons sur l'origine de Dieu et des choses, nous devons à la fois faire appel à toutes les images que nous fournissent les sens et la raison, et ne voir dans ces images que des métaphores toujours grossières qui doivent être entendues en esprit et en vérité. La sagesse de Dieu ne se laisse pas décrire.

III

Cette maxime trouve son application dès le premier pas qu'essaie de faire la théosophie. Nous avons, pour commencer, à exposer la naissance de Dieu, la manière dont Dieu s'engendre lui-même. Mais parler de naissance de Dieu en prenant ces mots à la lettre, c'est parler le langage du diable ; car c'est dire que la lumière éternelle a jailli des ténèbres, et que Dieu a eu un commencement. Pourtant je suis obligé d'employer ce terme de naissance de Dieu : autrement tu ne pourrais me comprendre. Êtres bornés, nous ne parlons qu'en morcelant les choses, en brisant l'unité du tout. Il n'y a en Dieu ni alpha ni omega, ni naissance ni développement. Mais je suis obligé de ranger les choses l'une après l'autre. C'est au lecteur à ne point me lire avec les yeux de la chair.

La nature éternelle s'engendre elle-même sans commencement. Comment se fait cette génération ?

Bœhme se pose ici le problème classique de l'*aséité*. Mais tandis que par ce terme les scolastiques entendent une simple propriété de l'être parfait et une propriété surtout négative, Bœhme veut que cette expression étrange : « Dieu cause de soi » prenne un sens précis, concret et positif. Sonder le mystère qu'elle renferme est pour lui la question première et capitale, dont la solution éclairera toutes les autres. Et il ne croit pas devoir s'arrêter dans ses recherches tant qu'il n'aura pas reconstruit par la pensée la suite logique des opérations au moyen desquelles Dieu s'élève du néant à la pleine existence.

Qu'y avait-il donc au commencement, et de quel germe Dieu s'est-il engendré ?

Au commencement était l'être qui ne suppose rien avant lui, en qui, par conséquent, rien n'est essence, nature, forme finie et déterminée : car tout ce qui existe comme chose déterminée exige une cause et une raison. Nous ne pouvons, quant à nous, concevoir cet être que comme le rien éternel, l'infini, l'abîme, le mystère. Bœhme se sert du mot *Ungrund* pour désigner cette source première des choses, voulant dire par là qu'au-dessous de Dieu il n'y a rien qui lui serve de base, et aussi que dans le premier être le fondement ou la raison des choses n'est pas encore manifesté. L'infini primordial n'est ainsi, en lui-même, rien que silence, repos sans commencement ni fin, paix, éternité, unité et identité absolues. En lui nul but, nul lieu, nul mouvement pour chercher et trouver. Il est exempt de la souffrance, compagne du désir et de la qualité. Il n'est ni lumière ni ténèbres. Il est, pour lui-même, mystère impénétrable.

Telle est la condition initiale de la divinité. En est-ce aussi l'achèvement ? Si l'on dit oui, on réduit Dieu à n'être qu'une propriété abstraite, dénuée de force, d'intelligence et de science ; et on le rend incapable de créer le monde, où se rencontrent ces perfections dont il est privé. Mais il est impossible que Dieu soit ainsi un être inerte, habitant par delà les cieux. Le Père est tout-puissant, tout-connaissant ; il est la douceur, l'amour, la miséricorde, la béatitude elle-même. Et le monde tient de lui toutes les perfections qui s'y rencontrent. Comment donc se fera le passage du Dieu néant au Dieu personne et créateur ?

C'est ici le point capital du système de Bœhme. La solution que notre théosophe a donnée du problème de la génération éternelle est son œuvre propre, et ouvre une voie nouvelle où marcheront de nombreux philosophes.

Sans doute les anciens mystiques s'étaient déjà engagés dans cet ordre de recherches. Eckhart se demandait comment la divinité purement potentielle, immobile et inactive, qui est le premier être, devient le Dieu vivant et personnel, qui seul est le vrai Dieu. Et il expliquait le passage de l'une à l'autre par le rôle de l'image ou idée de Dieu, laquelle émanait spontanément de la puissance primordiale, comme de chacune de nos tendances sort une idée qui l'objective et la manifeste. En se contemplant dans son image, la substance absolue prenait conscience d'elle-même et se posait comme personne.

Bœhme s'inspire de cette doctrine, mais il fait autre chose que la reprendre et la continuer. Avec ce sens de l'existence concrète, de la vie et de la nature qui le caractérise, il ne peut se contenter du Dieu encore abstrait des anciens mystiques. Eckhart avait à peu près expliqué comment Dieu prend conscience de lui-même. Mais la conscience de soi n'est que l'ombre de l'existence. Pour que Dieu soit vraiment personne et que pour la nature trouve en lui les éléments d'une existence positive, il faut que la génération divine soit autre que ne l'enseigne Eckhart.

Bœhme part de ce principe, que Dieu, qui est mystère, veut se révéler dans la plénitude de son être, c'est-à-dire se manifester comme personne vivante et capable de créer. En tant qu'il poursuit la révélation de lui-même, Dieu veut et pose toutes les conditions de cette révélation. Or il y a, selon Bœhme, une loi suprême qui régit les choses divines comme les choses humaines : c'est que toute révélation exige une opposition. Comme la lumière n'est visible que réfléchie par un corps obscur, ainsi une chose quelconque ne se pose qu'en s'opposant à son contraire. Ce qui ne rencontre pas d'obstacle va toujours devant soi et jamais ne rentre en soi, jamais n'existe manifestement, pour soi ni pour autrui. Et l'on peut, dans la relation du principe donné avec son contraire, distinguer deux moments. La simple présence du principe négatif en face du principe positif ne manifeste celui-ci que comme puissance ou possibilité. Si l'on veut que cette puissance devienne réalité, il faut qu'elle agisse sur le principe négatif, qu'elle le discipline et en fasse son instrument et son expression. Cette loi d'opposition et de conciliation gouverne la genèse divine. Si l'esprit divin doit se révéler, il ne restera pas en soi, mais il suscitera son contraire. Ce n'est pas tout : agissant ensuite sur ce contraire, il se l'assimilera et le spiritualisera. Bœhme va donc engager Dieu dans une série d'oppositions. A mesure que se produiront les contradictions et les conciliations, à mesure se réalisera la personnalité divine. Et quant à l'essence contraire ou nature sur laquelle Dieu s'appuiera pour se personnifier, elle constituera, en Dieu même, le fondement éternel de notre nature créée.

Telles sont les idées qui dominent le système de Bœhme et lui impriment son caractère propre. Elles ont leur centre dans un principe que l'on peut formuler en ces termes : l'être se pose comme puissance en s'opposant, et comme réalité en se conciliant ce qui lui est opposé. Mais ces idées générales sont moins formulées à une place spéciale qu'elles ne sont mises en œuvre dans le développement du système.

Au commencement était le rien. Ce rien n'est pas l'absolu néant. Tout au contraire, c'est l'être même, c'est le Bien éternel, l'éternelle douceur et l'éternel amour ; mais c'est l'être en soi, c'est-à-dire non manifesté. Dans ce rien réside ainsi une opposition interne. Il n'est rien, et il est tout ; il est l'indifférence, et il est l'excellence. C'est pourquoi ce rien doit nous apparaître comme instable et vivant. Il va se mouvoir pour se concilier avec lui-même.

Le premier effet de l'opposition que nous venons de remarquer est la scission de l'infini primordial en deux contraires : le désir (*Sucht*) et la volonté (*Wille*). Le rien est désir, car il est mystère, et le mystère tend à se manifester : le rien est le désir de devenir quelque chose. Mais l'objet où il tend n'est pas indéterminé : c'est la manifestation et la possession de soi-même. Ainsi, désir par un côté, l'infini est, par un autre, ce qu'on nomme volonté. Le désir inconscient et inassouvi engendre la volonté, mais la volonté à laquelle appartiennent la connaissance et l'entendement, règle et fixe le désir. A l'un le mouvement et la vie, à l'autre l'indépendance et le commandement. La volonté est plus grande que la puissance dont elle est née. Cette dualité est l'origine de toutes les oppositions que suscitera le progrès de la révélation divine. La volonté est le germe de la personnalité divine et le fondement de toute personnalité ; le désir, essence et corps de la volonté, est le germe de la nature éternelle et le fondement de la nature sensible.

Ainsi, grâce à la présence du désir, qui fait contraste avec elle, la volonté se manifeste. Mais le oui et le non ne sont pas deux choses en dehors l'une de l'autre. C'est une seule et même chose, laquelle ne s'est divisée que pour permettre au oui de se révéler. C'est pourquoi la séparation, à son tour, est un état instable. Le oui, qui dans cette séparation est, en lui-même, dépourvu d'essence et ténu comme un rien, fait effort pour se rendre concret en absorbant le non et en reconstituant l'unité à son profit. Aux deux termes opposés, désir et volonté, se superpose ainsi un troisième terme, qui est l'idée d'une conciliation du premier avec le second. La production de ce troisième terme est l'œuvre de l'imagination. Cette faculté est, d'une manière générale, le désir s'appliquant à une image et tendant à l'absorber, comme la faim absorbe l'aliment, pour la produire ensuite au dehors, transformée en réalité vivante par l'action du sujet lui-même. Or la volonté qui est esprit, et dont l'objet est la révélation de soi-même, s'unit au désir pour imaginer cette révélation et devenir, par là même, capable de la réaliser. L'imagination fait de la volonté une magicienne. Ce que veut la volonté se détermine dans l'effort même qu'elle fait pour se le représenter. Elle veut se trouver et se saisir : par conséquent, elle veut former en soi un miroir d'elle-même ; et comme le désir est la matière sur laquelle elle travaille, elle veut que le désir infini, en se fixant sur le Bien, devienne ce miroir.

Voici donc la tâche qui s'offre maintenant à Dieu ou à la volonté : régler le désir selon la loi du Bien, et, par là, former un objet qui soit un miroir de la volonté, et où elle puisse se contempler et se reconnaître. En accomplissant cette tâche, la volonté divine va sortir du néant et conquérir la réalité.

Dieu veut se manifester, se former un miroir de lui-même. Il ne peut y parvenir que par une triple action. Il faut d'abord qu'il se pose comme volonté indéterminée, capable de vouloir le bien ou le mal. Mais une telle volonté n'est ni bonne ni mauvaise. Dieu doit sortir de cette indifférence. Il en sort en engendrant en soi le Bien unique et éternel, ou la volonté déterminée. Ce bien, qui est Dieu, n'est pas un objet ou une chose, c'est encore la volonté, mais c'est la volonté ferme et infaillible. Avec la génération de cette volonté un commencement s'est posé dans l'infini, un fond s'est formé dans l'abîme, et une raison des choses s'est superposée au mystère éternel. Cependant la volonté première ne s'est pas épuisée dans la génération de la volonté déterminée. Elle conserve son infinie fécondité. Aussi du concours de la volonté infinie et de la volonté déterminée naît une troisième volonté, à savoir la volonté sortant d'elle-même pour produire un objet. Et l'objet qui est le résultat de cette triple action n'est autre que le miroir de la volonté même, la sagesse éternelle. Cette sagesse n'est pas Dieu : elle n'en est que l'image. Mais grâce à elle, Dieu désormais se révèle à lui-même : il se voit comme une volonté à la fois triple et une. On peut caractériser par les noms de *volonté* proprement dite, de *raison* et de *force* ces trois moments de l'activité divine. On peut aussi les nommer Père, Fils et Esprit. Ce ne sont pas là trois dieux, parce que chacun des trois est un être spirituel et que la séparation des substances n'existe que dans le monde matériel. Ce ne sont pas même trois personnes. Car la volonté en face de son image ou idée n'est que connaissance et conscience d'elle-même : elle n'exerce pas encore cet empire sur un être-chose, qui est la condition de la personnalité. Dieu, à vrai dire, n'est personne que dans le Christ. Il n'y a autre chose dans la génération que nous avons considérée qu'une triple action de la volonté une.

Quant à la sagesse éternelle dont la production est le

résultat de cette action, et où se voit et se trouve la Trinité agissante, elle n'est pas une quatrième volonté : mais elle est située en face de la Trinité comme sa représentation ou son objet. Elle est cette conciliation du désir avec la volonté, que celle-ci s'était proposé d'accomplir. Comme tout miroir, elle est passive et n'engendre point. Elle est la vierge éternelle. En elle sont toutes les perfections divines, mais comme idées et paradigmes, non comme forces et êtres vivants. Car ces perfections sont objets de volonté, non volontés elles-mêmes ; et sans la volonté, sur laquelle elle se fonde, la vie ne saurait exister. La vie et la fécondité n'appartiennent pas aux idées ou généralités, mais aux personnes seulement, en tant qu'elles agissent d'après les idées.

Telle est la genèse divine qui suit de l'apparition du désir et de la volonté au sein de l'infini primordial. Dieu, certes, est déjà loin du néant. Il se connaît comme volonté et comme volonté bonne. Mais est-il le Dieu père, tout-puissant et tout-connaissant, amour et miséricorde, lumière et joie, que nous pressentons et que nous cherchons ?

Ce Dieu, si l'on y prend garde, ne réalise point encore la personnalité. Il se connaît, il est l'intelligence. Mais l'intelligence, comme nous le voyons en nous, n'est pas quelque chose de concret et de saisissable. Ce n'est pas une essence, mais la puissance ou le germe d'une essence. Le Dieu dont l'action tout intérieure n'a d'autre objet que lui-même est encore un Dieu caché, incomplètement révélé. C'est Dieu en tant que possible, c'est l'idéal divin. Pour que cet idéal se réalise et que Dieu soit la personne vivante, il faut que la volonté continue l'œuvre de génération éternelle qui n'est encore que commencée. Il faut à Dieu une seconde naissance.

C'est ici surtout que la loi des contraires va trouver son application. Considérons toutes les choses de ce monde qui existent véritablement ; elles sont faites du oui et du non : « *In Ja und Nein bestehen alle Dinge.* » Le jour ne serait pas sans la nuit, ni la nuit sans le jour, le froid est la condition de la chaleur et la chaleur du froid. Supprimez l'opposition et la lutte, et tout va rentrer dans le silence et l'immobilité, tout va retourner au néant. L'un en tant qu'un n'a rien qu'il puisse vouloir. Pour qu'il veuille et qu'il vive, il faut qu'il se dédouble. De même l'unité ne peut se sentir, mais dans la dualité la sensation est possible. Il faut donc, pour qu'un être soit posé comme réel, qu'il soit opposé à son contraire ; et le degré de l'opposition mesure le degré de la réalisation.

Or, dans le développement de l'activité divine que nous avons considéré, Dieu n'a pas été opposé à quelque chose qu'on puisse à bon droit appeler son contraire. La puissance d'objectivation en présence de laquelle il s'est trouvé et qu'il a déterminée de manière à en former sa fidèle image ne différait de lui que comme l'idée diffère de l'intelligence. Rien, dans ce principe passif, qui fasse obstacle à l'action divine : un miroir réfléchit sans résistance les rayons qui viennent le frapper. Dans cette opposition tout idéale, Dieu ne pouvait acquérir qu'une existence idéale. Pour qu'il prenne corps comme personne, il faut qu'il soit engagé dans une lutte avec un contraire véritable, c'est-à-dire avec une puissance positive et active, dont l'action soit opposée à la sienne. Il faut donc que Dieu suscite un tel contraire, qu'il entre en rapport avec lui, lui tienne tête, et finalement le discipline et le pénètre : ainsi seulement s'achèvera l'œuvre de la génération divine. Comment va s'opérer ce nouveau développement ?

La volonté qui s'est réalisée dans l'évolution à laquelle nous avons assisté, et qu'on peut appeler la raison, est encore un pur esprit, un infini, un mystère. Mais le mystère, tant qu'il subsiste, appelle la révélation qui seule le détermine comme mystère. Mystère et révélation, comme tous les contraires, se supposent mutuellement. La volonté ne saurait donc rester la puissance obscure et ténébreuse qu'elle est encore (*Finsterniss*). Au sein de sa nuit s'allume un désir nouveau, celui d'exister d'une manière réelle et concrète, c'est-à-dire corporelle. Mais ce n'est pas par elle-même que la nuit s'embrase et devient feu, que la raison immobile se change en désir de vivre. Le terme où tend la volonté divine est la réalisation de la personnalité ou forme excellente de la vie. Au fond de la raison il y avait donc la lumière aussi bien que les ténèbres, l'aurore de la vie parfaite aussi bien que le désir obscur de la vie en général ; et c'est au contact de la lumière naissante que l'obscur s'est allumé et est devenu le feu. Le désir de vivre est, au fond, la volonté de bien vivre. Le Dieu possible se dédouble ainsi en désir de la vie en général, et en volonté de réaliser la vie parfaite. Ce ne sont plus là deux entités abstraites et idéales, mais deux forces, positives et vivantes l'une comme l'autre. Et ces forces se présentent tout d'abord comme deux énergies rivales, prêtes à entrer en lutte l'une contre l'autre. Car l'amour de la vie, livré à lui-même, pousse l'être à exister de toutes les manières possibles : il ne fait nulle différence entre le bien et le mal, entre le beau et le laid, entre le divin et le diabolique. Au contraire, la volonté de bien vivre et d'être une personne commande un choix parmi les formes possibles de la vie, et exclut celles qui ne sont pas conformes à l'idéal. Le dédoublement du rien éternel en passivité et activité, désir et volonté, n'avait produit que l'opposition toute logique d'un sujet et d'un objet. Le dédoublement de la volonté en volonté négative et en volonté affirmative, en feu et en lumière, en force et en amour a pour résultat une opposition réelle et un commencement de guerre intestine au sein de la divinité. Des deux puissances rivales la première, la force ou la vie en général, est le principe et la mère ; la seconde, l'amour ou la lumière, est la loi et la fin. L'une est le fonds de la nature réelle, l'autre le fonds de la personnalité divine.

Dans cette seconde opposition, Dieu s'éveille à la vie personnelle; mais, placé en face de la nature comme en face d'une puissance ennemie, il n'est d'abord qu'une énergie latente, une pure capacité d'amour et de lumière. Il faut, pour que cette énergie se déploie et se réalise, que l'amour entre en rapport avec la force et lui impose sa loi. Le progrès de la révélation divine appelle ainsi une conciliation des deux contraires qui ont surgi au sein de la volonté. Or, pour que cette conciliation s'opère, il faut premièrement-qu'elle soit posée comme idée et comme but : il faut ensuite que la volonté divine travaille à réaliser cette idée. Mais la conciliation de la force avec l'amour, ou du feu avec la lumière, n'est autre chose que la réalisation de cette sagesse éternelle, que la divinité a formée comme un miroir pour s'y contempler et s'y connaître. Il s'agit donc de faire descendre l'idée des hauteurs vides d'un ciel transcendant, pour la mêler aux forces vivantes et la manifester dans une nature corporelle. La sagesse idéale comme objet à réaliser : tel est le troisième terme qui se superpose aux deux contraires dans lesquels s'est dédoublée la volonté divine.

Comment s'accomplira la tâche nouvelle qui résulte de la position de ces trois termes? Nous sommes ici sur le terrain de la vie : matière, agent et fin sont chacun des êtres doués de force et d'activité. C'est par la coopération de ces trois principes que la conciliation va s'opérer. Si l'amour est une action qui tend à adoucir la force, la force est un mouvement inconscient vers l'amour ; et l'idée elle-même, la sagesse idéale, saisie du désir de vivre, tend pour sa part à sa propre réalisation : la vierge, la compagne de Dieu, aspire à mettre au jour les merveilles divines qui sommeillent en elle. De ces éléments la magie éternelle forme le Dieu personne. La volonté s'attache par l'imagination à l'idée qu'elle se propose de réaliser ; elle la contemple, s'en éprend, brûle de s'unir à elle, la saisit et l'absorbe : elle l'absorbe pour l'engendrer en soi et la produire sous forme de réalité. De son côté l'idée est active et désire l'existence : c'est une âme qui se cherche un corps. Elle va au-devant de la volonté qui l'appelle. L'idée se réalise donc, sous l'action génératrice de l'imagination et du désir : l'esprit, par une opération tout intérieure, sans réalité corporelle préexistante, se donne une nature, une essence et un corps.

Cette réalisation de la sagesse éternelle est une œuvre complexe et merveilleuse qu'il importe de considérer dans ses détails.

Dieu l'accomplit au moyen de sept esprits organisateurs qu'il engendre en vue de ce travail. Ces esprits sont les forces qui naissent au sein de l'élément obscur, sous l'influence de l'élément lumineux, et qui ont pour mission de transformer la volonté qui dit : « non » en la volonté qui dit : « oui », de discipliner et diviniser la nature. Bœhme reprend ici et adapte à son système l'antique doctrine cabalistique des sept essences naturelles, dont la dernière est le royaume divin. Les sept esprits, selon Bœhme, naissent successivement les uns des autres ; et leur succession marque le progrès de la nature vers Dieu. Les trois premiers amènent la nature ou l'élément obscur jusqu'au point où un contact sera possible entre elle et l'élément lumineux. Le quatrième réalise ce contact, et les trois derniers font régner la lumière et l'amour sur la nature soumise et persuadée.

Et d'abord naît dans la volonté le *désir* proprement dit, ou tendance égoïste. La volonté veut être quelque chose. Or elle n'a rien devant elle, dont la possession puisse la déterminer. Elle se prend donc elle-même pour objet, et elle veut tout pour soi. Elle s'imagine alors être quelque chose, et pourtant elle n'est toujours rien que faim et que vide. Cette première essence est l'obscur, le solide, la force de contraction, le sel des alchimistes.

A sa suite se produit le *mouvement*, comme seconde essence ou second esprit naturel. Car, à se prendre elle-même pour objet, alors qu'elle est infinie et vide, la volonté ne peut se satisfaire. Elle se tourne donc vers le dehors et devient l'aigu, l'amer, la douleur, aiguillon de la sensibilité, la force d'expansion, le mercure des philosophes.

Cependant les deux forces qui se sont ainsi produites sont en conflit l'une avec l'autre. La première dirige l'être vers lui-même, la seconde le dirige vers autre chose. De cette opposition résulte, comme troisième essence, l'*inquiétude*, ou mouvement incessant d'une âme qui ne trouve pas son bien en soi et qui ne sait où le chercher. Les deux forces qui sont dans l'âme, la force de concentration et la force d'expansion, se contredisent, et pourtant ne peuvent se séparer l'une de l'autre. Vide en elle-même, l'âme ne peut se fixer dans l'égoïsme : mue par l'égoïsme alors même qu'elle sort de soi et cherche son bien au dehors, elle ne peut atteindre à l'abnégation et à l'amour. Elle se fuit et se cherche. Ce mouvement inquiet est celui de la roue, mouvement qui n'arrive à aucun but et qui cependant se poursuit toujours. La troisième essence a donc pour expression la rotation, ou combinaison de la force centripète et de la force centrifuge. Elle fait le fond du soufre des alchimistes.

La nature, par elle-même, s'élève jusque-là ; mais là s'arrête sa puissance. Elle a secoué le lourd sommeil et la basse quiétude de l'égoïsme, elle a cherché hors d'elle l'objet qu'elle ne trouvait pas au dedans. Mais pour l'œil du corps l'infini extérieur n'est pas moins vide que l'infini interne ; et l'âme n'a réussi qu'à se livrer à deux impulsions contradictoires et à se mettre au rouet. Cette contradiction intérieure d'un être qui cherche le repos par l'agitation est un supplice insupportable ; mais la nature, par elle-même, ne peut y mettre fin. Elle a épuisé ses ressources : rien de ce qui est en elle ne la tirera de sa condition. Le salut ne peut venir que de ce qui est au-dessus de la nature, à savoir de Dieu ou de la liberté éternelle. Mais comment ces deux puissances contraires parviendront-elles à se réunir ?

L'inquiétude qui tourmente la nature a cet avantage de manifester sa faiblesse, de lui crier qu'elle ne peut se suffire et former un tout. L'homme qui connaît sa misère est moins misérable que celui qui l'ignore. Sous l'influence de l'esprit qui plane au-dessus d'elle, la nature ressent bientôt un anxieux désir de la liberté. Un je ne sais quoi dit à l'âme qu'elle doit se donner à ce qui lui est supérieur, qu'en se sacrifiant elle se trouvera ; qu'en mourant à soi-même, elle naîtra véritablement. Et d'un autre côté l'esprit, la liberté ont besoin de la nature pour se manifester et se réaliser. Si la nature pressent dans l'esprit sa loi et son harmonie, l'esprit cherche dans la nature sa réalité et son corps. L'esprit veut exister, comme la nature tend à s'affranchir de la souffrance. Ainsi poussés l'un vers l'autre, l'esprit et la nature se rapprochent. Mais la nature a son mouvement propre et sa force d'inertie. Le désir nouveau qu'elle a ressenti ne fait que poindre en elle et ne modifie pas son habitude. Elle vient donc se heurter contre l'esprit qu'elle cherche et qui descend à elle ; et de ce choc naît un phénomène nouveau : *l'éclair*. Tel est le quatrième moment du progrès de l'existence, la quatrième essence. Ce moment est la manifestation du contact de la nature et de l'esprit. Dans l'étincelle de l'éclair, l'obscur, le grossier, le violent, tout ce qui constitue la tendance égoïste de la nature, est dévoré et rendu au néant. Les ténèbres s'allument et deviennent le feu vivant et manifeste, foyer de la lumière. La nature désormais est assujettie à l'esprit, et capable de le réaliser. Une loi divine s'est accomplie qui s'appliquera désormais à tous les êtres. Toute vie, selon cette loi, implique une double naissance. La souffrance est la condition de la joie, c'est en passant par le feu ou par la croix qu'on arrive à la lumière. *Per crucem ad lucem.* Dans l'ordre intellectuel comme dans l'ordre physique, l'enfantement est précédé par un état de malaise et d'inquiétude. La nature travaille et souffre, et ne se sent pas la force de mettre au jour le fruit qu'elle a conçu. Tout d'un coup cependant, un effort comme surnaturel se produit, la souffrance et la joie s'entre-choquent dans un instant indivisible, l'éclair jaillit, et le nouvel être passe des ténèbres à la lumière. L'enfant de la chair possède désormais sa forme et se développera par lui-même, suivant son idée directrice ; le fruit de l'intelligence n'est plus un chaos d'idées vagues et incohérentes, c'est une pensée consciente et sûre d'elle-même, qui s'engage sans hésiter dans l'expression qui la manifeste.

Avec l'apparition de l'éclair a pris fin la première existence de la nature divine, le développement de la triade négative. En même temps commence le développement d'une triade positive, qui représente l'existence seconde et définitive de la nature. Contraction, expansion et rotation vont se retrouver dans le progrès de cette nature régénérée, mais en un sens nouveau et surnaturel.

La concentration nouvelle est l'œuvre de l'*amour* ou puissance unifiante de l'esprit. Sous son influence, les forces abdiquent leur violence et se complaisent les unes dans les autres. Les passions égoïstes s'éteignent, et à l'unité d'individus prétendant chacun exister seuls se substitue une unité de pénétration, où chacun cherche dans son accord avec le tout la participation à l'unité véritable. L'amour est ainsi le cinquième esprit ou la cinquième essence. Il a son symbole dans l'eau, qui éteint le feu des désirs et qui confère une seconde naissance, la naissance selon l'esprit.

Cependant les êtres ne doivent pas seulement se fondre les uns dans les autres. Leur unification ne peut être une absorption et un anéantissement. Le progrès de la révélation doit rendre perceptible la multiplicité, jusque dans cette unité spirituelle et profonde que confère l'amour. Un sixième esprit apparaît donc, qui dégage les éléments de la symphonie divine, et qui les fait entendre dans leur individualité en même temps que dans leur rapport à l'effet d'ensemble. Ce sixième esprit est la *parole* intelligente ou le son, grâce auquel les voix cessent d'être des bruits indistincts, mais acquièrent la détermination qui les rend saisissables en elles-mêmes et discernables. Comme l'amour était l'unification du multiple, ainsi la sixième essence est la perception du multiple au sein de l'unité même.

Il ne reste plus, pour achever l'œuvre de la réalisation

de Dieu, qu'à rassembler et coordonner toutes les forces qui successivement se sont suscitées les unes les autres. Si le supérieur doit gouverner l'inférieur, il ne doit pas s'y substituer et l'anéantir, car l'inférieur est sa réalité et son existence même ; et, privé de ce soutien, l'élément supérieur se dissiperait dans le vide des espaces transcendants. La lumière n'existe que fixée sur l'obscur. C'est pourquoi un septième esprit apparaît qui, gagnant l'inférieur au supérieur par la persuasion, et faisant descendre le supérieur dans l'inférieur par la grâce, appelle la nature entière, grands et petits, premiers et derniers, à la manifestation de la volonté divine. Cette essence est le *corps* ou l'esprit d'harmonie. Sous son action s'achève enfin la révélation de l'Éternel. La sagesse n'est plus maintenant une idée. Elle est un royaume d'êtres vivants, elle est le royaume de Dieu ou de la Gloire.

C'est ainsi que Bœhme considère comme une réalité et comme une condition essentielle de la vie divine ce ciel incréé, ce royaume du Père, cette gloire de Dieu, dont l'Écriture parle en tant d'endroits et où l'on ne voit souvent qu'une métaphore. Le lis est vêtu de beauté, et d'une beauté qui surpasse la magnificence de Salomon. L'homme a son vêtement de gloire : c'est sa richesse, sa maison, sa puissance, ses honneurs, tout ce qui manifeste son invisible personnalité. Dieu, lui aussi, se révèle dans un phénomène qui n'a d'autre contenu que lui-même, et qui cependant se distingue de lui. La

Gloire de Dieu est son vêtement, sa forme extérieure, son corps et sa réalité : c'est Dieu vu du dehors.

Décrire l'harmonie et la beauté de ce royaume de la Gloire est chose impossible. Ce royaume est tout ce que nous voyons sur la terre, mais dans un état de perfection et de spiritualité où la créature ne peut atteindre. Plus brillantes en sont les couleurs, plus savoureux les fruits, plus mélodieux les sons et plus heureuse la vie tout entière. Avec la pureté de l'esprit les êtres divins ont la pleine réalité du corps. Leur vie n'est pas un désir incomplètement satisfait : c'est l'être dans sa plénitude et dans son achèvement. Surtout c'est l'harmonie, conciliée avec le complet et libre épanouissement de tous les individus. Considérez les oiseaux de nos forêts : ils louent Dieu chacun à sa manière, sur tous les tons et dans tous les modes. Voyons-nous que Dieu s'offense de cette diversité et fasse taire les voix discordantes? Toutes les formes de l'être sont précieuses aux yeux de l'être infini. Mais si dans notre monde éclate la mansuétude divine, à plus forte raison dans le royaume de la Gloire les êtres sont-ils exempts de toute contrainte, puisque tous, dans ce royaume, chacun selon son caractère, non seulement cherchent Dieu, mais le possèdent et le manifestent.

Telle est, dans son achèvement, la nature éternelle, révélation du mystère divin. Elle porte en elle trois principes, qui sont comme les trois raisons ou fondements de détermination issus du rien primordial. Le premier principe est le fonds des trois premières qualités, ou de la nature livrée à elle-même. C'est l'obscur ou le feu latent attendant l'étincelle pour se manifester. Bœhme l'appelle d'ordinaire le *feu*. Le second principe est le fonds des trois dernières qualités, c'est-à-dire de la forme ou expression de la sagesse idéale. C'est le principe de la *lumière*. Chacun de ces deux principes est éternel, et en un sens ils s'excluent l'un l'autre. Le feu n'admet aucune borne et dévore tout ce qu'on lui oppose. La lumière est l'absolu de la douceur et de la joie, la négation des ténèbres, le terme de toute aspiration. Celui-là est la vie du tout ou de l'infini indéterminé, celle-ci est la vie de Dieu ou de l'un excellent et déterminé. Cependant ni l'un ni l'autre de ces deux principes ne peut se suffire. En vain le feu veut-il être le tout : il n'est qu'une partie. En vain la lumière dédaigne-t-elle les ténèbres : elle ne se réalise qu'en se détachant sur l'obscur. C'est pourquoi un troisième principe est nécessaire, qui unisse le premier au second, de manière à produire l'existence véritable. Ce troisième principe est le *corps*. Par lui l'esprit s'incarne dans la matière et devient réel et vivant. Cette union du premier principe au deuxième n'est d'ailleurs pas une absorption complète, et les trois principes demeurent irréductibles. En effet l'opération qui range le feu sous les lois de la lumière n'anéantit pas le fondement même du feu. L'infini de la vie subsiste sous la forme de perfection qui la détermine. Le commandement divin ne s'adresse pas à des esclaves : il veut et trouve des êtres libres. Le feu, la lumière, le corps, c'est-à-dire la vie, le bien, et leur union dans un être réel : tels sont les trois principes de la nature divine.

Gardons-nous maintenant d'identifier cette nature avec le vrai Dieu. Si excellente qu'elle soit, la nature divine n'existe ni par elle-même, ni en vue d'elle-même. Elle est la réalisation des perfections que comprenait l'idée de la sagesse. Elle est la vierge éternelle, descendue, à la voix de Dieu, des limbes du possible dans le paradis de l'existence actuelle. La nature va maintenant rendre grâces à son auteur en lui communiquant sa vie et son existence corporelle. La vierge éternelle, fécondée par l'esprit, enfante désormais ; et le fruit de ses entrailles est le Dieu personne, c'est-à-dire le Dieu qui non seulement se connaît lui-même et se possède, mais se répand en dehors de soi par l'amour et par l'action. Tandis qu'il plaçait devant lui, comme un miroir de sa volonté infinie, la sagesse éternelle ou idée de la divinité, Dieu ne se posait que comme trinité idéale, comme personnalité possible. En se donnant, dans la nature, un contraire vivant, et en pliant ce contraire aux lois de sa volonté bonne, Dieu s'engage dans une différenciation non plus idéale, mais réelle, et par là conquiert la personnalité effective, celle de la trinité chrétienne. La connaissance de soi ne confère que l'existence pour soi : seule l'action engendre l'existence absolue et achève la personnalité.

Or cette action est triple et pose trois personnes, correspondant aux trois principes de la nature. Dieu est d'abord la volonté qui préside à la vie en général ou au feu éternel. En ce sens il est le Père, la puissance, la justice, la colère divine : il est comme la conscience de l'infinie activité vitale. Mais Dieu ne désire pas la vie pour la vie elle-même. Il veut la vie comme réalisation de l'idée, il veut engendrer la parole vivante. C'est pourquoi le Père donne naissance au Fils, lequel est la conscience du deuxième principe ou de la lumière, et veut la subordination de la vie au bien qui en est la raison d'être. Par le Fils, Dieu d'amour et de miséricorde, le feu de la colère est éternellement apaisé. Aussi le Fils est-il plus grand que le Père. Cependant l'existence de la volonté bonne en face de l'universelle volonté de vivre ne suffit pas à réaliser le bien : il faut que ces deux volontés se rapprochent et se concilient, et c'est ce qui a lieu dans une troisième conscience et une troisième personne, d'où découle le troisième principe, et qu'on appelle le Saint-Esprit.

Ainsi, en même temps qu'il forme la nature éternelle et grâce à l'activité même qu'il déploie en la formant, Dieu se pose véritablement comme Père, Fils et Esprit, sans abdiquer pour cela son unité. Par cela même que les trois réalisations de Dieu sont bien des personnes et nullement des choses, elles ne sont pas soumises à cette loi de l'espace et du temps, qui veut que l'unité soit incompatible avec la multiplicité. La personnalité admet la pénétration mutuelle ; bien plus, elle la suppose. Ce n'est que dans son union avec d'autres personnes qu'un être personnel peut se poser comme tel. En tant qu'un être se conçoit comme extérieur à d'autres êtres, il se pose dans l'espace et s'attribue l'individualité, cette ennemie de la personnalité véritable. L'égoïsme est la base de l'individualité : c'est le don de soi-même qui fait la personne.

La génération de Dieu est maintenant accomplie. Dieu est la personnalité parfaite réalisée dans trois personnes dont chacune est à la fois la partie et le tout. Ces trois personnes sont le Père ou conscience de la force, le Fils ou conscience du bien, et l'Esprit ou conscience de l'accord qui s'établit en Dieu entre la force et le bien. Et en face de Dieu, comme son œuvre et sa gloire, se déploie la nature éternelle, où sont réalisés tous les possibles, dans la mesure où ils expriment la perfection divine.

Telle est la doctrine de Bœhme sur la naissance de Dieu. A travers les symboles théologiques et alchimiques dont elle s'enveloppe pour se manifester, n'est-il pas visible qu'elle a une signification et une portée philosophiques ? L'idée maîtresse de cette doctrine, c'est que la personne est l'être parfait et doit exister, et que, par suite, toutes les conditions de l'existence de la personne doivent elles-mêmes être réalisées. De ce principe tout le reste découle. Personnalité, dit Bœhme, suppose pensée et action ; et pour penser et agir il faut être en rapport avec quelque chose d'opposé à soi. A la pensée il faut un objet qu'elle considère et qu'elle s'assimile ; à l'action il faut une matière qu'elle dompte et spiritualise. Cette loi est universelle, et la personnalité absolue elle-même ne saurait s'y soustraire sans contradiction. D'autre part, l'être absolu doit être cause de soi et ne dépendre de rien d'étranger à soi. L'être absolu doit donc, s'il veut être personne, tirer de soi un objet opposé à lui-même, auquel s'applique son intelligence et que modifie son activité. Il faut que la divinité une et infinie se transforme d'elle-même en une dualité, dont l'un des deux termes sera le Dieu véritable, l'autre la nature dont ce Dieu a besoin. Ainsi conçu comme sujet et agent en face d'un objet et d'une matière issus de son propre fonds, Dieu a une tâche à remplir, à savoir la résolution de l'antinomie qu'il a créée en lui-même ; et par l'accomplissement de cette tâche il se réalise en tant que personne. Son action, sa pensée, sa vie et son existence sont dès lors autre chose que l'ombre de la vie et de l'activité humaine : ce sont les types parfaits dont l'existence des créatures ne nous offre que de pâles images.

Qu'est-ce que maintenant que ce système, où Dieu s'engendre lui-même en posant et surmontant son contraire ? N'est-ce pas cette antique doctrine de la Nuit comme premier principe, que déjà Aristote condamnait chez ses devanciers ? Le premier être, disait Aristote, n'est pas l'imparfait, mais le parfait : dans l'ordre des phénomènes, le parfait est postérieur à l'imparfait; mais dans l'ordre de l'être, c'est le parfait qui est le premier et l'absolu. La doctrine de Bœhme, comme celle des vieux théologiens, semble n'être qu'un anthropomorphisme ou un naturalisme. Il a observé, peut-on dire, que chez l'homme l'indétermination précède la détermination, que la lutte est la condition de la vie et du progrès, qu'une image est nécessaire à l'entendement et une matière à la volonté, que l'action de nos facultés consiste à s'assimiler des objets extérieurs ; et il a transporté à Dieu cette condition de l'existence humaine.

Lors même que ce jugement serait fondé, on ne saurait en faire une condamnation pure et simple de la doctrine. Le système de Bœhme ne s'appliquât-il en réalité qu'aux êtres finis, il ne serait pas pour cela sans importance. Il faut pardonner au théosophe de nous renseigner imparfaitement sur l'histoire de la trinité divine, si, croyant nous parler de Dieu, il nous parle de nous-mêmes et nous en parle avec sagacité. Ce grand principe, que la volonté est la base de la vie et de l'existence, et que la vie, à son tour, a, dans la liberté, sa fin et sa raison d'être, ne perdra rien de son intérêt pour ne concerner que le monde créé, au lieu de s'appliquer également au Créateur. Il est certain que ce système étrange, dont la richesse est confusion, et dont l'éclat est fulguration aveuglante, recèle mainte observation modeste et fine de psychologue, mainte réflexion sensée et pratique de moraliste. Bœhme nous l'a dit : c'est au fond de sa conscience qu'il cherche la divinité ; c'est parce que Dieu s'engendre en l'homme que l'homme peut connaître la génération divine. Quoi d'étonnant si sa connaissance de Dieu est avant tout une connaissance de nous-mêmes ?

Il ne s'ensuit pas d'ailleurs que Bœhme soit, au point de vue métaphysique, un pur naturaliste. Sans nous complaire avec lui dans des spéculations sans contrôle possible sur la naissance et le développement de Dieu, nous pouvons du moins remarquer la différence qui existe entre sa doctrine et celle que repousse Aristote. Selon l'antique philosophie du chaos et de l'infini, la génération du parfait par l'imparfait était l'absolue réalité des choses. Pour Bœhme il n'y a pas en Dieu, dans l'absolu, un avant et un après. C'est notre condition d'être finis, appartenant à la nature, qui nous oblige à considérer Dieu au point de vue de la nature et à nous représenter sa vie comme un progrès.

Mais ce n'est pas tout. Le chaos des anciens était une nature donnée, une chose, la plus confuse et indéterminée qui se pût concevoir ; et c'était de cette chose que, par un développement nécessaire, on faisait sortir l'être déterminé et parfait. Le point de vue des anciens était objectif. A la chose entièrement indéterminée, Aristote oppose, sous le nom d'acte pur, la chose entièrement déterminée, tandis que le néo-platonisme, revenant à l'idée de progrès, pose comme premier être une unité qui, supérieure ou inférieure à l'intelligence et à la vie,

innommable et inintelligible, paraît bien n'être encore
que la chose, dépouillée, par le dernier effort de l'abstraction, de la dernière de ses qualités. Tout autre est
le principe de notre mystique théosophe. Chrétien et
spiritualiste, c'est à la personnalité sous sa forme la
plus parfaite qu'il assigne le premier rang. Et du point
de vue où il est placé, l'indétermination, l'infini, le
rien ont un sens tout autre que dans la philosophie
antique. Le rien n'est plus le manque de qualité et
de perfection d'une chose qui ne peut exister que
si elle est déterminée : c'est l'infinie fécondité d'un
esprit qui est par sa puissance même et que n'épuise
aucune de ses productions. Négatif au point de vue
externe de l'objectivité, le principe de Bœhme est
au contraire absolument positif au point de vue intérieur de la vie et de la génération. En lui-même, ce
principe n'est pas l'imparfait, mais le parfait; et le
progrès qu'admet Bœhme, en un sens d'ailleurs relatif
à l'esprit humain, est un progrès dans la manifestation,
non dans la perfection intrinsèque de Dieu. Le système
du monde métaphysique a été retourné : ce n'est plus
l'intelligence qui est suspendue à l'intelligible, c'est l'intelligible qui est suspendu à l'intelligence. Ce n'est plus
le sujet qui tient de l'objet son existence, c'est l'objet
qui existe par le sujet. Si cette substitution s'est produite, c'est que l'homme a découvert, dans ce qui fait le
fond du sujet, dans l'esprit et la volonté, un je ne sais
quoi d'irréductible, qu'il a jugé plus réel dans son indé-

termination et son néant que toutes les réalités tangibles de la substance donnée.

La marche de Bœhme n'est donc nullement celle des pythagoriciens ni même des néo-platoniciens. Le progrès qui va de la volonté à ses opérations ne peut être assimilé au progrès qui va de la chose indéterminée à la chose déterminée. La théologie de Bœhme n'est pas un monisme évolutionniste.

Mais n'est-ce pas en revanche un système dualiste, et ne paraît-il pas que Bœhme n'évite un écueil que pour se heurter à l'écueil contraire ? Comment Bœhme maintient-il la perfection du principe divin, sinon en posant hors de Dieu, comme sujet du mal, un principe ennemi et coéternel ? Et de ce dernier principe, selon lui, Dieu même est solidaire. *Per crucem ad lucem :* c'est la loi divine comme la loi humaine. Point de lumière sans ténèbres, point d'action sans matière, point de sujet sans objet, point de Dieu sans nature. Cette coexistence universelle et nécessaire de deux principes, l'un positif, l'autre négatif, n'est-elle pas justement ce qu'on appelle dualisme ?

Il est certes incontestable que Bœhme voit dans la matière la condition de la manifestation de l'esprit : c'est même là une pièce essentielle de son système. Mais Bœhme n'entend pas pour cela être dualiste. C'est à ses yeux une monstruosité que de faire du mal l'égal du bien, et de la nature l'égale de Dieu. Le principe négatif n'existe pas par soi, mais seulement par l'action du principe positif, qui le suscite pour s'y manifester. Dieu seul est souverain ; et c'est le mouvement interne de la volonté divine qui pose en dehors de Dieu la matière, comme condition de ce mouvement même. La matière est l'aspect extérieur, le phénomène de l'action invisible de l'esprit. Elle fixe dans des formes mortes le jaillissement continu de la lumière vivante. Dépendante de l'esprit quant à son origine, la nature lui est soumise quant à sa destination. Elle a pour fin de lui fournir, en le manifestant, l'objet dont il a besoin pour se saisir et se personnifier. Elle ne résiste à l'esprit que pour lui offrir l'occasion de déployer ses forces : son instinct est une intelligence qui s'ignore, sa passion un désir inconscient de la liberté. Loin donc que la nature soit l'égale de Dieu, c'est à l'appel de Dieu qu'elle commence d'exister ; et le terme de son développement est son exacte adaptation à la volonté de l'esprit.

La théologie de Bœhme côtoie ainsi le dualisme comme elle a côtoyé l'évolutionisme, sans s'y heurter et sans y échouer. C'est qu'au fond Bœhme se propose de trouver un moyen terme entre ces deux doctrines. Selon lui, les anciens mystiques ont eu tort de proscrire tout dualisme. Ils n'ont pu, pour cette raison, réaliser la philosophie de la personnalité qu'ils avaient conçue. Leur Dieu manque des conditions de l'existence réelle, et ne dépasse pas l'existence idéale. Ce n'est qu'en empruntant au dualisme l'idée d'une existence éternelle de la matière comme contraire de l'esprit, et en donnant cette matière pour corps à l'esprit divin, que l'on peut concevoir la personnalité divine comme réellement existante. Mais, d'autre part, le Dieu personne doit demeurer l'être infini en dehors duquel rien n'existe par soi. Le dualisme répugne à la pensée religieuse, qui veut que Dieu ne soit pas seulement une forme et un idéal, mais l'être tout-puissant et indépendant. Il faut donc que la matière ne soit pas un premier être au même titre que Dieu, mais que son existence résulte d'une opération de la puissance divine. Comment la matière pourra-t-elle sortir de Dieu et être en même temps le contraire de Dieu ? Bœhme résout la difficulté en disant que Dieu, pour se révéler, s'objective et se réalise lui-même, et que cet objet et cette réalité extérieure, quoique posés par Dieu, ne se confondent pas avec lui, parce que la volonté qui est le fond de son être est infinie et ne peut se perdre dans ses efforts. Ainsi Dieu lui-même a une nature ou un corps qui n'est pas lui et qui forme son existence réelle ; mais ce corps est posé par Dieu et n'est autre que sa volonté même, vue du dehors. Dans ce phénomène de Dieu le mystère éternel se révèle, sans que jamais la révélation dissipe le mystère. La nature est de l'essence de Dieu, mais Dieu est indépendant de la nature. Ce système est une sorte de spiritualisme concret ou naturaliste.

IV

La connaissance de la genèse divine est la première qui nous soit nécessaire pour arriver à posséder Dieu. Mais elle ne suffit pas. Ce fut l'erreur des mystiques de croire que toute science était comprise dans la science de Dieu. La nature et l'homme ne s'expliquent pas par une simple diminution de l'essence parfaite. Il y a dans les créatures quelque chose qui leur est propre, qui les distingue de Dieu, et qui même leur permet de se révolter contre lui. Le mal, œuvre des créatures, n'est pas un non-être : c'est un être qui dit non ; c'est la haine qui veut détruire l'amour, la violence qui veut briser la loi. Il y a donc une science de la nature, distincte de la science de Dieu. La difficulté est de rendre compte de cette distinction, tout en maintenant le rapport de dépendance qui doit relier toute science à la science de l'être absolu.

Le premier problème que soulève l'existence de la nature est celui de la création. Bœhme ne saurait adopter à cet égard la doctrine appelée communément théisme. Selon cette doctrine, Dieu tirerait le monde du rien absolu, c'est-à-dire le créerait par sa seule volonté infinie, sans y employer aucune matière soit sensible, soit suprasensible. Mais un tel monde serait sans réalité véritable, parce que la réalité n'en serait pas fondée en Dieu. Ce serait un monde purement possible et idéal, comme le principe même auquel il devrait sa naissance : l'intelligence sans matière ne crée que des idées. Dès lors, point de personnalité véritable dans les créatures. Si les uns sont bons et les autres mauvais, si les uns sont prédestinés à la félicité et les autres voués à la damnation, ce n'est pas parce qu'il y a dans les âmes des créatures des énergies vivantes et opposées : c'est parce qu'ainsi l'a voulu le Dieu transcendant aux volontés arbitraires. Idéalisme et fatalisme, telles sont les conséquences de la doctrine théiste.

Mais si Bœhme écarte le théisme, ne sera-ce pas pour tomber dans le panthéisme ? Nous savons qu'il reconnaît en Dieu l'existence d'une nature. Ne sera-ce pas cette nature qui constituera le fonds de la nature visible ? Celle-ci peut-elle être autre chose qu'un développement de celle-là ; et ne faut-il pas dire, avec les panthéistes, que le monde est, sinon Dieu même, du moins le corps et la manifestation de Dieu ?

Une telle interprétation irait, à coup sûr, contre le dessein de Bœhme, lequel se garde du panthéisme plus énergiquement encore que du théisme. Certes, dit-il, en un sens Dieu est tout, ciel et terre, esprit et monde ; car tout a sa source en lui. Mais que devient son immensité adorable, si le monde est la mesure de sa perfection ? Sans doute il a tiré le monde de sa force et de sa sagesse : mais il ne l'a pas formé afin de devenir lui-même plus parfait. Sa perfection est complète indépendamment de toute création. Dieu a formé le monde pour se manifester d'une manière sensible. Que les sophistes ne viennent pas me dire que, par ma doctrine de la nature divine, je confonds Dieu avec le monde. Je ne confonds pas la nature extérieure avec la nature intérieure. Celle-ci est vraiment vivante, et elle est parfaite. L'autre n'a qu'une vie dérivée et demeure imparfaite. Non, le monde extérieur n'est pas Dieu, et ne saurait sans blasphème être appelé Dieu. Dire que Dieu est tout, que Dieu est lui-même et le ciel et la terre et le monde extérieur, c'est parler comme un païen, c'est professer la religion du diable.

Le problème est donc, pour Bœhme, de dériver la matière de l'esprit en évitant le théisme, et de fonder la nature sensible sur la nature divine sans tomber dans le panthéisme. Comment Bœhme résout-il ce problème?

Tandis que la naissance de Dieu était une pure génération, c'est-à-dire une production magique accomplie par l'esprit au moyen de ses deux puissances à la fois homogènes et contraires, sans matière préexistante, la naissance du monde est une création, ou production accomplie par un agent spirituel au moyen d'une matière. L'agent spirituel, c'est le Dieu un en trois personnes. La matière, c'est la nature éternelle. Ni l'un ni l'autre de ces deux principes n'est le monde ni ne le contient. Le Dieu personne, comme tel, est un pur esprit. La nature éternelle est une harmonie parfaite où les êtres, quoique distincts, se pénétrent les uns les autres : c'est une multiplicité dont chaque partie, à sa manière, exprime l'unité du tout. Ces perfections distinguent radicalement Dieu et la nature divine du monde sensible et créé, qui, d'une part, est matériel, et qui, d'autre part, se compose de parties et de fragments extérieurs les uns aux autres. Mais si le Dieu personne et la nature éternelle ne sont pas le monde, ils en renferment les éléments ; et le monde a sa noblesse et sa réalité, en tant qu'il y a en lui quelque chose des perfections divines. Et d'abord Dieu, voyant de toute éternité dans la sagesse les idées des choses, et trouvant dans la nature les forces nécessaires pour réaliser ces idées, a formé le dessein de créer le monde, c'est-à-dire de faire exister d'une manière corporelle ce qui existait en lui d'une manière essentielle, ou encore de faire paraître séparé ce qui, en lui, était ensemble. Il a formé ce dessein par pur amour, sans y être contraint ou obligé en aucune façon. Il n'y a point de raison de la création. Le pourquoi en est mystère et ne comporte aucune révélation. Si la création avait son origine première dans le Dieu manifesté et non dans l'abîme primordial, elle s'expliquerait, elle serait nécessaire et s'imposerait à Dieu. Mais Dieu veut des enfants et non des maîtres. Si le monde est suspendu à Dieu, Dieu n'a nul besoin du monde.

Le monde n'a pas été fait de quelque chose, à savoir d'une matière brute, contraire absolu de la personne. Mais il a été fait de la nature divine, en ce sens que les sept esprits qui composent cette nature ont réalisé sous forme de corps les idées contenues dans la sagesse. Les productions de ces esprits dans le monde de la Gloire étaient des figures aux contours flottants, toutes pénétrées de vie et de spiritualité : c'était l'infini visible dans le fini. Les mêmes esprits fixent maintenant l'idée dans une matière dure et compacte, qui dissimule l'infini qu'elle réalise. Dans le monde de la Gloire il y a équilibre du réel et de l'idéal : dans le monde créé le réel domine.

Telle est la part du Dieu personne et telle est la part de la nature divine dans la création. Mais un troisième ouvrier intervient pour réaliser le monde, et cet ouvrier est la créature elle-même. Comme dans le travail de l'artiste l'œuvre elle-même, qui veut être, seconde par sa vie propre les efforts de la volonté et de l'intelligence, ainsi la créature, à peine amenée au seuil de l'existence par l'union de l'esprit et la nature increée, fait effort pour franchir ce seuil et se déployer en pleine lumière. Tout esprit est une âme qui désire un corps. Or la parole créatrice a eu cet effet de rompre le lien qui maintenait les forces spirituelles dans l'union et l'harmonie. Chacune d'elles, dès lors, veut exister pour elle-même et se manifester suivant sa tendance propre.

Qu'est-ce donc que la création ? C'est l'introduction de l'espace et du temps dans le monde des volontés particulières. Au sein de l'éternité, les volontés, individuelles en elles-mêmes, étaient universelles dans leur objet. Réalisées dans des corps séparés les uns des autres par le temps et l'espace, les volontés sont, par là, détachées du tout et repliées sur elles-mêmes. L'espace et le temps sont ainsi le fondement spécial de la réalité du monde sensible. Il n'y a rien ici qui ne vienne de Dieu ; mais rien de ce qui était en Dieu ne pouvait, par un simple développement, produire cette forme d'existence : c'est par un acte libre et original, par une création véritable que Dieu fait apparaître le monde de la discontinuité et de l'extériorité.

Dieu, par là même, ne s'abîme point dans sa création, pas plus que l'intelligence de l'homme ne s'épuise en se manifestant. La volonté divine est ténue comme un rien. Nul être massif et donné ne peut l'enfermer en soi et l'immobiliser. Le monde, d'ailleurs, ne sort pas de Dieu même, mais de sa gloire, c'est-à-dire de sa forme extérieure. Et cette gloire elle-même, périphérie de la divinité, demeure après la création ce qu'elle était avant. Car si le moins est contenu dans le plus, le plus n'est pas contenu dans le moins ; à plus forte raison l'autre n'est pas contenu dans l'autre. Ni comme sujet, ni comme objet, la divinité ne s'absorbe dans sa manifestation sensible. La création n'est point une transformation de force.

C'est ainsi que Dieu crée à la fois de rien et d'une matière. Le Dieu personne crée avec la nature divine comme matière ; mais la personnalité et la nature divines ont l'une et l'autre leur racine dans le rien primordial, dans le mystère de la volonté infinie.

Qu'est-ce maintenant que Dieu crée, et quelles sont

les parties essentielles du système du monde? Le modèle et les instruments de la création se trouvent, sous la forme de l'éternité, dans la sagesse et dans la nature divines. La création sera la réalisation de cette sagesse et de cette nature sous la forme du temps et de la séparation. Il y a ainsi une relation des choses créées aux choses éternelles, et l'on peut dans une certaine mesure, en se plaçant au point de vue de Dieu, déduire de celles-ci la connaissance de celles-là. Cette déduction est ce qu'on appelle la philosophie de la nature, spéculation qui devait, par la suite, prendre un si grand développement en Allemagne, et dont nous trouvons des rudiments dans la théosophie de Bœhme.

La construction du monde extérieur se fait d'une manière analogue à la construction du monde intérieur et divin. Dans les corps sensibles comme dans la nature éternelle, c'est la personnalité qui se cherche une manifestation : la seule différence, c'est que cette manifestation, qui s'accomplit pleinement dans la nature éternelle, demeure nécessairement incomplète dans la nature sensible. Il y aura donc dans le monde trois principes, correspondant aux trois principes divins, le feu, la lumière, et la réunion de ces deux principes dans la corporéité. Du premier et du second, sans faire appel au troisième, Dieu forme les anges, lesquels sont encore aussi voisins de la perfection divine que le comporte la condition d'être créé. Les anges sont de purs esprits Mais ils n'existent pas par eux-mêmes, et leur corps, quoique spirituel, est plus dur et plus compact que le corps glorieux de la divinité. Les anges ne sont point encore placés dans le temps : ils jouissent d'une éternité dérivée, qui est intermédiaire entre l'éternité absolue et la succession de parties indépendantes les unes des autres. En même temps que des deux premiers principes Dieu a formé les anges, il a, du troisième, formé une nature terrestre, plus concrète et matérielle que la nature divine, mais encore soumise à l'esprit et relativement harmonieuse. Cette nature est gouvernée par les anges. Tous ces êtres ont été créés pour qu'en se réfléchissant sur des surfaces plus dures la lumière divine parût plus brillante, pour que le son résonnât plus clair, pour que le royaume de la joie s'étendît en dehors du cercle de la gloire divine. Non que la manifestation de Dieu en devienne plus parfaite, car c'est au prix d'une diminution de l'harmonie que telle ou telle qualité devient ainsi plus vive. Mais il convenait à la puissance et à l'amour infinis de réaliser les possibles qui, sans trouver place dans la nature divine, présentaient encore de la perfection.

Pour accomplir leur destinée, les anges doivent aller du Père au Fils, de la colère à l'amour, à l'exemple de Dieu lui-même. Ils ont d'ailleurs été créés libres. Ils se déterminent, comme Dieu, sans contrainte extérieure. Ils sont maîtres de leurs résolutions. Or, tandis qu'une partie des anges a conformé son libre arbitre à la volonté divine, une autre s'est révoltée contre Dieu.

Lucifer est le chef de ces anges rebelles et le premier auteur du mal : il a péché librement, d'après sa volonté propre et sans contrainte.

Le péché s'est réalisé de la manière suivante. Composé de nature et d'esprit, Lucifer a, par sa libre volonté, fixé son imagination sur la nature. Sous le regard de cette magicienne, la nature s'est transfigurée : d'obscure elle est devenue brillante ; défectueuse, elle s'est parée de toutes les perfections simples ; partie, elle s'est enflée jusqu'à apparaître comme le tout. De cette idole l'âme de l'ange s'est éprise, et elle l'a désirée exclusivement. Par là même elle a renié Dieu et s'est séparée de lui.

L'enfer alors a été créé. Lucifer a obtenu ce qu'il voulait : la séparation ; il a obtenu ce résultat, non par l'intervention transcendante de Dieu, mais par l'effet immédiat de la colère ou de la nature, à laquelle il s'était voué. L'enfer, c'est le principe des ténèbres, la nature, la force, la vie pure et simple, livrée à elle-même, opposée dès lors contradictoirement à l'amour et à la lumière, et privée par là de toute direction, de tout gouvernement, de toute harmonie. L'enfer est la vie qui n'a d'autre fin que de vivre. Grâce à Lucifer, la voilà déchaînée

Ce n'est pas tout. Lucifer a été créé éternel. Le désir de la vie et le désir du bien que Dieu avait mis en lui n'avaient point pour support commun un corps sensible soumis à la succession, et, par suite, capable de rompre avec ses habitudes. Le libre arbitre d'un pur esprit s'épuise dans un acte unique. La faute de Lucifer est donc irrémédiable. Nulle conversion n'est pour lui possible, car il n'est plus que feu et colère, et la lumière n'a plus de prise sur lui. L'enfer qu'il a créé est éternel comme sa volonté même.

Cependant la nature terrestre que gouvernent les anges subit le contre-coup de leur faute. La confusion s'y introduit. L'amour en étant exilé, le lien qui retenait les forces se brise, et chacune d'elles s'échappe suivant son caprice. Ce n'est plus l'unité personnelle où les parties sont les organes d'un tout, c'est la multiplicité individuelle, où chaque partie se considère comme le tout, à l'exclusion des autres.

Telle est maintenant la nature : la terre est informe et nue, les ténèbres couvrent la face de l'abîme. Mais l'esprit de Dieu flotte sur son œuvre bouleversée, et le Père résout d'accomplir une création nouvelle en retirant la nature de la nuit où elle est tombée. Cette création est celle qu'a racontée Moïse. Dieu dit : « Que la lumière soit ! » et la lumière se sépara d'avec les ténèbres. En sept jours, conformément au nombre des esprits divins, Dieu rétablit la nature dans son harmonie. Il ne détruisit pas purement et simplement l'œuvre de Lucifer. Il donna à la nature une arme contre le mal et un instrument de régénération, à savoir le temps. Grâce à la succession, concevoir n'est plus agir, et la volonté peut s'arrêter au bord du précipice. Même acccompli, l'acte n'épuise plus l'activité. Ni les bons ne sont désormais fixés dans le bien, ni les mauvais dans le mal. Au temps est lié l'espace, qui rend les individus relativement indépendants les uns des autres. Et la vie dans l'espace et dans le temps a pour sujet la matière sensible ou matière proprement dite.

Le terme et la perfection de la création est l'homme, concentration harmonieuse et excellente des trois principes. Il y a en effet trois parties dans l'homme : l'âme ou puissance infinie du bien et du mal, l'esprit ou intelligence et volonté droite, et le corps ou réalité concrète. De ces trois parties, la première répond au principe de feu, la deuxième au principe de lumière, la troisième au principe d'essence ou de réalité. Les trois principes sont manifestés dans l'homme avec toute la perfection que comporte l'existence dans l'espace et le temps.

Le devoir de l'homme est de subordonner en soi le premier et le troisième principe au second, c'est-à-dire la volonté et l'action à la loi du bien ; et sa fin est d'engendrer le roi de la nature, que Dieu a résolu de susciter pour détrôner Lucifer. Comme Dieu le Père veut éternellement engendrer son cœur et son fils, ainsi l'âme doit fixer sa volonté dans le cœur de Dieu. Adam doit être la semence du Christ. La tâche dévolue à l'homme n'est d'ailleurs point purement spirituelle. Le paradis où il est placé et qu'il doit faire fleurir, est une nature sensible. C'est en travaillant à tirer de cette nature et à produire au grand jour tous les trésors qu'elle renferme, que l'homme prépare l'avènement du Fils. Le monde qui se développe dans l'espace et dans le temps se compose d'individus séparés les uns des autres : il s'agit d'unir ces individus dans un commun hommage rendu à l'Éternel, et, sans effacer leurs caractères propres, de les élever au partage de l'absolue personnalité.

Cette destinée est prescrite à l'homme, mais ne lui est pas imposée. Sa volonté est libre. Il y a en lui feu et lumière, violence et douceur, égoïsme et abnégation ; il y a, de plus, comme un effet de sa nature terrestre, une volonté temporelle, placée entre ces deux principes et capable de se tourner vers l'un ou l'autre. L'homme possède donc toutes les conditions de la liberté, et il peut, selon qu'il lui plaît, s'abîmer en soi ou se trouver effectivement en renonçant à soi.

De ce pouvoir comment a-t-il usé? C'est là une question de fait, à laquelle répondent la tradition et l'expérience. Or nous savons que l'homme, à l'exemple de Lucifer, a désobéi à Dieu et est déchu de sa noblesse primitive. La faute, selon le récit mosaïque interprété à la lumière de l'esprit, s'est accomplie de la manière suivante :

Lâchant la bride à son imagination, l'homme s'est mis à contempler et admirer la nature, de préférence à Dieu. Peu à peu il a paré son idole de toutes les perfections dont il avait l'idée : il en a fait le tout et la divinité. Alors il s'en est épris et il a brûlé de l'engendrer telle qu'il la voyait dans son imagination. Oublieux des droits de l'esprit, il a voulu que la nature fût, sans entraves, tout ce qu'elle pouvait être. Bientôt l'idée, selon la loi de l'être, d'image et de désir est devenue corps ; la nature a proclamé son autonomie, et l'homme est tombé sous l'empire de ces forces violentes et égoïstes qu'il avait déchaînées. Telle est l'histoire abrégée de la faute. Mais le texte sacré nous permet d'en distinguer les phases et d'en marquer le progrès.

Le point de départ fut le désir de connaître les choses, non plus dans leur union et leur harmonie, telles que Dieu les a faites, mais en les séparant, en les analysant, en leur prêtant une individualité factice. L'homme voulut savoir ce qu'étaient en soi le chaud et le froid, l'humide et le sec, le dur et le doux et les autres qualités, prises isolément. De la vie, qui organise, il voulut chercher le secret dans la mort, qui fige et disperse. Le fruit divin, la connaissance concrète, n'eut plus pour lui de saveur et d'attrait : il voulut goûter à la connaissance abstraite et morcelée, au fruit de la nature terrestre. Alors, la nature répondit à son désir en objectivant ce désir même sous la forme de l'arbre de la science du bien et du mal. Cet arbre de tentation n'est autre que la réalisation sensible de la volonté de connaître le bien et le mal séparément, en tant qu'opposés et contradictoires. Grâce à lui, l'homme voit devant soi le bien et le mal comme deux choses extérieures l'une à l'autre, selon la condition des objets situés dans l'espace : et il peut embrasser celui-ci à l'exclusion de celui-là. Le fait d'avoir suscité l'arbre de la science analytique est le premier péché, celui de l'entendement. C'est une pente dangereuse, car voici que l'homme conçoit maintenant le mal et, par suite, est susceptible de le vouloir; mais ce n'est pas encore la chute, puisque l'homme possède la faculté de choisir entre le bien et le mal.

Cependant, à la première tentation en succède une seconde. Jusqu'ici Adam avait pour compagne la vierge éternelle; jusqu'ici l'image de Dieu ou l'idéal était l'objet de sa pensée. S'étant mis à considérer les choses du point de vue de l'analyse, sous leur forme terrestre, il s'éprit du monde de forces et d'instincts qui dès lors s'offrait à son regard. Il voulut vivre de la vie animale, et se reproduire à la manière des bêtes. Devant la passion qui s'allumait en lui, l'image de Dieu s'effaça, la vierge s'envola. Alors Adam s'endormit : car il n'en est pas de l'image du monde comme de l'image de Dieu. L'image de Dieu, qui ne dort pas, tient constamment en éveil l'esprit qui la contemple. Mais l'image du monde, qui est sujette à la succession, fatigue la vue et engendre le sommeil. Un changement de condition se produisit alors. L'homme s'était endormi dans le monde des anges et de l'éternité : il se réveilla dans le temps et dans le monde extérieur. Et il vit devant lui, sous la forme d'une femme créée par Dieu pendant son sommeil, l'objectivation humaine de son désir terrestre. Comprenant que la femme venait de lui, l'homme chercha à se réunir à elle, et à s'y réunir selon le corps.

C'est le second péché, celui de la sensibilité. L'homme a fait un pas de plus vers la perdition. Il n'est pas déchu cependant, car les désirs de la chair eux-mêmes n'ôtent pas à l'homme la possession de soi, et sa volonté lui reste.

La chute que n'a réalisée ni la perversion de l'intelligence ni celle de la sensibilité, sera consommée par la perversion de la volonté. Le diable souffla à l'homme le désir de vivre de sa volonté propre, de se suffire, de se faire Dieu. L'homme consentit à la tentation, et, par la désobéissance, se posa en face de Dieu comme son égal. Dès lors il ne fut plus seulement incliné vers le mal, il s'y précipita. Il devint ce qu'il avait voulu être, mais en un sens contraire à celui qu'il avait imaginé. Il devint dieu, non le dieu d'amour, de lumière et de vie qui seul est le vrai Dieu, mais le dieu de la colère, des ténèbres et de la mort, qui n'est que la personnification sacrilège et diabolique du fonds mystérieux de la divinité.

L'homme alors fut maudit, ou plutôt il se déclara lui-même l'enfant du diable. Sa volonté, mauvaise d'elle-même, le détacha de Dieu et le voua à la colère. Par suite de cette malédiction, le monde, dont l'homme était le résumé et le moteur, passa de l'état d'harmonie à l'état de dispersion individuelle. Chaque être prétendit y vivre pour soi et s'y développer sans souci des autres. La lutte pour la vie en devint la seule loi.

L'homme, toutefois, ne fut pas condamné par Dieu à tout jamais, comme l'avait été Lucifer; car les conditions de la faute étaient différentes. Le diable était, lui seul, la cause totale du péché qu'il avait commis. Avant lui, en effet, le mal n'existait pas ; mais seulement la possibilité du mal. Lucifer avait, de cette possibilité, formé le mal dans tout ce qu'il renferme, dans sa matière ainsi que dans sa forme : il était l'auteur des motifs qui l'avaient tenté, comme de la détermination qu'il avait prise d'après ces motifs. Tout autre était la situation de l'homme. Avant lui le mal existait déjà comme réalité donnée, et, avec le mal, la pente vers des fautes nouvelles. C'est sur la sollicitation de Satan que l'homme a péché. Si la décision qu'il a prise lui appartient, les motifs de cette décision ne sont pas en œuvre. Ils étaient en lui comme des instincts, comme une nature préexistante. L'homme ainsi est responsable de sa seule détermination, non des motifs auxquels il a cédé. C'est pourquoi la faute d'Adam, qui certes serait mortelle si l'homme était abandonné à lui-même, n'est pas irrémédiable. Il est possible, sinon à la justice, du moins à la miséricorde divine d'opposer, au sein de l'âme humaine, aux sollicitations mauvaises la tendance vers le bien, et de donner à la volonté de l'homme, laquelle est temporelle, la faculté de revenir sur sa résolution. Dieu, maintenant, va-t-il venir en aide à l'homme révolté contre lui? Enverra-t-il à l'homme un rédempteur et un sauveur? C'est ce que nulle nécessité ne commande ni n'exclut, et ce qui se décidera dans les profondeurs mystérieuses de la volonté infinie.

V

Dieu, qui déjà avait restauré l'harmonie du monde troublée par Lucifer, résolut d'appeler l'homme à la régénération. Le bien et le mal étaient maintenant en présence l'un de l'autre, non seulement dans l'éternité, mais dans le temps : Dieu décida de provoquer, dans la mesure où elle était possible, la réconciliation de ces deux principes. Selon les décrets divins antérieurs à la faute de l'homme, le Fils devait naître un jour sous la forme humaine, afin que la parole fût manifestée dans le temps. L'homme s'étant livré au diable et à la colère, Dieu décréta que la venue du Christ serait, non seulement celle d'un consommateur de la perfection humaine, mais encore celle d'un rédempteur et d'un sauveur. Il prépara cette venue par la suite des événements que raconte l'Ancien Testament, et il donna enfin son Fils au monde pour y être couronné d'épines et crucifié. *Per crucem ad lucem!* Le Christ est une créature humaine, et il est le Fils de la Vierge éternelle. En lui la mort est vaincue. Qui souffre avec lui, avec lui est glorifié

Mais il nous faut examiner de plus près comment se réalise par Jésus-Christ le salut de l'homme.

Quand la raison entend parler de Dieu, de sa nature et de sa volonté, elle s'imagine que Dieu est quelque chose d'éloigné et d'étranger, qui habite en dehors de ce monde au-dessus des étoiles, et qui ordonne les choses mécaniquement, à la manière d'une force située dans l'espace. Dès lors la raison, assimilant Dieu aux créatures, lui prête un mode de pensée et d'action analogue à celui de l'homme. Elle croit que Dieu, avant la création, a délibéré en lui-même pour savoir quelle place il assignerait à chaque créature. Et elle suppose que Dieu a décidé d'appeler une partie des hommes à la joie céleste pour manifester sa grâce, et de vouer l'autre partie à la damnation pour manifester sa colère. Dieu aurait ainsi fait, de toute éternité, une différence entre les hommes, pour déployer sa puissance dans le sens de la colère comme dans le sens de l'amour.

Il y a certes une élection de la grâce, mais elle ne saurait se produire de la manière que la raison imagine. Si Dieu délibérait et se décidait comme nous, s'il gouvernait les choses du dehors, il serait divisé avec lui-même, il changerait, il ne serait pas éternel. Comment d'ailleurs Dieu pourrait-il vouloir damner une partie de ses créatures ? Dieu est amour et veut le bien de tous les êtres. L'élection et la damnation ne sont pas le fait d'une volonté extérieure à l'homme. L'homme est libre, absolument libre ; car la racine de son être plonge dans le fonds éternel et infini des choses. La volonté humaine n'a rien derrière elle qui puisse la contraindre. Elle est, elle-même, le premier commencement de ses actions. C'est de cette liberté même que résulte l'élection ou la damnation. Par elle, l'homme peut se tourner, selon qu'il lui plaît, vers la lumière ou vers les ténèbres, vers l'amour ou vers l'égoïsme : l'homme peut faire de soi un ange ou un diable. Il porte en lui-même son paradis et son enfer : le paradis et l'enfer extérieurs ne sont que des symboles de la bonne et de la mauvaise volonté. Non que l'homme se suffise à lui-même et se passe de la grâce divine. Son bon vouloir n'est qu'une prière, inefficace sans le secours de Dieu ; et cette prière même, Dieu a prévu de toute éternité qu'il la ferait ou ne la ferait pas. Mais les actions libres demeurent telles dans la prescience divine, laquelle, au sein de l'abîme primordial, ne se distingue pas du fonds commun de toutes les volontés.

Le premier signe et le premier effet de l'élection, c'est la foi. La foi, comme l'élection, est souvent mal comprise. Chacun se vante d'avoir la foi. Où est-elle en réalité ? La foi d'aujourd'hui n'est qu'une histoire apprise par cœur. Où est l'enfant qui croit que Jésus est né ? S'il le croyait, il s'approcherait de l'Enfant-Jésus, le recevrait et le soignerait en lui-même. Mais non : il ne connaît que l'enfant historique ; il trompe sa conscience avec une vaine érudition. Jamais on n'a tant parlé de foi, jamais la vraie foi ne fut aussi malade. En voulez-vous la preuve ? Jamais on ne s'est autant disputé, jamais on ne s'est autant jugé et condamné les uns les autres. Est-ce que Dieu juge et condamne les oiseaux de la forêt parce que chacun d'eux le loue à sa manière, sur un autre ton que les autres ? Est-ce que l'infinie puissance de Dieu ne comporte pas une infinie variété d'hommages ? Vous êtes, vous qui persécutez vos frères, plus inutiles que les fleurs de la prairie, plus fous que les bêtes inintelligentes. Vous êtes les oiseaux de proie qui effraient les autres oiseaux et qui les empêchent de chanter les louanges de Dieu. Croire en Jésus-Christ à un point de vue historique est chose aussi utile que de croire à une fable. Que de Juifs et de Turcs sont plus chrétiens que ces faux chrétiens, qui savent ce qu'a fait Jésus et qui font ce que fait le diable ! Mais, dira-t-on, nous croyons à la parole. Il faut entendre ce qu'est la vraie parole. L'Écriture est utile, mais l'Écriture n'est pas la parole, elle n'en est que la trace effacée et muette. La parole est vivante, car elle porte l'esprit. Nulle formule ne peut l'embrasser, elle est infinie comme Dieu. C'est pourquoi la vraie foi est en définitive la volonté droite, librement soumise à la loi de l'esprit. Elle consiste à renouveler en soi la naissance et la vie du Christ, son baptême, ses tentations, ses souffrances et sa mort. Imiter le Christ, voilà la marque des enfants de Dieu. Le vrai chrétien n'est ainsi d'aucune secte. Il peut vivre dans une secte, il n'en dépend pas. Sa religion est intérieure et ne peut être contenue dans aucune forme.

La foi, ainsi conçue, est le commencement de la régénération. Que faut-il penser des moyens extérieurs que les Églises y ajoutent ? D'une manière générale, les œuvres, par elles-mêmes, ne sont rien ; et l'Église catholique romaine, qui leur attribue une valeur, est la

Babel du monde chrétien. Erreur aussi de croire que la foi nous sauve en tant que, grâce à elle, les mérites du Christ nous seraient appliqués du dehors, comme une forme nouvelle peut être donnée à une matière passive. Une telle opération ne changerait pas le fond de l'âme, ne serait pas une seconde naissance. La foi ne saurait nous sauver par une opération théurgique enchaînant à notre profit la justice divine : elle ne nous sauve que par la grâce sanctifiante qu'elle porte en elle, et qui engendre en nous, du dedans, la pénitence et le Christ rédempteur. Justification est sanctification. Ce n'est pas l'objet de la foi qui nous régénère, c'est la foi elle-même.

C'est pourquoi nul moyen particulier de régénération n'est efficace si la foi n'en est l'âme. La vraie prière n'est pas la demande passive de l'assistance divine, c'est l'acte d'humilité de la volonté qui reconnaît son indigence et qui va à Dieu comme à sa nourriture ; c'est l'âme appelant et recevant la grâce sanctifiante. La vraie prédication n'est pas l'enseignement donné spécialement par le prêtre ou même par la Bible. Toute créature enseigne le fidèle qui voit et entend avec l'esprit. Les sacrements ne sont pas des secours qui surviennent à l'homme sans qu'il y mette du sien. Le vrai sacrement est la grâce divine descendant vers l'âme : l'âme ne se l'approprie que par la foi. Et la régénération, objet de la prière, de la prédication et des sacrements, n'est pas une nature nouvelle se greffant sur l'ancienne : c'est, au fond de la nature, l'esprit qui se réveille et se déploie ; c'est, par le renoncement au moi individuel, la personne qui se crée, c'est l'homme intérieur qui se substitue à l'homme extérieur.

Quelle est maintenant la vie de l'homme régénéré ? N'est-ce qu'une apathie et une indifférence, une pure réflexion de l'esprit sur lui-même, un anéantissement au sein du rien primordial ? L'esprit, on le sait, n'est pas ce rien inerte, à la conception duquel aboutit la logique humaine par la suppression des différences. Tout être intérieur tend à devenir extérieur, tout infini est le désir d'une forme, tout mystère est un effort pour se révéler, tout esprit est la volonté de devenir un corps. Ainsi en est-il des vertus chrétiennes. Elles ne restent pas à l'état d'abstractions : elles se développent et se manifestent. Elles se manifestent par un complet renoncement à soi et un abandon complet à la volonté de Dieu, par l'humilité, l'amour des hommes, la communion des âmes à travers toutes les différences extérieures, par l'empire sur la nature, c'est-à-dire sur les désirs terrestres, et par la joie, cet avant-goût de l'éternité. Pour ce qui est de l'homme ancien et extérieur, l'homme nouveau ne le détruit pas, mais il se garde de s'oublier en lui. Tu vis dans le monde, chrétien ! tu y exerces un métier honorable. Demeures-y, agis, travaille, gagne l'argent qui t'est nécessaire ; fais produire aux éléments tout ce qu'ils peuvent produire ; cherche dans la terre l'argent et l'or, fais-en des œuvres d'art, bâtis et plante.

Tout cela est bien. Mais écoute cet A B C de la sagesse :
Ne mets pas ton âme dans cette vie extérieure. N'enchaîne pas dans cette prison ton libre esprit. Si tu gardes ta liberté, tout te réussira dans le monde. Car tout, pour qui sait entendre, chante les louanges de Dieu. Les fautes mêmes que pourra commettre ton compagnon terrestre n'atteindront pas ton âme et lui seront utiles. Une action n'est pas une habitude, et un arbre vigoureux se redresse sous le vent qui le fouette. En voyant faillir l'homme extérieur, tu comprendras mieux combien la nature est faible et combien grande et puissante est la miséricorde divine. Mais que l'homme ne s'imagine pas que, dans sa vie terrestre, il puisse jamais être dispensé de la prière et de l'effort. L'homme est et demeure libre, et n'est, en conséquence, jamais confirmé dans le bien. Le temps ne peut contenir l'éternité. Si forte que soit notre attache à Dieu, nous demeurons sous la puissance du diable. La lutte contre le mal est, jusqu'au bout, notre condition en ce monde. Que nous nous relâchions, et la nature nous ressaisit : la forme où se réalise l'esprit l'enserre et l'emprisonne, dès qu'il cesse d'agir. Il nous faut à tout instant nous reprendre, renouveler notre naissance nouvelle, recréer Dieu en nous. Et ce n'est qu'au terme de notre vie que, développé par nos constants efforts, se dresse indéracinable l'arbre de foi, d'espérance et d'amour.

Ainsi se prépare, dans le monde du temps, le rapprochement du bon et du mauvais principe et la reconstitution consciente et définitive de l'unité primordiale. Toute fin tend à rejoindre son commencement, mais en remontant plus haut, jusqu'au point fixe d'où dépend ce commencement même. Tant que l'homme est un corps terrestre, il peut et doit choisir. Mais avec sa nature temporelle disparaît la contingence de ses actions. La mort l'introduit dans l'éternité. Le fruit de ses libres déterminations est maintenant mûr : il se détache ; et ce qu'il est, il l'est définitivement. L'homme donc, selon la nature qu'il a créée en lui, appartient désormais à Dieu ou au diable. Son libre arbitre s'est changé, soit en liberté et en amour, soit en caprice et en violence.

La fin dernière des choses est ainsi le dualisme définitif du bien et du mal, en tant qu'œuvres de la volonté libre. À l'origine, Dieu a engendré le bien et le mal en tant que possibles, c'est-à-dire qu'il a créé les conditions et les matériaux des bonnes et des mauvaises actions. De la manière dont se sont comportés les êtres libres est résultée, en fait, la réalisation des deux possibles que Dieu avait formés. Des deux côtés l'être a passé par trois phases : le possible, le fait contingent, la détermination définitive. C'est en traversant la volonté consciente que l'idée est devenue chose, le possible nécessaire. Le royaume de Dieu est l'harmonie désormais indestructible de l'esprit et de la nature. Les individus y subsistent, et continuent à se distinguer les uns des autres, sans quoi il n'y aurait plus de nature ; mais ils vivent sans lutte, chacun selon son caractère : ils subsistent par l'amour seul et n'ont que faire de la haine. Ils ont conquis la véritable unité, laquelle n'est pas un rapprochement extérieur pratiqué en vue de la satisfaction des intérêts égoïstes, mais la participation commune des âmes individuelles à la divine personnalité. Dans le royaume du diable, au contraire, la volonté de vivre a définitivement secoué toute loi et toute direction. Elle a ce qu'elle voulait : la vie comme unique fin de la vie. Dès lors, nulle harmonie, nulle bonté, nul amour. L'égoïsme et l'anarchie règnent sans partage. L'individu est son maître ; et cette souveraineté, qui repose sur la révolte et non sur l'obéissance, est la lutte sans fin et le tourment infini.

VI

Avec l'exposition des fins dernières de toutes choses s'achève la doctrine de Bœhme. Cette doctrine se présente à nous comme l'histoire métaphysique de l'Être, aperçue par l'intuition au fond de son histoire physique. Partis de l'éternel, nous sommes, à travers le temps, revenus à l'éternel. Le cercle est refermé : la révélation est accomplie.

Qu'est-ce maintenant que cette doctrine qui, chez son auteur, s'appelle : l'aurore naissante, l'explication du mystère céleste et terrestre, l'exposition de la genèse de Dieu et de toutes choses, et, d'une manière générale, le christianisme interprété selon l'esprit?

Nul doute que ce ne soit tout d'abord une doctrine religieuse ; et il est naturel que Bœhme compte surtout des disciples parmi les théologiens. Mais serait-il légitime de s'en tenir à la lettre de la doctrine pour juger celui qui ne cessa de répéter que la vérité est dans l'esprit, non dans la lettre, et que le propre de l'esprit, c'est d'être à tout jamais inexprimable ? Evidemment, par cette seule théorie, Bœhme rejette déjà au second plan la religion proprement dite, inconcevable sans quelque révélation donnée, sans quelque fait positif, pour placer au premier la philosophie, ou, si l'on veut, la religion en tant qu'elle se confond avec la philosophie. Et en effet, pour qui lit les œuvres de Bœhme ainsi que lui-même nous prescrit de les lire, en y cherchant le sens spirituel sous les figures sensibles et intellectuelles, les doctrines d'un caractère philosophique transparaissent à chaque pas sous ses effusions religieuses.

Les mystères théologiques de la Trinité, de la chute, de la Rédemption sont à coup sûr les sollicitations qui l'excitent à réfléchir. Mais sous ces mystères il voit le problème de la conciliation du fini et du mal, comme réalités positives, avec l'infinie personnalité comme source première et unique de l'être. Et la manière dont il résout ce problème est certainement une métaphysique sous l'enveloppe d'une théologie. Du fini et du mal dont nos sens constatent l'existence sont distinguées les conditions suprasensibles de la nature finie et de l'action mauvaise; et ces conditions sont déduites de la volonté divine, en tant que cette volonté veut se manifester et se poser comme personne. Point de manifestation sans opposition. Dieu pose donc son contraire, afin de se saisir, en se distinguant de lui et en lui imposant sa loi. Ce contraire, ou nature éternelle liée à l'existence même de Dieu, sans être lui-même le fini et le mal, en fonde la réalité. Le fini est la dissémination librement opérée par Dieu, au moyen du temps, des essences contenues dans la nature divine. Le mal, c'est la nature, laquelle n'est qu'une partie, posée comme le tout par la volonté libre des êtres créés. Le fini et le mal, en définitive, se déduisent, quant à leur matière, des conditions d'existence de la personnalité, tandis que, pour ce qui est de la forme et de la réalisation sensibles, ils résultent de la libre initiative de la volonté. Ainsi le monde est tout autre chose qu'un simple non-être ou que l'effet sans consistance d'un acte de volonté arbitraire : il a une réalité, une existence interne et véritable : il n'est pas Dieu, mais il est fondé en Dieu : il repose sur la nature même dont Dieu a besoin pour se manifester.

On ne saurait nier qu'il y ait dans ces idées, clairement exprimées par Bœhme à travers toutes ses métaphores, les germes d'un système philosophique. Mais quelle est la valeur et la signification de ce système ? N'est-ce pas une œuvre isolée, sans relation importante avec l'histoire générale de la philosophie ?

Il faut bien le dire : si l'on excepte le célèbre philosophe inconnu, saint Martin, le théologien catholique Baader, et Schelling dans la dernière phrase de sa philosophie, les philosophes de profession, lorsqu'ils ont lu Bœhme et qu'ils l'apprécient, lui décernent de vagues éloges plus qu'ils ne cherchent à s'assimiler ses doctrines. Les idées de saint Martin n'ont guère trouvé en France que des historiens ; et les Allemands ont surtout développé la philosophie intellectualiste issue de Leibnitz, de Kant et de Spinoza, laquelle repousse et la réalité absolue de la nature, et le libre arbitre de la volonté, ces pièces essentielles du système de Bœhme.

Mais sur ce point encore gardons-nous de nous en tenir aux apparences et aux détails. Deux traits, en somme, caractérisent principalement les spéculations de notre théosophe : le spiritualisme, posé comme vérité fondamentale, et le réalisme admis sur la foi de l'expérience et rattaché par voie de déduction au principe spiritualiste. D'une part, Bœhme tient que l'esprit seul est le premier être et l'être véritable : l'esprit, c'est-à-dire la liberté infinie qui se crée des objets et des formes, et demeure infiniment supérieure à toutes ses créations, l'être insaisissable qui est partout par son action et qui lui-même ne peut être réalisé et devenir objet d'expérience ; la personne parfaite enfin, existence vivante et vraiment métaphysique, dont toute existence donnée et déterminée ne peut être que l'imparfaite manifestation. Mais, d'autre part, Bœhme est réaliste. Il n'admet pas que le multiple et le divers soient un vain fantôme de l'imagination, ou l'effet purement phénoménal d'une cause transcendante ; il n'admet pas que le mal ne soit qu'un moindre bien. La nature a son propre principe d'existence, contraire à celui de l'existence spirituelle. Le mal est une force vivante qui tend à détruire le bien. Poser le spiritualisme comme thèse, le réalisme comme antithèse ; et, dans une synthèse, concilier la réalité des objets de l'expérience avec la primauté de l'esprit : telle est l'œuvre de Bœhme.

Telle est aussi, en définitive, le fond des principaux systèmes allemands. Pour les Leibnitz, les Kant, les Fichte, les Schelling et les Hegel, c'est l'esprit qui est l'être, et l'esprit est l'infini vivant que nulle forme ne peut contenir. Mais pour tous ces philosophes le monde a une réalité propre, réalité qui est pour l'esprit une pierre de scandale, et qui cependant doit être déduite de la nature de l'esprit. C'est dans cette antinomie de l'esprit comme principe et de la matière comme réalité que se débat la philosophie allemande ; et la monadologie, l'idéalisme transcendantal, la philosophie de l'absolu, l'idéalisme absolu, ne sont que les solutions diverses d'un seul et même problème. Ce n'est pas tout. Idéalisme et réalisme, et recherche d'une conciliation de celui-ci avec celui-là, ces traits de la philosophie allemande se retrouvent, semble-t-il, ainsi que l'observent les historiens, dans la nation elle-même. Et ainsi, quelle qu'ait été la communication extérieure des philosophes allemands avec J. Bœhme, ils sont unis à lui par un lien plus fort et plus intime que la simple influence : ils sont, sinon ses fils, du moins ses frères, enfants d'un même génie, expressions d'une même face de l'esprit humain. A-t-il donc été mauvais prophète, celui qui, en 1620, après avoir lu la *Psychologia vera* de Jacob Bœhme, salua son auteur du nom inattendu de « *Philosovnus teutonicus* » ?

DESCARTES[1]

La réédition des œuvres complètes de Descartes qui vient d'être entreprise sous les auspices du Ministère de l'Instruction publique est l'indice du vif intérêt qu'excite en ce moment sa philosophie et du désir ressenti par un grand nombre de l'étudier à nouveau sur des documents plus exacts et plus complets. Nul mouvement intellectuel ne saurait être plus justifié.

Il est certain que le cartésianisme, à n'envisager les choses qu'historiquement, domine tout le développement de la philosophie moderne. L'éminent historien de la philosophie cartésienne, M. Francisque Bouillier, a fourni à cet égard, il y a quarante ans déjà, avec son exactitude d'érudit et son ferme jugement de philosophe, une démonstration complète et définitive. Cette affirmation, nous en avons l'assurance, n'est pas imputable à une illusion de notre patriotisme. Les savants alle-

---

[1] Reproduction partielle d'un article publié dans la *Revue de métaphysique et de morale*, 1894, à propos de la réimpression des œuvres de Descartes.

mands, entre autres, si préoccupés de découvrir les principes internes des développements historiques, se sont plu à démêler, dans les problèmes cartésiens, le point de départ de toutes les grandes questions agitées par les philosophes modernes. Ils ont vu, en particulier, dans le *Cogito*, le germe vivant d'où devait sortir, par une dialectique immanente, toute la floraison des grands systèmes qui ont paru jusqu'à ce jour. C'est ainsi que Kuno Fischer fait expressément, du cartésianisme et des antinomies où il s'engage en se développant, l'origine ou la condition nécessaire de l'occasionalisme de Malebranche, du monisme de Spinoza, de la monadologie de Leibnitz, du sensualisme de Locke, du matérialisme de La Mettrie, de l'idéalisme de Berkeley, du criticisme de Kant. Chez la plupart des historiens allemands de la philosophie on trouve des déductions analogues.

D'une manière générale, on peut dire que le problème central de la métaphysique cartésienne, c'était le passage de la pensée à l'existence. La pensée seule est indissolublement inhérente à elle-même : comment donc, de quel droit et en quel sens pouvons-nous, dans nos jugements, affirmer des existences? Il y a un cas, et un cas unique, où l'existence est immédiatement liée à la pensée dans l'intuition de l'entendement : c'est le cas où nous disons : « Cogito, ergo sum. » Comment et dans quel sens pouvons-nous étendre à d'autres existences la certitude que nous attribuons d'emblée à celle de la pensée? Tel est le nœud de la philosophie cartésienne. Or ce problème de l'existence présidera aux recherches de Locke, de Hume, de Reid et de Kant, comme à celles de Malebranche, de Spinoza et de Leibnitz. L'existence, qui, pour les anciens, était chose donnée et immédiatement saisissable, qu'il ne s'agissait que d'analyser, est ici un objet éloigné, où il s'agit d'atteindre, si tant est qu'il soit possible d'y atteindre. Là réside le caractère distinctif de la philosophie moderne comparée à la philosophie antique ; et ce caractère, c'est la marque cartésienne elle-même.

Non seulement le cartésianisme commande ainsi la marche de la philosophie moderne, mais il a une importance considérable dans l'histoire générale de l'esprit humain. Sans doute, notre XVIIe siècle puise, pour une large part, aux sources chrétiennes et aux sources classiques, mais la science s'y développe à côté de la littérature ; et la science, alors, c'est la conception cartésienne du monde : c'est la mainmise du mécanisme mathématique sur tout ce qui n'est pas la pensée proprement dite, condition de ce mécanisme même. « Nature, écrit Huyghens lors de la mort de Descartes,

> Nature, prends le deuil, et pleure la première
> Le grand Descartes !...
> Quand il perdit le jour, tu perdis la lumière :
> Ce n'est qu'à sa clarté que nous t'avons su voir. »

Et lorsque Newton réformera le cartésianisme, ne sera-ce pas en se plaçant sur ce terrain même de la philosophie naturelle traitée mathématiquement, qu'a dégagé et assuré Descartes?

Ce n'est pas tout : comme Descartes est dualiste, estimant illégitime tout mélange de la philosophie et de la religion, de la philosophie corporelle et de la philosophie spirituelle, ainsi le xvii° siècle est simultanément religieux et rationaliste, moraliste et savant, sans que ces diverses disciplines se pénètrent et s'altèrent les unes les autres. Pascal mystique ne fait nul tort à Pascal physicien, et réciproquement.

Enfin Descartes a mis la pensée hors de pair et trouvé en elle seule le principe de la certitude. De même, le xvii° siècle estime qu'en la pensée consiste la dignité de l'homme, et que c'est de là, non de la grandeur matérielle, qu'il est en nous de nous relever. La conviction de la puissance de la raison s'insinue à ce point dans les esprits, que l'on ne tarde pas à renverser les barrières, soit provisoires, soit même définitives, que Descartes avait dressées devant elle. Les questions sociales et politiques, qui de longtemps, à ses yeux, ne pouvaient être accessibles à la science, les questions religieuses qui la dépassaient absolument, furent livrées à l'examen de la raison. A cette œuvre se consacra le xviii° siècle, et l'on a pu dire que la Révolution française était née du *Discours de la Méthode*. Erreur, si l'on veut signifier que le cartésianisme contenait une telle conséquence, mais assertion soutenable, si l'on entend par là que c'est au nom du principe cartésien de l'évidence rationnelle que la société a été renouvelée en 1789.

Ainsi le cartésianisme est une pièce essentielle de l'histoire philosophique et morale des temps modernes. Mais n'appartient-il qu'à l'histoire? N'a-t-il plus rien à nous apprendre?

Selon le philosophe et savant anglais Huxley, loin que le système de Descartes ne soit qu'une curiosité d'érudit, il est l'âme de la philosophie comme de la science contemporaine. Notre philosophie est idéaliste, et c'est le *Cogito* de Descartes qui est le principe de cet idéalisme. Notre science est mécaniste, et c'est la réduction cartésienne de tout ce qui n'est pas esprit à l'étendue, qui a fondé ce mécanisme.

Indépendamment de ces directions générales, il est certain que bon nombre des questions auxquelles s'attache de préférence la spéculation contemporaine sont des legs de la philosophie de Descartes.

Tels sont, en métaphysique, le problème de l'existence, celui des rapports de la volonté et de l'entendement, celui de la certitude, celui des rapports de la science et de la métaphysique, celui des rapports de l'esprit et de la matière. La philosophie de la science agite aujourd'hui, par-dessus tout peut-être, la question du rapport des mathématiques et de l'expérience. Comment et en quel sens ce qui est prouvé par démonstration peut-il s'accorder avec ce qui est connu par perception? Comment se fait-il que la physique puisse être traitée mathématiquement? Or cette question est celle-là même que tout d'abord s'est posée Descartes, et l'on peut dire que c'est pour la résoudre qu'il a édifié son système de métaphysique.

En ce qui concerne la science, l'alliance de la géométrie et de l'analyse, l'interprétation mécanique des phénomènes, l'exclusion des causes finales, le mécanisme mathématique, appliqué non seulement à la systématisation des phénomènes, mais à l'explication de la genèse du monde, non seulement à l'étude des corps inorganiques, mais à l'étude de la vie, se retrouvent, comme autant de pièces essentielles, dans la philosophie cartésienne. Et c'est encore l'esprit cartésien qui préside à la création de certaines sciences particulières modernes, telles que la psychologie expérimentale et la sociologie positive, lesquelles cherchent à considérer les faits psychiques ou sociaux dans leurs éléments ou leurs équivalents mathématiquement mesurables.

Qu'on ne dise pas, d'ailleurs, que, pour être en possession de ces idées directrices, il suffit de les recevoir des savants actuels, telles que les ont faites deux siècles de discussion. Il n'en est pas des idées comme des faits, dont la connaissance se perfectionne presque fatalement. A qui peut connaître la mesure exacte d'un phénomène, que sert d'en recueillir une mesure grossière? Mais une idée est une plante mystérieuse qui pousse parfois autrement chez un autre que chez son auteur, et qui peut attendre longtemps avant de rencontrer le terrain propice où elle portera tous ses fruits. Voilà pourquoi il importe de considérer les idées dans le génie même où elles sont écloses. Que de fois elles sont ainsi apparues plus grandes et fécondes que ne les avaient faites des disciples incapables de les embrasser ! « *Philosophia duce regredimur* », selon une profonde devise de la Renaissance retrouvée par M. Victor Egger.

Faut-il maintenant rappeler l'excellence de Descartes comme écrivain ? A ce point de vue encore, son importance ne saurait être exagérée. S'agit-il de son rôle historique ? M. Désiré Nisard a montré qu'il a le premier donné le modèle parfait de la prose française. C'est la langue cartésienne qui sera l'étoffe du style de nos grands écrivains. Et, considérée en elle-même, cette langue, marquée au coin de la méthode du philosophe, possède au plus haut degré les qualités maîtresses de tout langage : la propriété des termes et l'expression de l'ordre des idées. L'intuition et la déduction cartésiennes ont mis leur empreinte sur le style du *Discours de la Méthode*. Non que cette langue soit abstraite et impersonnelle. La raison de Descartes est une raison vivante et enthousiaste, qui ne se borne pas à mettre en syllogismes les vérités acquises, mais qui s'applique à trouver, à créer, à communiquer aux intelligences son activité créatrice. Cette vie de la pensée anime le style lui-même, qui allie, d'une façon surprenante, à la précision et à l'ordre démonstratif, le mouvement, l'accent, l'originalité, la couleur, l'esprit, le charme même, ou l'ironie, ou la hauteur, selon la passion intellectuelle qui traverse l'âme de cet amant de la vérité. Quelque impression que l'on ressente au premier abord, en s'embarrassant parfois dans ces longues phrases qui veulent un lecteur actif et capable de déduction, on ne tarde pas à éprouver le prestige de ce style magistral. Et aujourd'hui même, il suffit que la manière d'un écrivain rappelle par quelque endroit celle de Descartes, pour qu'on en célèbre à l'envi la supériorité et l'austère séduction.

Enfin pourquoi ne rappellerions-nous pas les motifs particuliers que nous avons, comme Français, pour souhaiter que les œuvres de Descartes se répandent le plus possible chez nous et à l'étranger?

Descartes est l'une des expressions les plus pures et les plus belles du génie de notre race : la diffusion de ses pensées, c'est notre vie et notre influence.

Nous aimons la raison, intermédiaire entre l'esprit de positivisme, qui s'en tient au fait proprement dit, et l'esprit de mysticisme, qui tend à croire, sans réclamer de preuves. De toutes les qualités intellectuelles, celle que nous prisons le plus est le jugement, aux yeux de qui l'expérience et le raisonnement mêmes ne sont sources de vérités que s'ils sont soumis au contrôle de l'esprit. C'est en ce sens que nous recherchons la clarté et l'ordre des idées. Il ne nous suffit pas qu'un système soit bien construit et conséquent avec lui-même. Nous voulons que chaque partie, prise à part, soit intelligible et vraie ; et nous aimons mieux tenir séparément les deux bouts de la chaîne, sans apercevoir les anneaux intermédiaires, que de lâcher les vérités conquises pour en saisir le lien hypothétique. Parmi les sciences, l'une de celles où nous avons excellé est la mathématique. Notre sens de la clarté et de la logique s'y trouve chez lui. Dans l'ordre moral, nous avons aimé la raison d'un amour ardent, enthousiaste, égaré parfois et contrastant avec son objet même ; mais à travers nos fluctuations, il est clair que nous poursuivons un accord de la liberté individuelle et de la loi rationnelle, où ni l'une ni l'autre ne serait sacrifiée. Et en même temps que nous cherchons, dans un esprit pratique, ce qui convient à notre pays, il nous est impossible de séparer dans notre pensée le bonheur des autres de notre bonheur propre, et de vouloir le bien autrement que sous cette forme universelle que commande la raison.

Or, ces différents traits, qui comptent parmi les principaux de notre caractère, nous les trouvons chez Descartes. Mathématicien et philosophe, profond et clair, supérieur par son esprit de finesse comme par son esprit géométrique, jaloux d'indépendance et serviteur de la raison, soucieux des fins pratiques de la vie et ambitieux de travailler au bonheur de l'humanité tout entière, il nous offre, en un sens éminent, le modèle et comme l'archétype des qualités que nous aspirons à déployer.

Étudier Descartes et le faire connaître, c'est travailler à l'accomplissement de la mission scientifique et civilisatrice de la France.

DU RAPPORT
DE LA MORALE A LA SCIENCE
DANS LA PHILOSOPHIE DE DESCARTES [1]

> Mirum mihi videtur, plerosque homines plantarum vires, siderum motus, metallorum transmutationes, similiumque disciplinarum objecta diligentissime perscrutari, atque interim fere nullos de bona mente... cogitare, quum tamen alia omnia non tam propter se quam quia ad hanc aliquid conferunt, sint æstimanda.
> DESCARTES, *Reg. ad. dir. ing.* Reg. 1.

La partie des écrits de Descartes relative à la morale n'est pas sans étendue ; mais, ni par sa forme ni par son contenu, elle ne semble, au premier abord, appartenir à son œuvre philosophique proprement dite. Ce sont avant tout les lettres à la princesse Élisabeth et à la reine de Suède : Descartes s'y accommode visiblement aux désirs et aux besoins de ses illustres correspondantes. Il est vrai qu'une esquisse de morale pratique figure dans le *Discours de la Méthode*. Mais, selon un document récemment publié par M. Ch. Adam [2], Descartes

---

(1) Travail écrit pour le numéro de la *Revue de métaphysique et de morale* consacré à Descartes (1896).

(2) Manuscrit de Gœttingen (*Rev. bourguignonne de l'enseignement supérieur*, 1896).

n'aurait ajouté ces règles que malgré lui, à cause des pédagogues et autres gens de même espèce, tout prêts à l'accuser d'être sans religion et sans foi, et de vouloir renverser l'un et l'autre par sa méthode. Quant au contenu de ces écrits sur la morale, il est certes très élevé de pensée et admirable de forme, mais il paraît peu en rapport avec la propre doctrine du philosophe. Emprunté, selon Baillet, à saint Thomas, destiné, d'après ce qu'en dit Descartes lui-même, à concilier Aristote, Zénon et Épicure [1], il apparaît comme particulièrement empreint de stoïcisme. Or le stoïcisme était courant alors. Descartes est stoïcien, comme les héros de Corneille. Sa mathématique n'y est pour rien. Il semble donc, ou que Descartes se soit, quant à lui, désintéressé des recherches morales, ou que, s'il a professé des maximes en cette matière, elles procèdent de sentiments individuels ou d'influences extérieures, plutôt que du développement logique de sa philosophie.

I

Il est digne de remarque que cette appréciation, à laquelle nous induit un premier examen des écrits moraux de Descartes, n'est nullement conforme aux déclarations sans cesse renouvelées du philosophe sur l'objet de la philosophie.

(1) *Œuvres philos. de Descartes*, édit. Garnier, III, 484-5.

Quelle est, selon les *Regulæ*[1], la manière sérieuse de chercher la vérité? C'est de songer uniquement à accroître la lumière naturelle de la raison, non pour résoudre telle ou telle difficulté d'école, mais pour rendre l'entendement capable, en chacune des rencontres de la vie, de prescrire à la volonté ce qu'elle doit choisir. Si Descartes a un très vif désir d'apprendre à distinguer le vrai d'avec le faux, c'est, nous dit-il dans le *Discours de la Méthode*[2], qu'il sait que c'est le moyen de voir clair en ses actions et de marcher avec assurance en cette vie. Et, dans la Préface des *Princives*, il définit la philosophie l'étude de la sagesse, laquelle consiste, dit-il, en une parfaite connaissance de toutes les choses que l'homme peut savoir, tant pour la conduite de sa vie que pour la conservation de sa santé et l'invention de tous les arts. Cette étude, ajoute-t-il, est plus nécessaire pour régler nos mœurs que ne l'est l'usage de nos yeux pour guider nos pas.

Et de fait, selon l'homme du monde qui semble l'avoir connu le plus intimement, Clerselier, la morale faisait l'objet de ses méditations les plus ordinaires[3]. Il est vrai qu'il n'aimait pas à écrire sur ces sujets. Mais lui-même explique que c'est par prudence[4]. En matière physique

---

(1) I, 1.
(2) I, 14.
(3) Baillet, *La vie de M. Descartes*, I, 115.
(4) Baillet, II, 282.

également, il préféra plus d'une fois le silence au risque de la persécution.

Toutefois on peut se demander si, dans l'œuvre qu'il nous a laissée, les idées morales et les doctrines physiques font bien partie d'un seul et même système, ou si elles ne sont pas comme deux fleuves qui vont parallèlement, sans mêler leurs eaux. Sans doute Descartes nous présente les règles de sa morale provisoire comme tirées de sa méthode. Mais que vaut cette affirmation, s'il n'a introduit ces règles que pour donner le change aux pédagogues? En elles-mêmes elles ne paraissent guère liées à sa philosophie. Il est vrai encore que, dans la Préface des *Principes*[1], il nous parle d'une morale définitive qui présuppose une entière connaissance de toutes les autres sciences. Mais cette morale, plusieurs estiment qu'il ne l'a même pas esquissée, et que c'est sa morale par provision qui se trouve être sa morale définitive[2].

La question est embarrassante. Il serait illégitime de juger Descartes uniquement sur les parties de sa tâche que sa vie prématurément tranchée lui a permis de mener à terme. Dans les œuvres de la pensée, la tendance interne, le principe vivant de développement importe souvent plus que les résultats immédiatement observables. La réalité d'une morale cartésienne serait suffisamment démontrée, si l'on prouvait que la philosophie de Descartes contient en elle les germes d'une morale.

(1) Ed. Garnier, I, 592.
(2) Cf. éd. Garnier, III, 179.

II

Nul doute que cette philosophie ne soit, d'une manière générale, tournée vers la pratique. Bien qu'il aime à se retirer dans la solitude pour méditer, Descartes n'est nullement un philosophe de cabinet Il a au plus haut point le sens du réel, il se mêle aux événements de son temps, il fréquente des gens de diverses humeurs et conditions, il recueille les observations de chacun sur les choses qui le concernent. Il estime que le devoir suprême, c'est de procurer, autant qu'il est en nous, le bien général de tous les hommes. Aussi son grand grief contre la philosophie des écoles, c'est qu'elle est purement spéculative et demeure stérile. Au lieu de cette philosophie de disputeurs, il en cherche une pratique, qui mette à la disposition de l'homme la force et les actions du feu, de l'eau, de l'air et de tous les autres corps qui nous environnent, et qui le rende comme maître et possesseur de la nature [1]. Il rêve de préserver l'homme des maladies, peut-être même de l'affaiblissement de la vieillesse. Sa mort fut annoncée en ces termes par la *Gazette d'Anvers* : « En Suède, un sot vient de mourir, qui disait qu'il pouvait vivre aussi longtemps qu'il voulait [2]. »

---

(1) *Méth.*, VI, 2.
(2) Adam, ms. de Gœttingen, dans la *Revue bourguignonne de l'Enseignement supérieur* (1896).

Descartes, ainsi que Bacon, retient de la tradition des alchimistes et des magiciens l'ambition de dominer cette nature, que les anciens s'étaient bornés à contempler.

Mais les alchimistes croyaient que, pour la faire agir à son gré, il suffisait de la mettre en branle par une imitation tout empirique et extérieure de ses procédés. Quant aux magiciens, ils s'en approchaient comme d'une puissance mystérieuse et peut-être diabolique, dont il s'agissait d'enchaîner la volonté par des formules. Bacon lui-même, dans sa poursuite immédiate d'une philosophie active, n'a, en somme, nulle raison d'admettre que la nature répondra aux sollicitations de l'homme, sinon que cela est nécessaire pour que l'homme puisse agir sur elle. Sa science reste aveugle, parce que, confondant le moyen avec la fin, elle ne reconnaît d'autres principes que les règles susceptibles d'être appliquées telles quelles à la pratique [1].

L'originalité de Descartes fut de juger que la légitimité du problème de l'empire de l'homme sur la nature demeurait incertaine et la solution toujours douteuse, tant qu'on omettait de rechercher par quelle opération interne la nature tire en réalité tel effet de telle cause. Il estima que la pratique supposait la théorie au sens propre de ce mot, la connaissance de l'intérieur des choses. C'est de ce biais, selon lui, qu'il fallait considérer la nature, si l'on voulait réussir à en devenir

---

(1) *Nov. Org.*, I, 4 II, 1-5.

maître. Ainsi jadis, dans l'ordre des choses morales, Socrate avait enseigné que l'habileté pratique légitimement poursuivie par les sophistes ne pouvait être atteinte que par un détour, à savoir par la connaissance rationnelle de l'essence de la vertu. Et comme, pour Descartes, le type même de la théorie, la science royale, c'étaient les mathématiques, notre philosophe s'appliqua à démontrer que tout, dans la nature, se fait mathématiquement. De là ses spéculations métaphysiques. Il prouve, tant par les perfections de Dieu que par le caractère clair et distinct de l'idée d'étendue, que nous sommes en droit de tenir les qualités mathématiques pour l'essence même des choses matérielles.

Donc, il cultivera la mathématique, et son œuvre entière sera dominée par cette science ; mais c'est que, dans la considération des choses de ce point de vue gît, selon lui, le véritable moyen de se les approprier[1]. Et cette fin pratique, toujours présente à ses yeux, déterminera la marche générale de ses études. Il ne s'attarde pas aux développements de la science qui n'auraient qu'un intérêt spéculatif. Il est satisfait, s'il a établi, en mathématiques, les quelques principes généraux qui lui permettront de fonder sur cette discipline la mécanique et la physique. Ces sciences, à leur tour, n'ont besoin d'être développées que dans la mesure et dans le sens nécessaires pour rendre possible la science de la vie. Il

---

(1) Baillet, II, 227.

s'agit d'arriver à prouver que la vie elle-même n'est qu'un mécanisme et par conséquent tombe sous nos prises. Tandis qu'il étudie une science, Descartes pense à celle qui, selon la nature des choses, viendra après et le rapprochera davantage de la pratique. L'idée du but, constamment présente à son esprit, dirige et modère ses efforts. *Semper ad eventum festinat.*

C'est grâce à cette méthode qu'il put rêver d'accomplir à lui seul le projet d'une science universelle. En 1637, il jugeait que les vérités qu'il avait trouvées dans les sciences n'étaient que les suites et dépendances de cinq ou six principales difficultés qu'il avait surmontées ; et il pensait n'avoir plus besoin que de gagner deux ou trois autres batailles semblables, pour venir entièrement à bout de ses desseins [1].

Ainsi s'explique également son passage, en apparence capricieux, d'une science à une autre. Dès 1623, il néglige la géométrie [2]. En 1629, il s'absorbe dans la méditation métaphysique. Il n'y consacre guère plus de neuf mois. En 1630, il rappelle à Mersenne qu'il a renoncé à l'étude des mathématiques depuis plusieurs années, jaloux de ne plus perdre son temps à un travail stérile. De 1629 à 1633, il s'occupe surtout de physique. A la fin du *Discours de la Méthode*, il annonce l'intention de n'employer le temps qui lui reste à vivre à autre chose, sinon à tirer de la physique les règles d'une méde-

(1) *Méth.*, IV, 4.
(2) Baillet, I, 111.

cine plus assurée que celle que l'on a eue jusqu'alors.

Ainsi s'explique, enfin, cette particularité de son système que Newton lui a tant reprochée, l'hypothèse, considérée en certains cas comme une explication suffisante des phénomènes. Rigoureux observateur du principe de moindre action dans sa méthode de travail elle-même, Descartes se contente, dans ses théories, de ce qui est indispensable pour la pratique. Or, à ce point de vue, pourvu que l'on puisse prédire à coup sûr le résultat, peu importe que le mécanisme de la nature soit, dans le détail, tel en tout point que l'on le conçoit. Sachant que souvent, en mathématiques, plusieurs solutions sont possibles, Descartes, en physique même, jugera suffisant d'en tenir une. Il croira avoir assez fait si les causes qu'il a expliquées sont telles que tous les effets qu'elles peuvent produire se trouvent semblables à ceux que nous voyons dans le monde. Il estimera inutile de s'informer si c'est par ces causes ou par d'autres que les effets sont en réalité produits. Il pense qu'il est aussi utile pour la vie de connaître des causes ainsi imaginées, que de posséder la connaissance des vraies[1]. Il se contente, à cet égard, d'une certitude morale[2].

Dans le progrès de la connaissance ainsi entendu, la morale ne peut manquer d'avoir sa place, d'autant que, selon notre auteur, la racine et le tronc sont principalement estimés pour les fruits qu'ils doivent produire,

(1) *Principes*, IV, 204.
(2) Baillet, II, 227-8.

et que c'est surtout des sciences qui doivent venir les dernières, médecine, mécanique et morale, que dépend l'utilité première de la philosophie [1]. Et il n'est pas interdit à Descartes d'espérer se satisfaire sur ces objets suprêmes, malgré la brièveté de la vie humaine et les limites de notre intelligence, par cette raison même qu'il sait économiser ses forces et ne demander à chaque science que ce qu'elle peut et doit lui fournir pour l'exécution de son dessein. La fécondité de la connaissance réside dans sa clarté et sa distinction, non dans son étendue.

III

Mais à quelle morale ce progrès va-t-il aboutir? Ne tend-il pas simplement à nous mettre en mesure de disposer de la nature humaine, grâce à la science de l'homme, comme nous disposons de la nature corporelle, grâce à la science du corps? Une mécanique psychique, n'est-ce pas tout ce que Descartes a en vue?

Et, de fait, Descartes a jeté les fondements d'une telle morale dans son *Traité des Passions*, où, en découvrant le principe de ces mouvements de l'âme, il nous apprend à les modifier et à les diriger. Comme, d'ailleurs, cette étude même nous montre à quel point l'esprit dépend du tempérament et de la disposition des organes du corps,

---

(1) Préf. des *Prin.*, Garnier, I, 192.

Descartes conclut expressément que, s'il est possible de trouver quelque moyen qui rende communément les hommes plus sages et plus habiles, c'est dans la médecine qu'on le doit chercher.

Ainsi s'achève, semble-t-il, l'édifice projeté par le philosophe. Une morale en est le couronnement, mais combien différente de celle qui est indiquée dans le *Discours de la Méthode* et dans les *Lettres!* Celle-ci, toute pénétrée d'esprit antique ou d'influences chrétiennes, était une exhortation, une métaphysique ou une religion. Celle des *Principes* et du *Traité des Passions* n'est autre chose que la dernière et la plus immédiatement pratique application de la science moderne. Selon la morale des *Lettres*, l'homme doit chercher en dehors du monde, dans les perfections qui dépendent uniquement du libre arbitre, dans la résignation, dans la constance, dans l'amour mystique de Dieu et des hommes, les objets auxquels il appliquera sa volonté. Selon la morale du *Traité des passions*, l'homme, simple partie de la nature, ne saurait viser à autre chose qu'à maintenir l'intégrité de son existence en utilisant à son profit le mécanisme universel. Or on voit clairement comment cette morale scientifique sort des entrailles de la philosophie cartésienne, tandis que la première paraît demeurer en dehors du développement logique de cette philosophie.

Convient-il, pourtant, de s'en tenir à ce résultat, et de proclamer que Descartes, comme philosophe, ne connaît d'autre morale que la science appliquée ?

Il n'est pas nécessaire de recourir aux écrits de Descartes spécialement consacrés à la morale pour voir ce qu'une telle interprétation aurait d'étroit et d'incomplet. D'une manière générale, ce n'est pas la science qui est le centre de la philosophie cartésienne, c'est l'homme, et, dans l'homme, la raison. Déjà quand il cultive les sciences de la nature, ce n'est pas la science même que notre philosophe a en vue, c'est la formation du jugement par la science. Le jugement est la capacité de discerner en toutes choses, sans hésitation ni incertitude, le vrai d'avec le faux. Or, pour y parvenir, il faut que nous développions en nous une sorte de sens de la vérité. Les mathématiques, et en particulier l'algèbre, y contribuent merveilleusement [1]. En accoutumant notre esprit à se repaître de vérités et à ne se contenter point de fausses raisons, elles le font sortir de son indifférence naturelle et le déterminent dans le sens de sa perfection. C'est cette culture de l'esprit, non la connaissance de vérités particulières, qui fait la véritable utilité des sciences [2]. Elles ne se peuvent détacher de la raison comme le fruit se détache de l'arbre. Elles ont dans la raison et leur principe et leur fin.

Mais Descartes ne se borne pas à dresser sa raison mécaniquement par l'exercice et l'habitude. Il emploie la force intellectuelle ainsi acquise à étudier la nature de la raison elle-même, à en analyser le contenu, à en

(1) *Regulæ*, I.
(2) *Méth.*, III, 5.

mesurer la puissance, à en chercher la destination. De la science il s'élève à la métaphysique. Non qu'il lui faille, pour cela, s'affranchir des exigences de la science. C'est la science au contraire qui, convenablement interprétée, lui ouvre la voie de cette connaissance supérieure. Il remarque que la méthode mathématique, si parfaite qu'elle soit, n'est que l'enveloppe de la méthode véritable [1]. Celle-ci, dégagée de la forme particulière que lui donnent les géomètres, a une portée universelle et permet de tirer d'un sujet quelconque les vérités qu'il renferme. Par l'emploi de cette méthode, on peut donc arriver à démontrer rigoureusement les vérités métaphysiques aussi bien que celles de la géométrie. Et c'est le principal emploi que l'homme doive faire de sa raison, que de tâcher ainsi à connaître Dieu, soi-même et les premiers principes de la science de la nature [2].

Dès lors, si l'on conçoit qu'une philosophie purement naturelle se donne comme objet suprême l'empire de l'homme sur la nature, une philosophie plus complète ne peut voir dans cet empire même qu'un moyen au service d'une fin plus haute. Il ne s'agit plus seulement de régner, mais de régner au nom et en vue de la raison. Modérer l'influence du corps par la médecine est certes le moyen extérieur le plus pratique d'aider les hommes à se rendre sages ; mais la médecine n'est pas la sagesse,

---

(1) *Regulæ*, IV, 20.
(2) Lettre à Mersenne, 15 avril 1630. Garn., IV, 303.

non plus que l'outil n'est l'œuvre à laquelle il sert[1]. Et de même gouverner ses passions grâce à la connaissance de leur mécanisme n'est pas encore les rapporter à leur véritable usage. Ce n'est pas telle pensée qu'il nous plaît que nous devons tâcher de substituer à celles que la passion nous suggère, mais bien les pensées qui véritablement affranchissent l'âme, celles qui sont approuvées par la raison. Car c'est l'office de la raison d'examiner la juste valeur des différents biens dont l'acquisition dépend de nous[2]. Et au-dessus même du bon usage des passions, qui concerne l'âme envisagée dans son union avec le corps, Descartes place les biens de l'âme envisagée dans sa vie propre. Il y a une joie purement intellectuelle[3]. L'âme peut avoir ses plaisirs à part[4]. L'exercice de la vertu, auquel sont attachés ces plaisirs, est non seulement un remède souverain contre les passions[5], mais encore la plus haute perfection où l'on puisse prétendre, parce que c'est la pure action de la volonté libre[6].

Au-dessus donc de la morale des moyens, qui n'est guère que la physique appliquée, Descartes conçoit une morale des fins, qui repose directement sur les parties

---

(1) Baillet, II, 11-12.
(2) *Passions*, art. 144. Cf. Lettre à Madame Élisabeth, 1ᵉʳ juin 1645 Garnier, III, 189.
(3) *Pass.*, art. 91.
(4) Ibid., art. 212.
(5) Ibid., art. 148.
(6) Ibid., art. 17-18.

les plus élevées de la métaphysique. L'une et l'autre se fondent sur la science, si l'on prend ce mot dans son sens cartésien, c'est-à-dire si on l'entend de la connaissance claire et distincte, tant des choses corporelles que des choses spirituelles. Mais la seconde ne peut être dérivée de la seule science de la nature, dans le domaine de laquelle la raison et la volonté ne sont pas comprises.

Or, lorsque Descartes s'occupe de définir cette morale supérieure, il est naturel qu'il rejoigne les stoïciens et autres philosophes de l'antiquité, pour qui la culture de la raison était déjà l'intérêt suprême. La raison humaine n'a pas changé de nature, d'Aristote à Descartes. Les expressions les plus parfaites qu'elle ait rencontrées depuis que les hommes réfléchissent viennent ainsi prendre place dans le système cartésien, non comme des pièces de rapport, mais comme des parties intégrantes.

Il s'en faut d'ailleurs qu'elles y soient transportées telles quelles. La morale stoïcienne, en particulier, n'est pour Descartes qu'une morale provisoire. Tâcher à se vaincre plutôt que la fortune est, certes, le parti le plus sage, tant qu'on est impuissant à modifier le monde extérieur. Mais la philosophie cartésienne nous en confère justement le pouvoir. Elle substituera donc à une morale d'abstention une morale positive et active. De même, chercher dans l'ordre des choses extérieures elles-mêmes les règles de sa conduite est ce qu'il y a de mieux à faire, tant qu'on ignore les principes premiers dont cet ordre est une suite. Mais lorsque, grâce à une culture méthodique de la raison, l'homme est parvenu à connaître les principales vérités d'où dérivent les lois de la nature, à la maxime : « Suis la nature », il substitue, en un sens précis et positif qu'ont ignoré les anciens, cette autre maxime : « Suis la vraie raison[1]. »

La doctrine d'un contenu propre de la raison et de la possibilité pour l'homme d'y conformer les choses marque la morale cartésienne d'un caractère original. En face d'une nature mystérieuse et inflexible, les anciens ne savaient que contempler et acquiescer, ou se replier sur eux-mêmes. Avec Descartes, la raison, appuyée sur une science qui lui livre les choses, devient une puissance efficace, une force naturelle, et elle se donne pour tâche d'employer à son propre perfectionnement le mécanisme des choses extérieures. Ainsi, tandis que Socrate jugeait vaine et sacrilège la prétention de pénétrer les causes des phénomènes physiques, tandis que les stoïciens plaçaient dans le détachement et la résignation le principe et le terme de la félicité, Descartes ne voit pas de bornes aux conquêtes que la science pourra faire sur le monde, et, par la science, la raison humaine. Tandis que les stoïciens ne savaient que condamner la passion, où ils retrouvaient la violence et l'indiscipline de la nature brute, Descartes l'apprivoise, grâce à une science qui en pénètre les causes, et la tourne en auxiliaire de la raison. L'homme n'est plus écrasé par la nature : il

---

(1) Lettres à Madame Élisabeth, 1er et 15 mai 1645. Garnier, III, 181, 183.

s'en sert. L'âme n'est plus prisonnière du corps : elle la mène. La morale n'est plus l'art de s'isoler du monde et de se suffire : elle est le commandement de faire de la raison, qui est notre essence, une réalité vivante et souveraine, la reine la nature.

Et cet empire même de la raison sur les choses n'est, aux yeux de Descartes, que le moyen pour elle de poursuivre les fins qui lui sont propres, telles que l'amour de Dieu et l'intérêt de tout dont on fait partie[1]. La métaphysique cartésienne, grâce à sa méthode, nous fait connaître avec certitude ces vérités suprêmes, qui sont les lumières indispensables de la volonté. De là une nouvelle originalité de la morale de Descartes. Les anciens, certes, ont élevé très haut les vertus ; mais, ignorant la vraie métaphysique, ils ne pouvaient les bien connaître, et souvent ce qu'ils appellent d'un si beau nom n'est, en effet, qu'un égarement de la volonté[2].

C'est donc bien par son union intime avec la science que se distingue d'un bout à l'autre la morale cartésienne. Mais on ne saurait dire purement et simplement qu'elle dérive de la science, surtout de la science des choses naturelles. Dans toutes ses phases elle se sert de la science pour atteindre à son but, qui est la détermination parfaite de la volonté par la raison. La pleine réalisation de la raison est la fin : tout le reste

(1) Lettre à Madame Élisabeth, 15 juin 1645. Garnier, III, 192-3.
(2) *Méth.*, I, 10.

n'est que moyen. En toutes choses, dit Descartes[1], c'est la bonté de l'esprit qu'il nous faut rechercher; le reste ne mérite d'être estimé que dans la mesure où il y contribue.

[1] *Reg.*, I.

KANT[1]

Was uns zu thun gebührt, dess sind wir nur gewiss
KANT (1782).

La philosophie de Kant est l'un des faits les plus considérables de l'histoire de l'esprit humain. Selon le célèbre historien de la philosophie moderne, Kuno Fischer, elle ne représente rien moins qu'une révolution analogue à celle qu'accomplit Socrate, quand il rappela l'homme de l'étude du monde à l'étude de soi : elle donne en effet pour tâche à l'esprit humain, non plus de trouver les principes de l'être et de se former une conception de l'univers, mais de rechercher les conditions de la connaissance elle-même, l'origine et la valeur de nos représentations et de nos jugements. Tout récemment encore le sagace Windelband écrivait que le rationalisme de Kant est la concentration en une unité vivante de tous les principes moteurs de la pensée moderne.

Il est tout d'abord certain que la philosophie de Kant

---

[1] Ce travail est extrait de la *Grande Encyclopédie*, où il a paru en 1895.

préside au développement de la philosophie allemande proprement dite. De Fichte ou de Schelling à Wundt ou à Riehl, il n'est point de philosophe allemand qui ne continue ou n'élabore des idées kantiennes. Mais en dehors même de l'Allemagne, le kantisme exerce une influence de plus en plus forte, à mesure qu'il est mieux connu. Réfuté par les uns, accueilli par les autres, il est un des facteurs essentiels de la pensée philosophique contemporaine. Chez nous, en particulier, au vif intérêt historique dont il est l'objet se joint plus que jamais un intérêt théorique. Non seulement il existe un néo-criticisme français qui est très prospère, mais il ne paraît guère de dissertation philosophique où ne soit discuté le point de vue de Kant ; et son action se fait sentir jusque dans les domaines de la littérature et de la vie sociale.

Exposer le véritable caractère d'une doctrine ainsi mêlée aux préoccupations et controverses présentes est chose difficile ; le plus sûr sera de faire abstraction des divers développements qu'elle a pu recevoir, et de nous replacer, autant que faire se peut, au propre point de vue du philosophe.

I. — BIOGRAPHIE[1]

Kant est un contemporain de Frédéric II et de la Révolution française. Ses principaux ouvrages parurent

---

(1) Sources : La correspondance de Kant ; la 2ᵉ partie du tome XI de l'édition Rosenkranz et Schubert des œuvres de Kant. Cf. Kuno Fischer, *Gesch. d. n. Phil.*, t. III, et *Kantstudien*, revue publiée par Vaihinger

de 1770 à 1797. Il apprécia les triomphes du droit plus que ceux de la force, mais il ne consentit jamais à séparer la liberté de l'ordre et de la discipline. Le milieu moral où sa pensée s'est développée fut, d'une part, le piétisme, de l'autre, la philosophie du xviiie siècle. Le piétisme, opposé au protestantisme théologique et abstrait, mettait la pratique au-dessus du dogme, exaltait le sentiment, la dévotion, la piété intérieure, l'interprétation individuelle des Écritures. La philosophie du xviiie siècle, la philosophie des lumières, selon le nom qu'elle porte en Allemagne (*Aufklærungsphilosophie*), enseigne que tous les maux dont souffre l'humanité résultent de l'ignorance et de l'asservissement qui en est la suite, et que le progrès des lumières procure, de lui-même, le bonheur avec l'affranchissement.

La vie de Kant se divise assez naturellement en trois périodes, qui correspondent aux différentes phases de son développement philosophique : 1° la jeunesse, de 1724 à 1755, époque des études et des premiers essais ; 2° le stage comme privat-docent, de 1755 à 1770, époque des travaux antécritiques ; 3° le professorat, de 1770 à 1797, époque des travaux critiques et du développement doctrinal.

Immanuel Kant naquit à Kœnigsberg le 22 avril 1724. Cette ville, où devait presque sans interruption s'écouler toute sa vie, était le centre d'un commerce considérable ; Juifs, Polonais, Anglais, Hollandais y affluaient.

Le philosophe y trouva matière à de nombreuses observations psychologiques et morales. Kœnigsberg, ville d'université, était, en outre, le centre de la vie intellectuelle et politique du duché de Prusse.

La famille de Kant était d'origine écossaise. Son nom s'écrivait Cant, et c'est lui-même qui en changea l'orthographe, parce qu'en allemand Cant se prononce *tsant*. Le père de Kant était sellier. C'était un homme de mœurs rigides, qui resta pauvre. Sa mère, Anna-Regina Reuter, était, nous dit le philosophe, très intelligente, avait le cœur haut placé, et, foncièrement piétiste, entendait la religion d'une manière sérieuse et intime, sans mélange de mysticisme ou de fanatisme. Kant fut le quatrième enfant de cette famille, qui en compta onze. La gravité, le respect des choses morales et religieuses présidèrent à son éducation. Il reçut docilement cette influence et en conserva un vif et pieux souvenir.

A l'âge de neuf ans il entra au collège Frédéric, dirigé par Franz-Albert Schulz, professeur ordinaire de théologie à l'Université de Kœnigsberg. Schulz fut le premier maître de Kant. Ardent piétiste, il mettait son esprit dans son enseignement. Kant apprit, auprès de lui, à placer la piété intérieure de l'âme au-dessus du raisonnement, la pratique au-dessus du dogme. On remarque qu'il a toujours parlé avec respect et reconnaissance de ses maîtres piétistes. Est-ce le philosophe, est-ce l'ancien piétiste qui écrit en 1782, dans l'épitaphe du pasteur Lilienthal qui avait marié ses parents :

Was uns zu thun gebührt, dess sind wir nur gewiss.

(Ce que nous devons faire, voilà la seule chose dont nous soyons [certains) ?]

Kant passa sept années au collège Frédéric. Il s'y passionna notamment pour le latin et pour le stoïcisme romain, en qui il trouvait la religion de la discipline. Jusqu'à la fin de sa vie il se répéta, comme une devise, les vers de Juvénal :

*Summum crede nefas animam præferre pudori
Et propter vitam vivendi perdere causas.*

En 1740, âgé de dix-sept ans, il entra à l'Université de Kœnigsberg, dans le dessein d'y étudier la théologie. Il songeait alors à devenir pasteur, mais il ne devait pas persister dans cette intention. Il commença par suivre le cours de Martin Knutzen, professeur de mathématiques et de philosophie : Knutzen fut son deuxième maître. Lui aussi était piétiste. En philosophie, quoique disciple de Wolff, il combattait le dualisme, et revenait à la pure doctrine de Leibnitz, suivant laquelle la force représentative et la force motrice participent l'une de l'autre et se supposent réciproquement.

A Knutzen, Kant dut de connaître les œuvres de Newton, que l'on peut appeler son troisième et peut-être son principal maître. Le newtonisme fut pour Kant la preuve expérimentale de la possibilité d'une science à priori de la nature. Il se proposera, quant à lui, d'expliquer cette possibilité, et, par là, d'être en quelque sorte le Newton de la métaphysique.

Knutzen contribua à détourner Kant de la théologie vers la philosophie. Et peu à peu, du piétisme Kant écarta l'orthodoxie rigoureuse, pour n'en retenir que la rigidité morale.

Ne pouvant vivre du produit de ses leçons, Kant se fit précepteur (1746). Il le demeura neuf ans. Cette fonction le mit en rapport avec les étrangers et avec la noblesse. Il prit un goût très vif pour la politique et les littératures étrangères. Il fréquenta le monde et tint à y faire figure d'honnête homme.

Cette première période de son existence se termine par la publication anonyme de son *Histoire universelle de la nature et théorie du ciel* (1755), ouvrage qui préludait à la théorie de Laplace sur la formation des astres.

Ayant obtenu la « promotion » grâce à une dissertation sur le feu, et « l'habitation » par une dissertation sur les principes premiers de la connaissance métaphysique, il fut nommé privat-docent. Il professa les mathématiques, la physique, la théorie des fortifications, la pyrotechnie, la logique, la morale et l'encyclopédie philosophique. Son enseignement était très vivant. Sur chaque matière il parlait comme un homme spécial. Il eut un grand succès. Entre 1760 et 1769 il étendit encore le cercle de ses cours et y fit entrer la théologie naturelle, l'anthropologie, la critique des preuves de l'existence de Dieu, la doctrine du beau et du sublime.

Ici se place l'influence de Rousseau, dont les principaux ouvrages paraissaient alors et faisaient grand bruit. Kant lut Rousseau avidement, et, dans son commerce, il se passionna pour les questions morales, pour la lutte contre les préjugés, pour le retour à la nature et à la raison. Il apprit de Rousseau, nous dit-il, à ne pas mépriser les inclinations naturelles de l'homme. La science physique à priori comme fait, voilà ce qu'il avait trouvé chez Newton ; la moralité comme fait, voilà ce que Rousseau lui fit voir. Et il se proposa d'analyser ces faits.

Pour approfondir les questions morales il lut les moralistes anglais : Shaftesbury, Hutcheson, Hume. Bientôt, vers 1762, il connut, de ce dernier, non plus seulement les théories morales, mais les théories métaphysiques. Cette initiation fut un moment décisif dans le développement de sa pensée. « Ce fut Hume, nous dit-il, qui le premier interrompit mon assoupissement dogmatique, et donna à mes recherches, dans le champ de la philosophie spéculative, une direction nouvelle. » Il est vrai qu'il ajoute aussitôt : « Je n'avais garde, sans doute, d'accepter ses conclusions. » Le scepticisme de Hume était à ses yeux suffisamment réfuté par la réalité de l'action morale. Il s'agissait pour lui de faire droit aux critiques de Hume en ce qu'elles avaient de fondé, sans pourtant aboutir à ses conclusions, de se frayer un passage entre le scepticisme et le dogmatisme, comme entre Charybde et Scylla. Une faible indication qu'il trouva dans Locke (liv. IV, ch. III, § 9 et suiv.) fut le point de départ de sa propre théorie. Ainsi l'influence de Hume, qui certes joua un grand rôle, consista surtout pour Kant dans un avertissement, dans une excitation à réfléchir. Rien ne prouve que Kant ait eu sa phase de scepticisme ; mais c'est pour échapper au scepticisme de Hume qu'il chercha une position en dehors du dogmatisme traditionnel.

Peut-être son idéalisme transcendantal s'inspira-t-il de la doctrine de Leibnitz, enfin révélée dans sa pureté par la publication des *Nouveaux Essais* (1765). Leibnitz montrait, en effet, comment on peut maintenir le principe de l'innéité, tout en considérant l'expérience comme indispensable à la formation de la connaissance. Mais les formes et les catégories de Kant sont tout autre chose que les virtualités leibnitiennes.

Pour devenir professeur ordinaire, Kant écrivit et soutint une dissertation en latin sur la forme et les principes du monde sensible et du monde intelligible (1770). Il fut nommé à l'Université de Kœnigsberg par Frédéric II, avec un traitement de 400 thalers (1,500 fr.). Il refusa dans la suite tous les appels qui lui furent faits par d'autres Universités. Il n'enseigna plus désormais que la logique et la métaphysique, dans son cours public, et le droit naturel, la morale, la théologie naturelle, l'anthropologie et la géographie physique dans ses cours privés. Il fut un remarquable professeur. Il n'apprenait pas à ses élèves la philosophie, il les formait à philosopher. Son enseignement était simple, lucide et attachant ; il réservait la terminologie spéciale et les déductions abstruses pour ses livres destinés aux savants. Sur les sujets moraux, il parlait avec chaleur et conviction, il avait une éloquence mâle, qui subjuguait les âmes.

Le problème de la critique de la connaissance humaine ne tarda pas à l'absorber. Comment peut s'expliquer l'accord d'idées conçues à priori avec des choses existant en dehors de nous ? Il crut d'abord que quelques mois lui suffiraient pour résoudre cette question : il y employa douze ans. Encore ne donna-t-il que quatre ou cinq mois à la rédaction de ses pensées, de peur d'être entraîné à de trop longs délais. Ce fut au commencement de 1781, à Riga, que parut la *Critique de la raison pure*, l'un des monuments de l'esprit humain. Kant avait cinquante-sept ans. L'originalité et la portée de son ouvrage ne furent pas comprises dès l'abord. On ne voulut voir en lui qu'un rêveur platonicien, ou un idéaliste cartésien ; Hamann l'appelle un Hume prussien. Kant s'explique avec insistance dans un opuscule intitulé : *Prolégomènes à toute métaphysique future qui voudra se présenter comme science* (1783), ainsi que dans la préface à la seconde édition de la *Critique* (1787). Et sûr, quant à lui, de ses principes, il emploie de plus en plus exclusivement ses forces à en développer les conséquences, à achever son œuvre critique, et à établir sur cette base une doctrine complète de philosophie spéculative et morale. De 1785 à 1797 paraissent les ouvrages consacrés à cette tâche.

L'opinion, cependant, lui devenait de plus en plus favorable. En 1790, le jeune Fichte lui adresse ses *Aphorismes sur la religion et le déisme*, avec une lettre enthousiaste. Schiller étudie sa doctrine esthétique et la fait étudier à Gœthe. J.-P. Richter écrit que Kant n'est pas une lumière du monde, mais tout un système de soleils éclatants. Kant est commenté aux Pays-Bas et en Angleterre. En France, on traduit sa dissertation sur la paix éternelle, parue en 1795.

De la part du gouvernement, Kant rencontra estime et protection. Une seule fois il faillit être empêché dans l'exposition de ses doctrines. Ce fut lorsqu'il écrivit sur les matières religieuses. Il avait envoyé à la *Revue mensuelle de Berlin*, en 1792, un article sur le mal radical dans la nature humaine, et le Conseil de censure en avait autorisé l'impression. Mais un second article, sur la lutte du bon et du mauvais principe, ne fut pas admis. Or, Kant devait encore en publier deux. Condamné par le Conseil, il s'adressa à la Faculté de théologie, laquelle accorda l'*imprimatur*. Les quatre dissertations parurent sous ce titre : *La Religion dans les limites de la pure raison* (1793). L'ouvrage eut un succès qui alarma le gouvernement ; et, le 1er octobre 1794, le ministre adressa à

Kant une lettre où il lui demandait des explications et lui enjoignait de s'abstenir désormais d'écrire sur la religion. Kant se soumit extérieurement. Il s'engagea par écrit à ne plus enseigner ou écrire sur la religion « en tant que fidèle sujet de Sa Majesté royale ». Le roi mort (1797), il se tint pour dégagé de sa parole.

D'ailleurs, il vécut tranquille, malgré sa sympathie pour la Révolution française. Cette sympathie est un trait de sa physionomie morale. Il voyait dans la Révolution l'effort pour fonder sur la raison l'organisation des sociétés humaines. Même après 1794, il persévéra dans ses convictions politiques, tout en désespérant de voir les choses tourner à bien dans la France elle-même. Jusqu'à la fin il crut à la justice, à la valeur pratique de la théorie, au droit comme principe, à la paix éternelle comme fin réalisable de la politique. Derrière les disputes des personnes, il retrouvait le conflit de l'histoire et de la philosophie, du positif et du rationnel, et il comptait, en toutes choses, sur le triomphe de la raison.

Dès l'année 1790, sa puissance intellectuelle s'était affaiblie. En 1797, il quitta sa chaire. Il travaillait pourtant encore ; il travailla jusqu'à la fin à un ouvrage dont il espérait faire son chef-d'œuvre, et où il voulait expliquer le passage de la métaphysique de la science de la nature à la physique. Cet ouvrage, resté inachevé, était perdu : il a été retrouvé récemment. La dernière année de Kant fut marquée par une décadence croissante. Il mourut le 12 février 1804. Son dernier mot fut : *Es ist gut* (c'est bien). Ses obsèques eurent lieu au milieu des hommages d'une admiration universelle. Son corps fut enterré sous les arcades de la cathédrale de Kœnigsberg. Plusieurs statues lui furent élevées, dont la plus célèbre est celle de Rauch, à Kœnigsberg. Kant était un homme de petite taille, haut de cinq pieds à peine, les os et les muscles peu développés, la poitrine plate et presque concave, l'articulation de l'épaule et du bras droit légèrement déviée ; le front haut, avec de beaux yeux bleus. Sa tête fut moulée par Knorr ; ses restes ont été exhumés en 1880.

Kant n'a vécu que pour la philosophie. Il ne remplit aucune fonction politique, il ne se maria point. Mais il ne croyait pas pouvoir être philosophe sans être en même temps homme. Il jugeait nécessaire d'être en contact avec les réalités, avant de chercher à les comprendre et à les régler. Et dans ses plus hautes aspirations il se gardait de franchir les limites de notre monde terrestre. Son objet est d'y vivre par principes. Il se fait lui-même ses principes, mais il les fait absolus, et il y obéit. Le fonds où se concilient pour lui la loi et l'indépendance, c'est la raison. Il veut juger et se conduire par elle. En politique, il professe le libéralisme, mais il n'admet pas qu'on sépare la liberté de l'ordre, et il respecte en conscience le pouvoir établi. En religion, il est rationaliste, mais il entend maintenir l'esprit du christianisme, et il apprécie les services des religions positives. En philosophie, il attaque le dogmatisme, mais il repousse le scepticisme. En morale, il écarte toute loi extérieure, mais pour se soumettre à un commandement interne plus sévère que ceux qu'il rejette. Hardiesse en spéculation, respect dans l'ordre des faits et de la pratique : telle est la marque de son esprit.

Kant fut un penseur plus qu'un écrivain. Quelques-uns de ses premiers ouvrages, comme les *Observations sur le beau et le sublime* ou encore la Méthodologie de la *Critique de la raison pure*, d'une manière générale les parties où il exprime ses convictions morales, ont de l'aisance, de l'agrément ou de la vigueur. Mais dans l'analyse métaphysique son style est compliqué, laborieux, redondant, et souvent d'autant plus obscur que l'auteur s'est plus travaillé pour être clair. L'œuvre de Kant est une pensée qui cherche sa forme. Plus achevée, eût-elle autant excité les intelligences ?

Voici la liste chronologique des principaux ouvrages de Kant, lesquels sont, pour la plupart, écrits en langue allemande :

Pensées sur la véritable estimation des forces vives, et examen des démonstrations de Leibnitz et autres mécaniciens relatives à cette question (1797). Kant y concilie les doctrines de Descartes et de Leibnitz sur la mesure de la force d'un corps en mouvement.

La Terre a-t-elle subi quelques modifications dans son

mouvement de rotation depuis son origine ? (article de revue, 1754). Kant établit, en s'appuyant sur les principes de Newton, que la vitesse de la rotation terrestre a dû diminuer.

La Terre vieillit-elle ? Recherche faite au point de vue physique (article, 1754).

Histoire universelle de la nature et théorie du ciel, où il est traité du système et de l'origine mécanique de l'Univers d'après les principes de Newton (1755), célèbre ouvrage qui parut anonyme, avec une dédicace à Frédéric II, et qui prélude à l'Exposition du système du monde, publiée par Laplace en 1796.

Résumé des méditations sur le feu, 1755 (en latin). La chaleur, comme la lumière, est un mouvement vibratoire de l'éther.

Nouvelle explication des premiers principes de la connaissance métaphysique (1755), thèse en latin pour obtenir le droit d'être nommé privat-docent. Il y est traité des principes de contradiction et de raison déterminante.

Trois dissertations *Sur les tremblements de terre survenus en 1755 à Quito et à Lisbonne.*

Monadologie physique (1756), thèse latine; Kant la soutint en vue d'une présentation pour un professorat extraordinaire, présentation qui n'eut pas lieu. La monade leibnitienne y est transformée en atome physique.

Sur la Théorie des vents (1756), explication exacte des vents périodiques.

Conception nouvelle du mouvement et du repos (1758).

Quelques considérations sur l'optimisme (1759). Kant y professe que tout est bon, rapporté à l'ensemble des choses. Dans la fin de sa vie il renia cet ouvrage, d'inspiration leibnitienne.

La fausse subtilité des quatre figures syllogistiques (1762). Seule, la première figure est pure et primitive.

Tentative d'introduire dans la philosophie le concept des quantités négatives (1763). L'opposition réelle, dans laquelle les deux termes sont en eux-mêmes également positifs, est irréductible à l'opposition logique, où l'un des deux termes est le contradictoire de l'autre.

L'unique fondement possible d'une démonstration de l'existence de Dieu (1763). Le possible, considéré, non dans sa forme, mais dans sa matière ou ses *data*, suppose l'existence et, en dernière analyse, l'existence d'un être nécessaire.

Étude sur l'évidence des principes de la théologie naturelle et de la morale (1764), ouvrage composé en vue d'un concours qu'avait ouvert l'Académie de Berlin. Kant n'obtint que l'accessit : le prix fut donné à Mendelssohn. Kant oppose, comme Mendelssohn d'ailleurs, la philosophie aux mathématiques, et conclut que la méthode de celles-ci ne convient pas à celle-là.

Observations sur le sentiment du beau et du sublime (1764), œuvre de critique et de moraliste.

Programme des cours pour le semestre d'hiver 1765-66. L'éducation des facultés de l'esprit doit précéder l'acquisition de la science. Dans cet opuscule commencent à se manifester des préoccupations critiques.

Les rêves d'un visionnaire éclaircis par les rêves de la métaphysique (1766, anonyme). Cet ouvrage fut composé à propos des visions de Swedenborg. Kant y veut être léger et sceptique, à la manière de Voltaire. La seule différence entre l'illuminisme et la métaphysique, selon lui, c'est que le premier est le rêve du sentiment, tandis que la seconde est le rêve de la raison : ceci ne vaut guère plus que cela. Ne prétendons pas connaître l'inconnaissable.

Du fondement de la différence des régions dans l'espace (1768). C'est la réfutation de la théorie leibnitienne qui pose les choses avant l'espace, et réduit celui-ci à n'être qu'un concept. Il est nécessaire, selon Kant, d'admettre l'existence d'un espace absolu universel.

De la forme et des principes du monde sensible et du monde intelligible (1770), dissertation en latin écrite par Kant pour acquérir le droit d'être nommé professeur ordinaire de logique et de métaphysique. Kant rompt avec le dogmatisme en ce qui concerne la connaissance sensible, non encore en ce qui concerne la connaissance intelligible.

Lettres à Marcus Herz, de 1770 à 1781. Kant cherche une situation intermédiaire entre l'idéalisme et le réalisme.

Des différentes races humaines. Les races sont des

variétés devenues stables. Une véritable histoire des êtres naturels réduirait sans doute beaucoup de prétendues espèces au rang de simples races issues d'une espèce commune.

Critique de la raison pure (1781). Connaissance théorique suppose à la fois intuition et liaison nécessaire. La première condition n'étant réalisable pour nous qu'à propos des choses sensibles, celles-ci sont les seules que nous puissions connaître théoriquement. En 1787, Kant publia une seconde édition de la *Critique*. C'est une question très controversée de savoir si les changements que présente cette seconde édition portent sur le fond ou seulement sur la forme. Rosenkranz, Schopenhauer, Kuno Fischer tiennent pour une modification profonde, tendant à rétablir la chose en soi, qu'avait abolie, selon eux, la première édition. Selon le témoignage de Kant lui-même, la seconde édition fait simplement ressortir le côté réaliste de la doctrine, méconnu par certains lecteurs. L'affirmation de Kant se soutient très bien. La première édition n'abolissait pas la chose en soi, mais la connaissance théorique de la chose en soi, ce qui est très différent.

Prolégomènes à toute métaphysique future qui voudra se présenter comme science (1783). Ce court ouvrage donne une exposition analytique de la doctrine, que la *Critique de la raison pure* avait exposée synthétiquement, et dissipe les méprises qui s'étaient produites au sujet de certains points de cette doctrine.

Conception d'une histoire universelle au point de vue cosmopolitique (article de Revue, 1784).

Réponse à la question : Qu'est-ce que les lumières ? (article de Revue, 1784). Les lumières, dit Kant, c'est l'émancipation de l'intelligence.

Compte rendu de l'ouvrage de Herder intitulé : Idées concernant la philosophie de l'histoire de l'humanité (article de Revue, 1785). Kant y repousse la doctrine de l'unité essentielle de la nature et de la liberté.

Établissement de la métaphysique des mœurs (1785 ; 4ᵉ éd., 1797). Kant y détermine et y assure le principe fondamental de la moralité.

Principes métaphysiques de la science de la nature (1786 ; 3ᵉ éd., 1800). C'est l'établissement des axiomes de la physique pure.

Conjectures sur le commencement de l'histoire de l'humanité (1786).

De la médecine corporelle en tant qu'elle ressortit à la philosophie, discours en latin (1786 ou 1788).

De l'emploi des principes théologiques en philosophie (article 1788).

Critique de la raison pratique (1788 ; 6ᵉ éd., 1827). C'est la détermination de la nature de la loi morale et du genre d'adhésion que comportent les principes pratiques.

Critique de la faculté de juger (1790 ; 3ᵉ éd., 1799). Kant y traite du fondement et de la valeur des notions du beau et de la finalité.

Sur l'illuminisme et les remèdes à y opposer (1790), dissertation écrite à propos de Cagliostro.

Sur l'échec de toutes les tentatives des philosophes en matière de théodicée (1791).

La religion dans les limites de la pure raison (1793; 2ᵉ éd., 1794). C'est la déduction ou légitimation de la religion. Cela seul y est fondé, qui se rapporte à la morale. Il faut tendre à rendre la religion purement rationnelle.

Sur le lieu commun : « Cela est bon en théorie, mais ne vaut rien dans la pratique » (article de Revue, 1793). Kant y rejette cet aphorisme usuel non seulement en ce qui concerne la moralité, mais encore en ce qui concerne le droit politique et le droit des gens.

De l'influence de la lune sur le temps (article, 1794).

De la paix éternelle, essai philosophique (1795). Kant place dans la paix éternelle le but du développement historique de l'humanité, et cela, non pas au nom du sentiment, mais au nom de l'idée de justice.

Principes métaphysiques de la théorie du droit (1797; 2ᵉ éd., 1798). C'est la théorie du droit ou de la légalité, telle qu'elle se déduit de la critique de la raison pratique. *Principes métaphysiques de la théorie de la vertu* (1797; 2ᵉ éd., 1803). C'est la théorie de la moralité, telle également qu'elle suit de la critique. L'ensemble de ces deux ouvrages porte le titre de *Métaphysique des mœurs*.

La dispute des Facultés (ouvrage auquel est joint un article de 1797 : *Sur le pouvoir qu'a l'esprit de se rendre maître de ses sentiments maladifs par sa seule volonté* (1798). C'est le conflit de la Faculté de philosophie, représentant la vérité rationnelle, avec les trois autres, théologie, droit et médecine, lesquelles représentent les disciplines positives.

Anthropologie traitée au point de vue pragmatique (1798 ; 2ᵉ éd., 1800). L'anthropologie pragmatique est l'art de tirer parti des hommes en vue de ses propres fins.

Logique, ouvrage de Kant publié par Jæsche (1800).

Géographie physique, ouvrage de Kant publié par Rink (1802-3).

Sur la pédagogie, ouvrage publié par Rink (1803). Ce sont des observations tirées d'un cours fait plusieurs fois par Kant sur ce sujet.

Passage des principes métaphysiques de la science de la nature à la physique, ouvrage resté inachevé, écrit entre 1783 et 1803, publié d'abord par Reicke de 1882 à 1884, dans les *Altpreussische Monatschriften*, puis, plus complètement, par Albrecht Krause (1888). C'est le progrès de la déduction allant de la métaphysique de la nature matérielle à la physique expérimentale considérée comme science, c'est-à-dire comme système.

Réflexions de Kant sur la philosophie critique, publiées par Benno Erdmann (1882-84).

Lettres. Elles ne sont guère qu'au nombre de 100, dont 19 adressées à Marcus Herz.

II. — LA PÉRIODE ANTÉCRITIQUE[1]

Kant écrit, le 20 août 1777, que ses recherches, jusqu'ici spéciales et fragmentaires, ont pris enfin une forme systématique et l'ont conduit à l'idée du tout. Le développement de la pensée kantienne présente donc en premier lieu une longue période de formation, pendant laquelle des travaux de nature diverse sont d'abord entrepris pour eux-mêmes sans préoccupation de vue d'ensemble, puis confrontés les uns avec les autres en vue de leur conciliation. Ainsi Kant, dans le progrès de sa réflexion, va des parties au tout. Son idée maîtresse se forme par synthèse. Cette première période s'étend jusqu'à l'époque de l'élaboration de la critique, c'est-à-dire jusqu'à l'année 1770 inclusivement.

Le point de départ de la pensée kantienne, c'est, d'une part, un fonds de croyances chrétiennes et plus spécialement piétistes, la foi au devoir, le culte de l'intention morale, la conviction de la supériorité de la pratique sur la dogmatique ; de l'autre, un sens très vif et très pur de la science, la résolution de ne se régler, en ce qui concerne la connaissance de la nature, que sur l'évidence de l'expérience et des raisonnements mathématiques. Dès lors, c'est essentiellement la question des rapports de la science et de la religion qui va s'agiter

---

(1) Sources : Les ouvrages compris entre 1747 et 1770 inclusivement.

dans l'esprit de Kant, et cela, après que religion et science s'y seront développées indépendamment l'une de l'autre, chacune selon la méthode qui lui est propre.

Pendant la période antécritique, Kant médite tour à tour sur les différents objets que lui offrent, soit ses études, soit les circonstances.

Il est d'abord leibnitio-wolfien (1747-55), mais avec une tendance à accentuer la différence du mathématique et du réel.

Bientôt, avec Newton, il médite sur le mécanisme céleste (1754-63). Comme lui, il ne fera usage que de l'expérience alliée aux mathématiques. Mais Newton n'a pas posé le problème de l'origine. Kant croit que la méthode qui a pu établir le système actuel peut, de ce système même, remonter à la genèse : les forces qui conservent doivent être aussi celles qui ont créé. Et il entreprend de tracer l'histoire, non seulement possible, mais effective, de la formation du monde.

A l'origine était une matière élémentaire homogène, mue par des forces d'attraction et de répulsion, un chaos gazeux. Cette matière était maintenue à l'état de ténuité extrême par une température très élevée. Sous l'influence des forces qu'il renferme, ce chaos est animé, dans son ensemble, d'un mouvement rotatoire. Par le seul effet de ces conditions physiques, l'homogène va se différencier. La rotation détermine la formation de nébuleuses, animées elles-mêmes d'un mouvement de rotation. A leur tour, ces nébuleuses, par l'effet de la force centrifuge, donnent naissance à des anneaux, lesquels représentent les orbites des planètes à venir. Puis les anneaux se brisent et se rassemblent en planètes. De la même manière se forment les satellites.

La valeur scientifique de cette théorie est reconnue aujourd'hui même par des hommes tels que Helmholtz (*Mémoire sur la conservation de la force*, 1847) et Faye (*Revue scientifique*, 1884).

Elle est issue de considérations purement scientifiques. Mais tout de suite Kant la confronte avec les enseignements de la religion. La religion, dit-il, n'a rien à craindre d'une doctrine qui, si elle écarte la finalité extrinsèque et accidentelle, telle qu'on la rencontre dans les œuvres des hommes, implique, en revanche, une finalité essentielle et féconde, seule vraiment digne de Dieu. D'ailleurs, qui pourra jamais dire : « Donnez-moi de la matière et du mouvement, et je ferai une chenille » ? La vie, à tout le moins, surpasse invinciblement le mécanisme, et atteste Dieu.

A la suite de Wolff, Kant étudie les rapports du possible et de l'existence (1755). Le premier a pour loi le principe de contradiction, le second le principe de raison déterminante, irréductible au précédent. La raison déterminante est, ou antérieurement déterminante et raison d'existence, ou conséquemment déterminante et raison de connaissance. Seule, la raison antérieurement déterminante fournit la science complète. De ces principes Kant déduit l'impossibilité d'expliquer, soit le changement, soit la connexion actuelle des substances, par la seule analyse de leur essence propre. Tout rapport entre les substances doit survenir du dehors. La succession a ainsi son fondement dans une action externe qui constitue la réalité du monde, et la coexistence dans une connexion extrinsèque, qui implique l'existence de Dieu. C'est ainsi qu'en spéculant sur la métaphysique de Wolff, Kant aboutit à une déduction des principes du newtonisme. Son système, en ce moment, est un mécanisme réaliste suspendu à une théologie naturelle.

Traitant, avec ses contemporains, des rapports de la philosophie et des mathématiques (1756-64), Kant n'admet, ni que les concepts des mathématiciens, divisibilité à l'infini, plein absolu, mécanisme exclusif de toute notion de force, soient intelligibles pour l'entendement, ni que ces concepts soient vides et sans valeur réelle. Sujet de scandale pour le logicien, la mathématique n'en est pas moins la clef de la science de la nature. Newton en a fourni la preuve. Il s'agit de concilier la mathématique et la philosophie transcendantale, non de les sacrifier l'une à l'autre. Or, si l'on analyse les conditions de la spéculation mathématique et celles de la spéculation philosophique, on trouve que des deux côtés l'objet est une synthèse, mais que là il est construit par l'esprit, tandis qu'ici il lui est donné. Dès lors la méthode qui convient à l'une ne peut réussir dans l'autre. On traitera mathématiquement de tout ce qui est grandeur ; mais, pour connaître les qualités et les existences, on emploiera, avec Newton, l'expérience et la systématisation métaphysique. Il y a deux certitudes, deux vues sur la nature : celle de la démonstration mathématique et celle de l'expérience. Parties de points opposés, ces deux connaissances ne peuvent se rejoindre.

A l'instigation de l'esthéticien Baumgarten, des Anglais et de Rousseau, Kant s'essaye sur les questions de goût et de morale (1763-1766). Sa méthode consiste à prendre pour point de départ l'observation impartiale de la nature humaine. Nous devons, dit-il, aller de ce qui est à ce qui doit être. Mais son observation, malgré qu'il en ait, se mélange d'analyse métaphysique. Dans le donné il découvrira de l'absolu. Ce qu'il pense devoir observer, ce sont moins les idées et les choses que les mouvements internes de la sensibilité. A ce point de vue il est conduit à distinguer profondément le beau et le sublime. Cette distinction introduira la lumière et la précision dans les choses de la littérature et de l'art. Ainsi, il appartient à la tragédie d'être sublime, à la comédie d'être belle. La distinction s'applique aussi aux choses morales. La vraie vertu est sublime ; les bonnes qualités : bon cœur, sens de l'honneur, pudeur, ne sont que belles. La source de la vertu, c'est le sentiment de la beauté et de la dignité de la nature humaine, pris comme motif d'action. Ce principe doit être entendu en un sens formel : il consiste essentiellement en une règle obligatoire. Ce principe est indémontrable, et il est bon qu'il en soit ainsi. La Providence n'a pas voulu que les connaissances indispensables à notre félicité dépendissent de raisonnements subtils : elle les a confiées au bon sens naturel.

La prétention qu'affichait Swedenborg de communiquer directement avec les esprits est pour Kant l'occasion d'examiner ce que vaut la métaphysique, en tant qu'elle aussi affirme la possibilité de connaître des existences suprasensibles (1763-1766). La métaphysique semble trouver dans les faits affirmés par l'illuminisme une confirmation inattendue. Elle se justifie en apparence par la théorie qu'elle en fournit, comme le newtonisme se justifie par son explication des lois expérimentales du mouvement. Le malheur, c'est que l'illuminisme s'explique d'une manière bien plus simple et satisfaisante, comme une hallucination causée par certains troubles de l'organisme. Ne se pourrait-il pas, dès lors, que la métaphysique eût une origine analogue? Ne serait-elle pas, au fond, une simple hallucination de l'entendement, doublant d'une apparente existence logique les fantômes de l'hallucination sensible? Gardons-nous, toutefois, de conclure à l'entière inanité de la métaphysique. Elle met dans un plateau de la balance l'espoir d'une vie future. Or nous ne saurions vouloir que ce poids restât sans action sur notre esprit. Ce que nous savons, c'est que nous ne pouvons rien attendre de l'expérience, qui soit propre à confirmer nos croyances morales et religieuses. Mais ces croyances n'ont nul besoin de confirmation expérimentale : elles veulent et doivent être bres. En somme, ce qui suit de notre examen, c'est la nécessité de donner de la métaphysique cette définition nouvelle, laquelle favorise la pratique autant qu'elle s'impose à la théorie : la métaphysique est la science des limites de la raison humaine.

A la suite de Leibnitz, Kant étudie la nature de l'espace et du temps (1768-70). Plusieurs faits d'expérience, parmi lesquels l'existence réelle de figures symétriques, prouvent que l'espace des géomètres n'est pas une simple conséquence des rapports de situation des choses, mais le fondement même de la possibilité de ces rapports. La réalité de l'espace absolu étant ainsi établie, Kant se demande comment l'espace est possible, c'est-à-dire concevable sans contradiction. L'espace et le temps sont connus à priori, et en même temps sont des intuitions. Comment accorder ces deux caractères ? Le seul moyen, c'est de voir dans l'espace et dans le temps les conditions imposées à l'esprit humain par sa nature même, pour la perception des objets sensibles. L'espace et le temps ne concernent pas les choses telles qu'elles sont en soi, mais telles seulement qu'elles apparaissent à notre sensibilité. L'idée critique est éclose ; Kant toutefois ne l'applique encore qu'à la connaissance sensible ou mathématique

C'est sous l'influence de Hume que devait enfin se concentrer et se fixer une réflexion, jusqu'ici promenée sur tant d'objets divers (1762-80). La dialectique de Hume fit sur l'esprit de Kant une telle impression, qu'il ne songea bientôt plus qu'à résoudre les difficultés soulevées par l'illustre sceptique ; et dans cet effort se dégagea sa véritable originalité, s'épanouit l'idée qui devait être l'âme de sa philosophie. Kant a de bonne heure médité sur la relation de causalité : il a promptement vu ce qu'il y avait d'étrange dans une liaison qui ne saurait être analytique, et qui pourtant est nécessaire. Mais il ne songeait pas à en critiquer la légitimité. Hume vint l'éveiller de sa quiétude dogmatique, en lui criant qu'étranger à la raison, formé par la seule imagination à l'occasion d'une simple habitude, sous l'influence d'un instinct obscur, le concept de causalité ne saurait avoir d'objet en dehors de nous. Kant refusa de suivre Hume dans les déductions que celui-ci prétendait fonder sur son analyse. Que deviendrait, en effet, la liberté de la volonté, condition de la détermination morale, s'il n'existait pour nous que des phénomènes ; et que deviendrait la science elle-même, connaissance des choses comme nécessaires, si la causalité n'était qu'une liaison subjective ? Pour Kant, la science et la morale nous sont données, avec les caractères qui leur sont propres ; il appartient à la philosophie d'en expliquer la possibilité ou les conditions, non d'en discuter la réalité.

La thèse de Hume fut ainsi, pour Kant, non une doctrine, mais un problème et un point de départ. Comment se fait-il qu'un rapport dont les termes sont hétérogènes soit en même temps posé comme nécessaire, comme valable pour les choses? Telle se posait la question à étudier.

Il s'agissait d'abord de s'assurer que le principe de causalité ne procédait pas de l'expérience, car alors la nécessité en eût été radicalement inintelligible. Mais ayant remarqué que beaucoup d'autres concepts, tels que ceux de substance, d'action réciproque, etc., sont dans le même cas que celui auquel s'est attaqué Hume, et ayant réussi à déterminer exactement le nombre de ces concepts au moyen d'un seul principe, chose impossible pour des concepts d'expérience, Kant tint désormais pour établi que le concept de cause peut être reçu comme ayant une origine à priori. Est-il concevable, pourtant, qu'il existe des concepts à la fois à priori et synthétiques? Ne sont-ce pas là deux caractères incompatibles? Hume l'a cru, et il a quitté la partie là-dessus, renvoyant la causalité à l'expérience. Mais c'est qu'il partageait une erreur de son temps sur un point capital étroitement lié à la question, sur la nature des jugements mathématiques. Il tenait ces jugements pour analytiques et les mettait hors de cause. Le vrai, c'est qu'ils sont synthétiques ; et, comme leur caractère de nécessité et d'apriorité est incontestable et d'ailleurs incontesté, ils offrent un exemple de la réunion effective, dans notre connaissance, de l'apriorité et de la liaison synthétique. Rien donc n'empêche que le jugement de causalité ne soit à la fois synthétique et nécessaire.

Toutefois ce n'est pas assez qu'il soit nécessaire au sens où le sont les jugements mathématiques. Nécessaire, quand il s'agit de liaison causale, veut dire : applicable à priori aux choses réelles. Comment une telle propriété est-elle possible ? Si les objets étaient produits par l'entendement, ou les idées par les objets, l'accord des concepts et des choses ne présenterait pas de difficulté ; mais il n'en est pas ainsi : l'esprit et les choses sont deux mondes distincts. D'où pourra donc venir, pour l'esprit, le droit de dicter des lois aux choses ? Ce droit lui vient, répond Kant, des conditions mêmes de l'expérience, tant interne qu'externe : il n'y a pas d'autre explication possible.

Cette vue, d'où naîtra la déduction transcendantale, est le terme de la marche régressive qu'a provoquée la critique de Hume. Avec elle sont données la formule de la critique de Kant et l'idée maîtresse du système qu'il va maintenant construire.

III. — LA CRITIQUE

La critique kantienne de la raison pure est proprement une théorie de la science. Comme Newton a cherché le principe du système des corps célestes, ainsi Kant cherche le principe du système de nos connaissances.

---

(1) Sources : *Critique de la raison pure* ; *Prolégomènes* ; *Établissement de la métaphysique des mœurs* ; *Critique de la raison pratique* ; *Critique de la faculté de juger*.

La science est donnée, comme l'univers est donné : la philosophie ne se demande pas si elle est possible, mais comment elle est possible, c'est-à-dire concevable sans contradiction.

La science consiste dans deux disciplines, les mathématiques et la physique, et dans l'union de ces deux disciplines : il s'agit de rendre compte de ces faits. Les mathématiques se composent de jugements synthétiques à priori, c'est-à-dire de jugements où le sujet est lié à priori à un prédicat qui n'y est pas contenu. Il en est de même de la physique ; et, depuis Newton, la certitude de cette dernière, qui traite des choses elles-mêmes, ne le cède en rien à celle des mathématiques, qui ne traitent que des rapports de grandeur. Comment ces caractères sont-ils intelligibles, d'où procèdent-ils, et qu'est-ce que la science, considérée dans ses principes générateurs ? Résoudre ces questions, tel est l'objet des recherches de Kant.

C'est à la philosophie qu'il appartient d'instituer ces recherches. Or le principe inviolable qu'elle fournit en cette matière est le suivant : toutes nos connaissances ont leur point de départ dans l'expérience. Il s'agit de savoir si de ce principe se peut déduire la théorie de la science, telle qu'elle nous est donnée ? Le problème se ramène donc à la question suivante : Qu'est-ce que l'expérience ? Est-elle une unité irréductible, ou l'analyse y peut-elle discerner des éléments divers ? Parmi ces éléments, en est-il d'à priori ? Ces éléments à priori rendront-ils compte, et en quel sens, de la nécessité propre aux jugements de la science ?

Dans l'expérience, un objet est premièrement donné, secondement pensé. Comment cela est-il possible ?

Pour qu'un objet nous soit donné, il faut qu'il se présente à nous dans l'espace et dans le temps. Les notions d'espace et de temps nous sont-elles fournies par l'expérience ? Non, car, avant toute expérience, nous savons que les objets qui nous seront donnés le seront dans l'espace et dans le temps. Ce sont donc des éléments à priori. De quelle nature ? Sont-ce des concepts ? Non, car l'espace et le temps sont des objets uns, homogènes et infinis, caractères opposés à ceux que présentent les objets des concepts. L'espace et le temps sont des substrats des choses et des objets d'intuition. Sont-ils donc des réalités suprasensibles situées en dehors de nous ? Non, car la conception de deux non-êtres infinis comme substances est impossible. La représentation de l'espace et du temps ne peut être, en définitive, qu'une intuition portant sur la forme de notre sensibilité même. L'espace et le temps sont notre manière de voir les choses.

Mais, s'il en est ainsi, nos idées de lieu et de durée ne sont-elles pas purement subjectives ? Que va devenir, dans une telle doctrine, la vérité des mathématiques ?

L'objection est mal fondée, car, en réalité, c'est dans les théories dogmatiques, isolant le sensible du mathématique, que l'accord de l'un avec l'autre est indémontrable. Entendue selon sa vraie nature, comme un système de jugements synthétiques à priori, la mathématique est justifiée, du moment où les objets ne peuvent nous affecter qu'en se soumettant aux lois de l'espace et du temps. Sans doute nous ne pouvons dire que les choses possèdent, en elles-mêmes, des manières d'être que nous ne nous expliquons que comme formes de notre faculté de sentir. Mais nous savons à priori que tout objet de notre sensibilité sera conforme à la mathématique, ce qui suffit à assurer l'objectivité de cette science. Idéalité transcendantale, réalité empirique, tels sont les deux caractères de l'espace et du temps. Ils expliquent et déterminent la possibilité des mathématiques.

Ainsi s'explique la première condition de l'expérience ; il y en a une seconde. Il ne suffit pas qu'un objet soit donné, il faut en outre qu'il soit pensé. La pensée suppose-t-elle des éléments à priori ?

La pensée consiste à établir entre deux termes un rapport objectif de sujet à prédicat, c'est-à-dire à affirmer l'un de l'autre comme lui appartenant réellement et nécessairement. C'est ce qui a lieu, par exemple, quand nous disons qu'une chose est la cause ou la substance d'une autre. Une telle liaison ne peut être fournie par l'expérience, qui ne donne rien de nécessaire. Elle est donc connue à priori, mais en quel sens ? Si nous considérons la logique telle qu'elle est conçue depuis Aristote, nous remarquons qu'elle fournit bien des liaisons nécessaires, mais qu'elle est impuissante à déterminer un terme vis-à-vis de l'autre comme sujet réel. Il y a dans toute déclaration relative à l'existence quelque chose qui dépasse la pure logique. Affirmer d'un objet qu'il est cause, c'est franchir les limites de son concept. Or, nous n'avons pas cette intuition intellectuelle du tout, qui seule permettrait d'en découvrir les parties par analyse. Nous allons des parties au tout par voie discursive. De quel principe dépendent donc les différents rapports qui constituent la pensée ?

En dehors de ceux que nous avons dû rejeter, il ne reste que l'entendement lui-même ou faculté de juger. De même que les relations de grandeur ne sont, au fond, que les formes de notre sensibilité, de même les relations qualitatives des choses ne peuvent être que les catégories de notre entendement.

S'il en est ainsi, la fonction logique de l'entendement nous permettra de découvrir et de systématiser tous les concepts qui président aux jugements d'existence. Car des deux côtés il s'agit pour l'entendement d'unifier ; seule, la portée de l'unification diffère. La table des modes de l'unification logique fournit ainsi le modèle de la table des catégories.

Voici la table logique des jugements : 1° au point de vue de la quantité : propositions universelles, particulières, individuelles ; 2° au point de vue de la qualité : propositions affirmatives, négatives, indéterminées ; 3° au point de vue de la relation : propositions catégoriques, hypothétiques, disjonctives ; 4° au point de vue de la modalité : propositions problématiques, assertoriques, apodictiques.

Voici la table transcendantale des concepts de l'entendement : 1° au point de vue de la quantité : unité, multiplicité, universalité ; 2° au point de vue de la qualité : réalité, négation, limitation ; 3° au point de la relation : inhérence et subsistance, causalité et dépendance, action réciproque ; 4° au point de vue de la modalité : possibilité ou impossibilité, existence ou non-existence, nécessité ou contingence.

Tel est le système des concepts ou catégories à l'aide desquels nous unissons nos représentations des choses. Ces concepts n'étant que les modes d'action de notre entendement sont, en eux-mêmes, vides de tout contenu. Ils ne peuvent trouver leur emploi que si une matière leur est fournie ; et la seule matière dont nous disposons est l'intuition sensible. Les concepts n'ont-ils donc qu'une valeur subjective ; et, tandis que l'esthétique transcendantale ou analyse de la sensibilité a pu conclure à un réalisme mathématique, l'analyse de l'entendement ou logique transcendantale devra-t-elle s'en tenir à cet idéalisme logique qui résout les choses en modes de la pensée ?

Ici se place la fameuse déduction transcendantale, dont l'objet est d'établir la valeur objective des catégories, c'est-à-dire la possibilité d'obtenir, au moyen des catégories telles qu'elles ont été déterminées, la connaissance, non seulement de notre manière de penser, mais des choses mêmes. Cette possibilité sera démontrée, si l'on peut prouver que les catégories sont elles-mêmes la condition de l'existence de réalités à notre point de vue. Les catégories s'appliquent aux choses, si les choses, pour nous, ne sont possibles que par elles.

Selon notre condition, pour qu'il y ait connaissance d'une chose, il faut qu'il y ait distinction d'un sujet et d'un objet : le « je pense » doit pouvoir accompagner toutes nos représentations. Mais, pour qu'une telle distinction soit possible, il faut qu'il existe entre les deux termes un rapport analogue à celui des quantités positives et négatives en mathématiques, un rapport d'opposition sur un terrain commun. Le sujet étant une action unifiante, il faut que l'objet soit un multiple unifié. C'est donc par le fait d'être unifiées, et d'être unifiées pour le sujet, que des choses peuvent être données comme objet.

Or, comment cette condition pourrait-elle être remplie, si le multiple n'était pas unifié par le sujet lui-même ? Sans doute la conscience empirique ne perçoit pas cette formation de l'objet. L'opération a lieu dans la région profonde de l'aperception transcendantale que suppose la conscience empirique ; et quand se pose le moi particulier, il trouve devant lui l'objet tout formé et le prend pour une chose brute. Mais cette chose est l'œuvre de la pensée, et c'est pour cela que la pensée, en chacun de nous, y retrouve ses lois. Les catégories s'appliquent donc nécessairement aux choses elles-mêmes en tant qu'il en existe pour nous, et ainsi elles ont une valeur objective.

D'autre part, comme les seules intuitions dont notre entendement dispose pour en former des objets sont nos intuitions sensibles, et comme celles-ci ne représentent pas les choses telles qu'elles sont en soi, mais seulement les exigences de notre sensibilité, c'est une suite de notre condition humaine que notre connaissance, même intellectuelle, ne puisse atteindre à l'absolu, mais reste enfermée dans le monde de l'expérience. Réalisme empirique, idéalisme transcendantal demeurent termes associés et corrélatifs.

Par là même, en revanche, une place se trouve réservée pour le suprasensible lui-même. En effet, le concept de chose en soi, en même temps qu'il est limitatif des prétentions de notre science, nous permet de concevoir un monde autre que celui que nous connaissons, susceptible, par suite, d'être affranchi des conditions de notre connaissance, notamment de la liaison nécessaire qui s'oppose à la liberté. Au phénomène, il nous est permis de superposer le noumène.

En cette doctrine consiste essentiellement la révolution philosophique opérée par Kant. Au lieu d'admettre, conformément aux apparences, que la pensée gravite autour des choses, Kant, nouveau Copernic, fait graviter les choses autour de la pensée. De ce point de vue, dit-il, le désordre et l'inexplicable font place à l'ordre et à l'intelligible. L'accord des lois de la nature avec les lois de notre esprit n'est plus un problème insoluble ou un objet de foi : c'est une vérité scientifiquement démontrée. Et cette révolution, qui garantit la valeur objective de la science, n'est pas moins propice à la morale, laquelle, dans le champ ouvert par la critique, peut désormais se développer sans entraves, conformément aux lois qui lui sont propres. « Ce n'était qu'en abolissant le savoir, dit Kant à propos de la prétendue connaissance du suprasensible, que je pouvais obtenir une place pour la croyance. »

Cependant il ne suffit pas d'établir que, pour être pensés et devenir objets, les éléments divers de l'intuition doivent être rangés sous les concepts de l'entendement. Comment le concept, qui est l'un et l'universel, s'unira-t-il au phénomène, qui est le divers et le particulier? Comment serons-nous déterminés à appliquer à l'intuition telle catégorie plutôt que telle autre ? Un moyen terme est ici nécessaire.

Ce moyen terme nous est fourni par une faculté intermédiaire entre l'entendement et la sensibilité : l'imagination. Dans la forme du sens interne, c'est-à-dire dans l'intuition temporelle, l'imagination trace à priori des cadres où peuvent entrer les phénomènes et qui indiquent la catégorie sous laquelle ils doivent être rangés. Kant appelle ces cadres *schèmes des concepts de l'entendement pur*. Chaque catégorie a son schème. Celui de la quantité est le nombre, celui de la substance est la permanence du réel dans le temps, celui de la causalité est la succession régulière des phénomènes, et ainsi de suite. L'observation d'une succession régulière, par exemple, est pour nous le signal de l'emploi de la catégorie de cause.

Les schèmes, toutefois, ne suffisent pas encore à objectiver les phénomènes, parce qu'ils ne font que provoquer l'emploi d'une catégorie donnée, sans donner la justification de cette opération. Mais ils rendent possibles des jugements synthétiques à priori qui achèvent l'élimination du subjectif. Ces jugements sont les principes de l'entendement pur. L'entendement les forme à priori en déterminant les conditions d'un emploi objectif des schèmes. Tels sont : le principe de la quantité : « Toutes les intuitions sont des grandeurs extensives »; le principe de la qualité : « Dans tous les phénomènes, la sensation, ainsi que le réel qui y correspond dans l'objet, a une grandeur intensive, un degré. » Le principe de la relation est le suivant : « Tous les phénomènes ont une liaison nécessaire dans le temps. » Le principe de la modalité indique en quel sens une chose doit s'accorder avec les conditions de l'expérience pour être possible, réelle ou nécessaire. La démonstration de ces principes consiste à montrer que, sans eux, la signification des schèmes reste indéterminée ; que le sensible ne peut être fixé, objectivé que par l'intellectuel. C'est ainsi que la succession, par exemple, loin qu'elle fonde la causalité, ne peut elle-même être considérée comme objective que si elle repose sur la causalité.

Arrivé à ce point, Kant est en mesure d'accomplir la seconde des deux tâches qu'il s'était imposées et qui était de justifier la physique et son alliance avec les mathématiques. Les deux premiers principes, dits mathématiques, fondent l'application de la mathématique à la science de la nature. Les deux autres, appelés dynamiques, fondent les lois physiques proprement dites. Dans leur ensemble, les principes de l'entendement pur constituent les premiers linéaments de la philosophie naturelle. Cette théorie, en même temps qu'elle était la justification métaphysique de la science newtonienne, fut le point de départ de la spéculation qui, sous le nom de philosophie de la nature, brilla, avec Schelling, d'un dangereux éclat.

Kant a jusqu'ici analysé la sensibilité et l'entendement. Reste la raison proprement dite. L'objet de cette faculté est l'unification complète de la connaissance. Ses syllogismes supposent un inconditionné comme point de départ. La raison est ainsi la faculté des idées, ou concepts de la synthèse totale des conditions.

Il est certain, d'après ce qui précède, que les idées de la raison n'ont pas d'objet réel. Dépassant l'expérience possible, elles ne peuvent être que des principes régulateurs et non constitutifs, de la connaissance. Mais l'illusion qui nous fait croire à leur objectivité est naturelle, comme celle de l'homme qui croit la lune plus grosse à son lever qu'à son passage au méridien. Il ne suffit pas, pour la faire cesser, de démontrer la fausseté de notre opinion, il faut en découvrir la source : il faut démontrer qu'en ce domaine, contrairement à ce qui a lieu quand il s'agit d'objets d'expérience possible, il est entièrement illégitime de passer du logique au réel ; il faut dénoncer la dialectique qui se cache au fond de la métaphysique dogmatique.

La raison croit pouvoir édifier : 1° une psychologie rationnelle, sur l'idée de l'âme-substance ; 2° une cosmologie rationnelle, sur l'idée du monde comme réalité absolue ; 3° une théologie rationnelle, sur l'idée de Dieu comme fondement absolu de la possibilité de l'être en général. Dans chacun de ces domaines, elle s'abuse sur sa puissance.

Quant elle conclut de la réalité de l'être pensant à l'existence d'un sujet absolu, elle passe illégitimement d'une unité de forme à une unité substantielle, et commet un paralogisme.

Lorsqu'elle essaye de déterminer l'existence absolue qu'elle attribue au monde, elle s'engage dans des antinomies insurmontables. Elle prouve, en effet, avec une égale rigueur, par l'absurdité de la proposition contradictoire, que le monde a des limites, et qu'il n'en a pas ; qu'il est composé de parties simples, et qu'il est divisé à l'infini ; que la liberté existe et qu'il n'existe rien de libre ; qu'il y a un être nécessaire, et qu'il n'existe que des êtres contingents. La production même de ces antinomies prouve l'illégitimité du point de vue qui leur donne naissance, à savoir de la supposition d'un monde existant en soi. Dans les deux premières antinomies, thèse et antithèse sont également fausses. Dans les deux dernières, elles deviennent vraies l'une et l'autre, si l'on recourt à cette distinction du phénomène et du noumène, qu'a provoquée l'analyse de l'entendement. Le libre et l'absolu sont possibles dans le monde des noumènes, tandis que la causalité naturelle et la contingence règnent dans l'ordre des phénomènes.

Quand enfin la raison spécule sur l'être parfait, elle ne fait qu'ériger gratuitement en réalité, en substance, en personne, l'idéal en qui elle rassemble toutes les manières d'être des choses finies. Aussi les raisonnements qu'elle forme pour démontrer l'existence de cette personne suprême ne se soutiennent-ils pas. L'argument ontologique, sur lequel reposent tous les autres, considère à tort l'existence comme un prédicat, que l'analyse peut tirer d'un concept : l'existence est la position d'une chose hors de la pensée, et demeure invinciblement inaccessible à l'analyse. L'argument cosmologique ajoute à cette erreur l'affirmation d'une cause première au nom du principe de causalité, lequel précisément, dans le sens où il est garanti, exclut la possibilité d'une première cause. Enfin l'argument physico-théologique ou des causes finales ajoute aux vices des deux premiers la fausse assimilation du monde à une œuvre humaine et le passage arbitraire d'un Dieu architecte à un Dieu créateur et parfait.

La cause générale de cette dialectique de notre raison, c'est notre disposition naturelle à croire que les conditions de notre pensée sont aussi les conditions de l'être, que les lois de notre connaissance sont les lois de la réalité. Seule, la critique peut dissiper cette illusion; mais la nécessité de la critique n'apparaît que dans les conséquences de cette illusion même. Les idées de notre raison ne correspondent à rien de réel : elles n'en sont pas moins utiles, comme principes excitateurs et régulateurs. Elles nous interdisent de nous reposer dans la recherche des causes. Nous ne pouvons commencer par Dieu, mais nous devons y tendre.

Ainsi se trouve constituée le critique, où Kant voit le terme de l'éducation de la raison. L'esprit humain a débuté et a dû débuter par le dogmatisme, ou croyance aveugle à l'existence absolue des objets de nos pensées : le leibnitio-wolffianisme en est l'expression achevée. Puis est venu le scepticisme, excellemment représenté par Hume, qui, des vices du dogmatisme, conclut à l'impossibilité de connaître la réalité, à la subjectivité absolue de la connaissance. Mais le scepticisme n'est qu'un avertissement de se défier du dogmatisme. La critique, ou science de notre ignorance, nous interdit de spéculer sur la nature des choses telles qu'elles sont en elles-mêmes ; mais en même temps elle soustrait l'expérience à l'imagination et au sens individuel, pour en faire un objet commun à toutes les intelligences humaines, réel par conséquent et substantiel pour nous. Et du même coup, la critique affranchit l'être en soi du fatum que la présomption de l'entendement faisait peser sur lui ; elle rend concevable un monde où régneraient sans partage la liberté et les lois morales. Double utilité, tant pratique que spéculative, qui atteste l'accord providentiel de nos besoins avec nos facultés de connaître.

La critique de la raison pure a expliqué la possibilité de la science : il s'agit maintenant d'expliquer dans le même sens la possibilité de la morale. Nous ne cherchons pas si la morale est possible, puisqu'elle est, mais sur quoi elle repose et quelle en est la signification. Ici encore une saine philosophie ne peut admettre d'autre point de départ de la connaissance que l'expérience, mais il est nécessaire d'analyser cette expérience.

L'idée générale fournie à cet égard par la raison commune est le concept de bonne volonté. Ce concept est-il tout empirique ?

Quand on l'examine, on y trouve impliquée l'idée d'une loi qui doit être observée pour elle-même, sans nul égard aux conséquences que pourront entraîner les actions qu'elle commande. Cette loi n'est pas un impératif hypothétique dépendant de telle ou telle fin à atteindre : c'est un impératif catégorique. Elle ne se peut formuler qu'en ces termes : agis de telle sorte que tu puisses vouloir que la maxime de ton action soit érigée en loi universelle. Or un tel principe ne procède pas de l'expérience, mais est connu à priori.

Pouvons-nous en découvrir la source ? Si l'on cherche à quelles conditions un principe pratique peut être pour nous universellement obligatoire, on trouvera qu'il ne doit supposer aucun objet ou matière comme mobile de la volonté. En effet, étant donné nos facultés, il n'y a d'autres objets pour nous que les objets empiriques. la seule matière dont nous disposions dans l'ordre pratique est le plaisir ou satisfaction de l'amour de soi ; et le plaisir ne peut fournir un principe universel et obligatoire. Seule, l'intention de notre volonté dépend entièrement de nous et remplit les conditions requises. La loi est donc un principe purement formel, qui ne suppose autre chose qu'elle-même et une volonté libre pour l'accomplir. Elle a sa racine dans l'autonomie de la volonté.

Mais par là même n'est-elle pas illusoire? Détachée des choses et ramenée au sujet, n'est-elle pas purement subjective? Pourrons-nous échapper à l'idéalisme dans l'ordre pratique, comme nous y avons échappé dans l'ordre théorique ?

Déduire la loi morale des conditions de l'expérience est chose impossible, puisque tout objet de l'expérience doit être écarté de la détermination morale ; mais, par contre, la loi morale fonde elle-même une déduction de la liberté. Si je dois, c'est que je puis. D'autre part, la raison spéculative, si elle a dû s'interdire de connaître la liberté, ne l'en a pas moins admise comme possible, même théoriquement ; et ainsi la loi morale a un point d'attache dans la réalité des choses telle qu'elle nous est théoriquement connue, à savoir dans cette région de l'existence à laquelle nous renvoie la connaissance des choses comme phénomènes. Si la loi morale est la *ratio cognoscendi* de la liberté, celle-ci fournit à celle-là sa *ratio essendi*.

Mais jusqu'ici nous n'avons atteint qu'un principe, une loi formelle. Or la morale nous offre en outre des concepts, dont les deux principaux sont ceux du bien et du mal. Pourrons-nous arriver à nous rendre compte de ces concepts ? Il s'agit, après avoir éliminé toute matière empirique, de tirer une matière nouvelle d'un principe posé comme purement formel.

La marche qu'il nous faut suivre est en apparence paradoxale. N'est-ce pas le devoir qui se déduit du bien, et non le bien qui se détermine par le devoir ? Les anciens, dans leur recherche du souverain bien, ont suivi constamment la première marche, la marche dogmatique. Or, bon gré mal gré, ils en sont venus à fonder la morale sur des données empiriques. Il n'en pouvait être autrement. Du bien l'on ne peut tirer le devoir, si ce bien n'est déjà le bien moral, et il n'est tel que si déjà on y a mis le devoir qu'on en veut déduire. Au contraire, l'on peut, par le devoir, déterminer le bien : on peut, pour la loi posée comme première, trouver un objet convenable dans le monde sensible lui-même, le seul qui soit à notre portée. Car ce monde sensible, loin de répugner à l'universalité qui caractérise la loi morale, est lui-même soumis à des lois universelles. Le bien, ce sera donc la réalisation, dans le monde sensible, d'une forme d'universalité qui puisse être le symbole de la raison pratique.

Kant, par cette doctrine, repousse le mysticisme autant que l'empirisme. Si le principe de la détermination doit être puisé dans le monde des noumènes, c'est dans le monde des phénomènes que se réalisera et s'exercera la moralité. Et le principe même de la détermination ne restera pas sans rapport avec la nature. Il existe un sentiment qui est dans la nature et qui en même temps la dépasse, c'est le respect, affection spéciale que suscite l'idée de la loi dans une âme douée de penchants sensibles en même temps que de raison. Le respect est le mobile moral. L'inclination qu'il enveloppe, et qui vient de la volonté, ne fait nul tort à la pratique désintéressée du devoir.

Ainsi se trouve expliquée et définie la morale donnée, dans tous les éléments qu'elle renferme : mobiles, concepts, principes. Ici encore, il a suffi de remonter de l'expérience à ses conditions, pour expliquer ce qu'il y a d'absolu dans nos connaissances, sans déroger au principe général de la science et de la philosophie modernes.

Et non seulement la critique assure ainsi les fondements de la morale ; mais, du point même où l'a menée cette recherche, elle découvre la source et la raison des croyances religieuses. La raison commande l'entier accomplissement du devoir, et exige l'union de la vertu et du bonheur. Comment la réalisation d'un tel objet est-elle possible ?

La nécessité de répondre à cette question nous conduit à des propositions théoriques non démontrables comme telles, mais liées inséparablement à des vérités pratiques d'un caractère absolu. Kant appelle ces propositions des *postulats*. Il en établit trois :

1° La liberté : elle est nécessaire pour que l'homme puisse se déterminer, en dehors de tout attrait sensible, d'après les lois d'un monde purement intelligible. Sans doute elle n'intervient pas dans le cours des phénomènes, lesquels cesseraient d'être objets d'expériences possible si la causalité y était violée. Mais elle est pleine et entière dans le monde des noumènes, où elle fonde la personnalité, où elle crée en chacun de nous un caractère intelligible, dont notre caractère empirique est le symbole.

2° L'immortalité : elle est nécessaire pour que puisse se réaliser le progrès indéfini, sans lequel la parfaite adaptation de notre volonté à la loi morale demeure inconcevable.

3° Dieu : il est nécessaire pour établir, entre la moralité et le bonheur, cet accord que la raison exige, et dont ni l'une ni l'autre ne contient le principe.

La morale conduit de la sorte à la religion, non

comme à une science théorique expliquant la nature des choses, mais comme à la connaissance de nos devoirs en tant que commandements divins.

C'est ainsi que la critique, en poursuivant sa marche, rétablit peu à peu toutes les existences suprasensibles qu'elle avait renversées. En cela se contredit-elle ? En aucune façon ; car elle ne prend plus ces existences dans le même sens. La critique de la raison pure a montré que de tels objets ne sont pas connaissables théoriquement, c'est-à-dire à l'aide d'intuitions qui les déterminent. Ce résultat subsiste. Mais la critique de la raison pure ne nous interdisait pas, elle nous permettait au contraire et nous sollicitait de concevoir des objets supérieurs à l'expérience. D'autre part, la critique de la raison pratique ne nous dévoile en aucune façon le monde que nous fermait la critique de la raison pure, elle ne nous en donne pas l'intuition, mais elle nous présente comme liés à l'existence du devoir les objets sur lesquels ne pouvait se prononcer la raison théorique. Elle nous amène à dire, non pas : Il est certain qu'il y a un Dieu et une immortalité, mais bien : Je veux qu'il y ait un Dieu, je veux que mon être soit, par un côté, libre et immortel. C'est là, non une science mais une croyance rationnelle, pure, pratique. Nous ne pouvons ni voir l'objet, ni le déduire de ce que nous voyons, nous ne pouvons que le concevoir. Heureuse impuissance ! Car si nous étions en possession de la faculté qui nous manque, au lieu du devoir qui trempe et ennoblit notre volonté, Dieu et l'éternité, avec leur majesté redoutable, seraient constamment devant nos yeux, et, par la crainte dont ils nous frapperaient, nous réduiraient à l'état de marionnettes, gesticulant à propos, mais privées de vie et de valeur morale. « La sagesse mystérieuse par laquelle nous existons n'est pas moins admirable dans les dons qu'elle nous a refusés que dans ceux qu'elle nous a accordés. »

La critique a pu rendre compte de l'existence de la science et de la morale. Pour épuiser les divers ordres de nos connaissances, il reste à examiner les notions de goût et de finalité. L'expérience pourra-t-elle en fournir le principe et la mesure ?

La donnée expérimentale qui est ici en jeu est le jugement, non plus le jugement déterminant, qui va du général au particulier, mais le jugement réfléchissant, qui s'élève du particulier au général. Ce jugement est celui qui affirme, dans la nature, l'existence, non plus seulement de lois en général, mais de telles lois déterminées. Il requiert un principe spécial, qui ne peut être que le suivant : de même que les lois universelles de la nature ont leur fondement dans notre entendement, qui les prescrit à la nature, de même, en ce qui concerne les lois empiriques et particulières, tout se passe comme si ces lois avaient été également dictées par un entendement, se proposant de rendre intelligible et objectif le détail même des phénomènes. Cette raison des lois particulières peut être cherchée, soit dans l'accord des choses avec notre faculté de connaître, c'est-à-dire dans le beau, soit dans l'accord des choses avec elles-mêmes, c'est-à-dire dans la finalité.

L'appréciation du beau ne saurait s'expliquer par la seule sensation, comme le veut l'anglais Burke. Le beau n'est pas l'agréable : il est désintéressé, il est l'objet d'un véritable jugement. Mais elle ne s'explique pas non plus par la seule raison, comme le veut le wolffien Baumgarten. Le beau n'est pas le parfait : il ne réside que dans la forme de l'objet, non dans sa matière ; et, s'il plaît, c'est sans y viser, par sa seule harmonie, par une sorte de finalité sans fin : en un mot, il participe du sentiment. Formé à priori et en même temps subjectif, où le jugement de goût peut-il prendre sa source ?

Il n'est explicable que comme opération d'un sens commun esthétique, ou faculté de percevoir un accord entre notre faculté sensible de connaître et notre faculté intellectuelle. Sont beaux les objets en présence desquels notre imagination se trouve, d'elle-même, satisfaire notre entendement. Le beau est le sentiment d'un jeu de nos facultés, analogue au jeu physique, où l'observation spontanée d'une règle librement posée n'entrave en rien le libre essor de l'activité. Le beau, par suite, ne réside qu'en nous ; il n'a d'autre source et d'autre règle que le sens spécial en qui se rencontrent la sensibilité et l'entendement.

Du beau proprement dit, que nous venons d'analyser,

il faut distinguer le sublime, comme une autre espèce du même genre. Tandis que l'objet beau est la réalisation sensible adéquate de l'idée, l'objet sublime est la défaite de l'imagination, s'épuisant en vains efforts pour représenter une idée qui la surpasse. De l'infini il n'y a point d'images, mais seulement des symboles. Le fonds du sublime comme du beau ne peut donc être que notre nature suprasensible, en même temps que le besoin d'un accord entre cette nature et notre nature sensible.

Mais le résultat de cette analyse n'est-il pas de dénier au jugement de goût toute valeur objective? Il en serait ainsi, si l'objectivité du beau devait consister pour nous en une propriété des choses en soi; mais une telle objectivité est une chimère. Le sens du goût que nous avons dégagé a une portée objective, en tant que lui seul rend intelligible le caractère de beauté que nous attribuons aux objets, et en tant que ce sens même doit être considéré comme identique en tous les êtres formés d'une sensibilité et d'un entendement discursif. L'universalité de la faculté suffit à fonder l'objectivité de l'opération.

Que si maintenant nous considérons les choses de goût et spécialement l'art, dont l'existence nous est donnée, notre doctrine en fournira la théorie. L'art est un produit de l'intelligence, et doit paraître un produit de la nature; il a un but et doit sembler n'en pas avoir; il observe les règles ponctuellement, et il les observe sans marquer d'effort. Tous ces caractères s'expliquent, du moment qu'il y a en l'homme une faculté où l'entendement, qui pense et qui règle, coïncide avec l'imagination, qui voit, sent et invente. La source du génie est découverte dans l'essence générale de l'homme. Et l'on voit en même temps comment les arts sont d'autant plus élevés que leur objet est plus humain.

L'idéalité du beau est d'ailleurs la seule doctrine qui permette de résoudre l'antinomie à laquelle donne lieu le jugement de goût. On discute sur le beau, et pourtant l'on ne peut en rendre compte par démonstration. Cela serait incompréhensible, si le beau appartenait aux choses en soi. Mais d'autre part le beau ne saurait être, comme l'espace et le temps, enfermé dans le monde sensible. On discute sur le beau, et en même temps on est dans l'impossibilité de rien démontrer, parce que le jugement de goût repose sur un principe qui tient à la fois du concept et de l'intuition, sur un concept indéterminé : le concept de fonds suprasensible des phénomènes. Le beau est le symbole du bien moral, et c'est vers ce bien qu'obscurément nous dirige le goût.

Le second principe des lois naturelles particulières se tire de la finalité. Existe-t-il véritablement dans la nature des harmonies que ne puisse expliquer le mécanisme ou système des causes et des effets?

Partout où la finalité n'est qu'extérieure et ne consiste que dans l'utilité d'un être à l'égard d'un autre, l'explication mécanique suffit, car il s'en faut de beaucoup que cet accord des différents êtres entre eux soit la règle dans la nature. Mais il existe un cas où la finalité, étant interne, ne peut plus être expliquée par les hasards du mécanisme : c'est celui des êtres organisés. Le vivant se produit lui-même, et comme espèce et comme individu ; et les parties y sont conditionnées par l'ensemble même qui doit en résulter. L'effet y est cause de sa cause, la cause y est effet de son effet. Une telle relation dépasse le mécanisme, un tel être est fin en même temps que produit de la nature. Comment cela est-il possible ?

En vain le dogmatisme essaie-t-il de répondre, soit par l'hylozoïsme qui fait la nature intelligente, soit par le théisme, qui insère l'action de l'intelligence dans le tissu des phénomènes : le premier prête à la matière des qualités qui répugnent à son essence, le second prétend vainement pénétrer les desseins de Dieu. L'organisation, finalité interne, n'est pas connaissable dans sa cause. La finalité, pour nous, ne peut être qu'idéale : c'est notre manière de considérer une certaine classe de phénomènes.

Une telle doctrine est-elle un résultat purement négatif ? En aucune façon.

C'est déjà savoir quelque chose de la nature que de connaître qu'en certains de ses produits elle nous est inconnaissable. Soit dans sa portée restrictive, soit dans sa portée positive, ce principe nous instruit. Il n'est pas constitutif, mais il est régulateur. A ce titre il sert la science. S'il ne rend pas plus intelligible la production des choses, il fournit des anticipations qui aident à trouver les lois particulières de la nature. Il allume des phares dans l'infini.

En ce qui concerne la métaphysique, une telle conception de la finalité permet seule d'échapper à l'antinomie traditionnelle du mécanisme et de la téléologie. Sur le terrain de l'être en soi où les deux systèmes sont placés, ni le premier ne peut expliquer ce qu'il appelle l'illusion de la finalité, ni le second ne peut prouver que son explication transcendante est nécessaire. Le principe des causes finales, au contraire, devient inattaquable, du moment où il n'est qu'un point de vue sur les choses.

Et il ouvre à notre conception, sinon à notre connaissance, une perspective sur l'absolu lui-même. Comment, en effet, arrivons-nous à poser l'idée d'une fin comme cause d'un phénomène ? L'impossibilité où nous sommes de déduire le particulier de l'universel vient de ce qu'en nous l'entendement et l'intuition sont séparés : nos concepts sont vides, et nos intuitions sont impuissantes à se lier en lois. Comment donc affirmer l'existence de lois particulières ? Le problème se résout de la manière suivante. Nous concevons que la difficulté qui nous arrête n'existerait pas pour un esprit en qui l'entendement ne ferait qu'un avec la sensibilité, pour un entendement intuitif. Un tel esprit, au lieu d'aller des parties au tout, comme notre entendement discursif, et de voir, par suite, dans le tout un résultat contingent, irait du tout aux parties et, d'emblée, verrait celles-ci dans leur connexion nécessaire. Pour lui mécanisme et finalité coïncideraient. Or, l'idée d'une telle intelligence une fois conçue, notre entendement, pour s'en rapprocher à sa manière, substitue au tout l'idée du tout, et pose cette idée avant ses intuitions, comme cause des rapports spéciaux qui les unissent. A l'emploi de la notion de fin est ainsi liée la conception d'un entendement intuitif, comme fondement possible dans l'absolu de l'ensemble des harmonies de la nature.

Cette déduction du jugement téléologique détermine l'usage que nous en devons faire.

En ce qui concerne l'explication des phénomènes de la nature, nous avons le droit de nous placer le plus possible au point de vue mécanique, mais nous ne pouvons le faire partout avec un égal succès. Le fait de la vie nous oppose un obstacle invincible. Nous ne saurions nous représenter que de la matière inorganique puissent sortir des corps vivants. Sans doute, il n'est pas inconcevable que d'une commune matière primitivement organisée tous les corps vivants soient issus par des changements purement mécaniques. Au mécanisme, en ce sens, appartiendrait l'explication des choses, à la téléologie l'origine. Et, de fait, la comparaison des formes organiques permet de conjecturer la parenté de tous les vivants et laisse espérer, si faiblement que ce soit, qu'il sera possible de les ramener à une origine commune. On pourrait alors se représenter la matrice de la terre comme engendrant d'abord des créatures mal appropriées à leurs conditions d'existence, puis ces créatures comme se perfectionnant de génération en génération, jusqu'à ce qu'enfin la créatrice, figée, ossifiée, bornât ses productions à un certain nombre d'espèces nettement définies, désormais immuables. C'est là une brillante hypothèse de la raison ; mais outre que, jusqu'ici, l'expérience ne semble guère l'autoriser, elle n'exclurait nullement, elle réclamerait la vie primordiale de la matrice universelle.

En ce qui concerne la conception générale du monde, nous avons le droit d'achever par la pensée l'unification à laquelle tendent les concepts téléologiques, pourvu que nous placions cette fin suprême en dehors des phénomènes sensibles. Et comme cette fin ne peut être qu'un être ayant en lui-même l'objet de son activité, par conséquent capable de poser des fins et de se servir de la nature comme d'un moyen, l'homme seul, non sans doute en tant que partie de la nature, mais en tant qu'intelligence et volonté, peut être la fin de l'univers. Il ne faut pas, avec Rousseau, demander à la nature la satisfaction de nos penchants, le bonheur : elle n'est point faite pour nous le procurer, et elle nous trahira. Mais elle ne trompera pas l'attente de celui qui, par elle, s'efforce de réaliser le bien moral.

Enfin, pour ce qui est de la conception de Dieu comme principe de la finalité, ce n'est pas en vain que, de tout temps, les hommes ont été touchés de l'argument des causes finales. Cet argument exprime excellemment l'impression de l'homme à la vue de l'ordre de la nature : l'aspiration vers quelque chose qui la dépasse. Il n'en faut parler qu'avec respect, car il est l'argument le plus persuasif, le plus populaire, le plus efficace de tous. Mais, pour qu'il soit vraiment solide et salutaire, il faut qu'il soit entendu dans son véritable sens. Ce n'est pas comme architecte que Dieu nous est révélé par le monde, mais comme condition d'un accord de la nature avec la moralité. En cherchant quels attributs il doit posséder pour pouvoir remplir ce rôle, nous nous formons une théologie morale qui nous conduit à une religion morale elle-même.

IV. — LA DOCTRINE MÉTAPHYSIQUE

La critique n'est pas l'abolition de la métaphysique, c'est l'introduction à la métaphysique comme science. — Dans la réalisation du plan qu'elle trace à cet égard, la méthode à suivre est celle-là même qu'a inaugurée l'illustre Wolff. On sait que la logique transcendantale ne brise pas les cadres de la logique générale : elle les remplit. La métaphysique changera de signification, sans changer de forme.

La raison humaine est législatrice de deux manières : par son entendement dans le domaine de la nature, par sa volonté dans le domaine de la liberté. D'où l'idée d'une double métaphysique : celle de la nature et celle des mœurs. Il n'y en a pas d'autre.

Kant traite d'abord de la métaphysique de la science de la nature [1].

Seule durable, la matière corporelle peut seule donner lieu à une métaphysique. Celle-ci cherche tout d'abord, parmi les données sensibles ou propriétés de la matière, un objet auquel soient applicables les lois synthétiques de l'entendement. Elle le trouve dans le mouvement. Cet unique emprunt une fois fait à l'expérience, la métaphysique poursuit sa marche en procédant à priori.

Déterminé selon la seule notion de quantité, le mouvement n'est qu'une grandeur dans le temps et l'espace : il n'implique pas encore de cause de production ou de modification. Il donne lieu en ce sens à la *phoronomie*, que nous appelons aujourd'hui cinématique.

Déterminé, en outre, suivant la notion de qualité, il enveloppe une grandeur intensive ou force, comme cause de son existence et de nos affections sensibles. La théorie de la force est la *dynamique* : c'est la pièce essentielle de cette partie de la métaphysique kantienne. Nous admettons autant de forces simples qu'il est nécessaire d'en poser pour distinguer les mouvements sur une ligne droite, par conséquent une force de répulsion et une

---

[1] Sources : *Principes métaphysiques de la science de la nature ; Passage des principes métaphysiques de la science de la nature à la physique.*

force d'attraction. De la première résulte la divisibilité à l'infini, de la seconde une limitation de la première. Ces deux forces sont solidaires : la solidité, que les newtoniens se sont vus obligés d'ajouter à l'attraction, à moins d'être une qualité occulte, suppose une force répulsive. La matière résulte de leur équilibre.

Déterminée par la notion de relation, la matière se revêt des propriétés qu'étudie la *mécanique* proprement dite. Dans ce domaine, Kant établit la loi de la persistance de la substance matérielle, la loi de l'inertie, la loi de l'action et de la réaction.

Enfin, en ce qui concerne la modalité, il s'agit de savoir quelles sont les règles que suit notre esprit quand il distingue le mouvement possible, réel ou nécessaire : c'est la *phénoménologie*. Le mouvement rectiligne n'est que possible, et appartient à la phoronomie ; le mouvement curviligne est réel et appartient à la dynamique ; le mouvement conçu comme communiqué par un moteur à un mobile est déterminé nécessairement quant à l'existence et à la vitesse, et appartient à la mécanique.

De ces principes métaphysiques Kant a tenté de passer à la physique elle-même. La physique serait constituée comme science, si l'on parvenait à déterminer à priori les forces qui produisent la sensation. Or, il résulte de la Critique que ces forces, étant liées à la vie de l'esprit, doivent être, en définitive, de la nature de l'esprit. Elles ne peuvent être autre chose que l'action exercée sur notre moi empirique par notre spontanéité, c'est-à-dire par notre entendement. Et c'est parce que cette action est transcendantale que, cherchant à nous représenter la cause de nos sensations, nous imaginons des choses situées hors de nous dans l'espace. Dès lors, le principe de la déduction des espèces matérielles est entre nos mains : il n'est autre que le principe des fonctions du sujet lui-même. C'est en ce sens que Kant entreprend, à la lumière des catégories, la déduction des différentes espèces de forces, de la matière première ou éther, des bases ou matières spécifiques. Et, vraisemblablement, il en serait venu à une déduction rationnelle du système du monde lui-même, tel que l'avait constitué Newton.

La seconde et dernière partie de la métaphysique est la métaphysique des mœurs [1].

Dans l'ordre moral comme dans l'ordre physique, la méthode a pour tâche de ranger les conditions empiriques données sous les lois de la raison, et de déduire par là le système complet des lois fondamentales. La législation morale a un double objet : l'action et son mobile. L'accord de l'action avec la loi est la *légalité*, l'accord du mobile, la *moralité*. De cette distinction résulte la division de la métaphysique des mœurs en théorie du droit et théorie de la vertu.

Le droit est l'ensemble des conditions universellement

---

[1] Sources : *Principes métaphysiques de la théorie du droit; De la paix perpétuelle; Principes métaphysiques de la théorie de la vertu.*

requises pour que le libre arbitre de chacun se concilie avec celui des autres. Le libre arbitre extérieur est respectable, parce qu'il est la forme de la liberté morale, celle-ci ne se réalisant que par l'action, et l'action impliquant un rapport à quelque chose d'extérieur. Ainsi, la science du droit est distincte, mais dépendante de la morale.

Au développement de la théorie du droit président deux principes essentiels : 1° le droit repose exclusivement sur la nature suprasensible de l'homme en tant qu'elle est manifestée dans le temps, c'est-à-dire sur la dignité personnelle ; 2° la contrainte légale est légitime, en tant qu'elle est nécessaire pour supprimer les obstacles qu'une volonté peut opposer arbitrairement au développement des autres. Les conséquences de ces principes sont les suivantes.

En ce qui concerne le *droit privé*, à tout homme appartient nécessairement la part de liberté compatible avec la liberté des autres hommes. Mais il ne peut être ici question que de la liberté considérée dans son existence extérieure. Cette expression extérieure de la liberté est ce qu'on appelle la *possession*.

Il y a autant d'espèces de droits qu'il y a d'espèces de possessions.

La première porte sur les choses, et donne lieu au *droit réel*. Ce droit n'est pas un rapport entre le propriétaire et la chose, mais un rapport entre des personnes. Comment la réalisation en peut-elle être légitime?

D'une part, la possession en commun est le droit primitif ; d'autre part, le fait donné est la propriété individuelle. Il y aurait là une antinomie insoluble, si l'on tenait la possession en commun pour un fait qui a existé historiquement. Mais ce n'est pas un fait, c'est le commandement de la raison. Le fait actuel ne va donc pas contre une réalisation préalable de la justice. Il est, jusqu'à nouvel ordre, la seule réalisation effective du principe qui attribue les choses aux personnes. Il n'en doit pas moins être sanctionné par un contrat entre les volontés, pour devenir juridique : toute appropriation, dans l'état de nature, n'est que provisoire.

La seconde espèce de possession porte sur les actions des personnes, et donne lieu au *droit personnel*. Ce droit se réalise par le contrat, dont la valeur réside dans la stabilité et la simultanéité des volontés suprasensibles.

La troisième espèce de possession porte sur les personnes elles-mêmes, et donne lieu au *droit personnel réel*. Le domaine en est la famille. Comment une personne peut-elle devenir une chose ? Il y aurait là une contradiction intolérable, si le possesseur de la personne ne restituait à celle-ci sa dignité en se donnant de son côté, en rétablissant par un acte de liberté l'ordre moral menacé par la nature. C'est ainsi que le mariage est le seul rapport légitime des sexes, parce que, seul, il sauve la dignité de la femme.

En ce qui concerne le *droit public* ou *civil*, Kant pose en principe que, l'état de nature des hommes étant la guerre, il est nécessaire de constituer une société civile pour rendre possible un régime de droit. Les lois qui créent un tel régime se divisent en *droit politique*, *droit des gens* et *droit cosmopolitique*.

Le droit politique repose exclusivement sur l'idée de justice. La souveraineté appartient primitivement au peuple, et l'État ne peut résulter que d'un contrat, par lequel les hommes abandonnent leur liberté naturelle, pour la retrouver intacte dans un régime légal. Mais ce contrat n'est pas un fait historique, c'est une idée de la raison : c'est le point de vue auquel doivent se placer, dans l'accomplissement de leurs tâches respectives, le législateur et les citoyens. Par suite, on doit obéir au pouvoir sans en scruter l'origine. Si vicieuse que soit une forme sociale, elle n'est pas une déchéance d'un primordial état de justice : elle est le degré de réalité qu'a pu atteindre dans le temps l'idée du droit. Il est légitime de l'améliorer par voie de réforme, non de la bouleverser par voie de révolution.

Si tel est son principe, l'État a pour mission de garantir les droits naturels de l'homme. Il ne s'occupera des mœurs qu'en tant qu'elles intéressent l'ordre public. Il respectera les croyances religieuses, mais s'opposera à une influence politique des Églises. Il a le droit d'abolir tous les privilèges qui ne sont que des faits sans fondement rationnel.

La réalisation de l'idée de l'État exige la division du pouvoir en législatif, exécutif et judiciaire. Le législatif est le principal. Il doit être la pleine et entière expression de la volonté collective. Le gouvernement est plus ou moins despotique, selon la mesure où il s'écarte du système représentatif. La république, forme rationnelle idéale, est un gouvernement représentatif dans ses trois pouvoirs. Dans la pratique, Kant, en dévoué sujet de Frédéric II, admet un régime autocratique où le pouvoir, grâce à la générosité du prince, se conforme aux principes philosophiques du droit.

Toujours appuyé sur l'idée de justice, Kant fonde le droit pénal, non sur l'utilité, mais sur la rémunération ; et il défend la peine de mort contre la sensiblerie de Beccaria.

Le droit des gens étend aux États, sauf certaines modifications, les relations que le droit public établit entre les individus. Leur condition primitive n'est pas un régime de droit, c'est la guerre. Pour qu'il se crée entre eux des rapports juridiques, il faut qu'ils forment et entretiennent, d'après l'idée d'un contrat originaire, une alliance ou fédération, par laquelle ils s'engagent à ne pas s'immiscer dans les discordes intérieures les uns des autres, et à se protéger mutuellement contre les attaques extérieures.

Enfin, le droit cosmopolitique assure à chaque homme la faculté d'entrer en communication avec tous. Les nations doivent laisser accès chez elles aux étrangers. La colonisation est un droit. Toutefois, elle ne doit violer aucun droit acquis : il n'est pas permis d'être injuste, fût-ce pour étendre le domaine de la justice.

Le droit s'approche indéfiniment de la morale, il n'y peut atteindre. Il exige que la règle de nos actions extérieures puisse être érigée en loi universelle : la morale professe la même exigence en ce qui concerne la maxime même, le principe interne de nos actions. Les devoirs de vertu diffèrent ainsi des devoirs de droit, et par l'objet, en ce qu'ils déterminent l'intention et non l'acte, tandis que les devoirs de droit déterminent l'acte et non l'intention, ce qu'on exprime en disant que ceux-ci sont stricts et les autres larges ; et par le motif, en ce que le sujet se les impose lui-même, tandis que les devoirs de droit sont imposés par une contrainte extérieure.

Quelles sont les fins qui sont en même temps des devoirs ? Il n'en peut exister que deux : la perfection propre et le bonheur des autres. Vis-à-vis de moi-même, je dois avoir en vue la perfection, non le bonheur ; vis-à-vis d'autrui, je dois prendre pour fin le bonheur, non la perfection. En effet, ni je ne puis me rendre heureux, ni je ne puis faire l'œuvre de la volonté des autres ; tandis que la détermination de ma volonté me concerne, et, de même, la condition des autres hommes.

Le détail des devoirs ne comprendra rien qui se rapporte à la famille ou à l'État. Kant ne voit dans ces communautés que des relations juridiques : il a donc épuisé ce qui les concerne, dans la théorie du droit. La morale sera essentiellement individuelle et sociale.

Nous n'avons de devoirs qu'envers nous-mêmes et envers les autres hommes, non envers Dieu ou envers les bêtes. Car nous ne pouvons être obligés qu'envers des personnes qui soient pour nous objets d'expérience ; et l'une ou l'autre de ces deux conditions fait défaut chez les êtres supérieurs ou inférieurs à nous.

Le respect de la dignité humaine, en soi et dans les autres, tel est le devoir par excellence. Ce devoir n'admet ni conditions ni tempérament : il est absolu et immuable. Quant à l'amour du prochain et aux sentiments bienveillants en général, ils ne peuvent être l'objet d'un devoir qu'en tant qu'il s'agit de la bienveillance active, et non de la sympathie de complaisance ou amour pathologique.

De ces principes découlent des maximes telles que les suivantes : Ne laissez personne fouler aux pieds votre droit impunément. Ne faites point de dette sans fournir caution. Le mensonge, soit extérieur, soit surtout intérieur, est un suicide moral. La bassesse est indigne de l'homme ; celui qui rampe comme un ver ne peut se plaindre si on l'écrase. La violation du devoir d'amour n'est qu'un péché, celle des devoirs de respect est un vice, car ici l'homme est offensé, là il ne l'est pas. La gymnastique morale n'est pas une mortification, c'est la volonté s'exerçant à maîtriser les penchants, de manière à n'en être pas gênée, et goûtant, joyeuse, sa liberté reconquise.

A la suite de la métaphysique des mœurs vient naturellement la religion [1], non comme supposée, mais comme appelée par la morale. La religion consiste à envisager les lois morales comme si elles étaient des commandements divins. Elle ne saurait augmenter notre connaissance, soit de Dieu, soit de la nature ; elle n'y doit pas viser : son seul objet est d'accroître l'ascendant de la loi morale sur la volonté.

Ainsi entendue, elle est conforme à la raison et sanctionnée par elle. Mais les religions positives ajoutent à la loi et aux postulats moraux des éléments traditionnels et statutaires : il nous importe de savoir dans quelle mesure cette partie additionnelle peut être légitimée par la raison.

Si nous considérons la religion chrétienne, forme excellente de la religion, nous y rencontrons quatre idées essentielles : celle du péché originel, celle du Christ, celle de l'Église et celle du culte. Quelle est la valeur de ces idées ?

Le dogme du péché originel recèle une vérité philosophique. Il y a en nous deux caractères : le caractère empirique et le caractère intelligible. Les vices de l'un, en attestant une pente innée vers le mal, dénotent une faute radicale de l'autre. Cette faute consiste à renverser l'ordre qui doit régler les rapports de la sensibilité et de la raison, à mettre celle-ci au service de celle-là. La moralité, pour la personne qui a commis cette faute, ne

---

(1) Source : *La religion dans les limites de la pure raison.*

peut plus être qu'une conversion, une nouvelle naissance, ainsi que l'indique la théologie chrétienne. En ce sens, le dogme est justifié.

L'idée du Christ, elle aussi, est reçue par la critique, si par le Christ nous entendons l'idéal de la personne humaine. Cet idéal descend du ciel sur la terre, non sans doute historiquement, mais en ce sens qu'appartenant au monde intelligible il se manifeste dans le monde sensible. Cet idéal nous rachète, car, tandis que le châtiment concernait l'homme coupable, c'est l'homme converti par la conception de l'idéal, le nouvel homme, qui lutte et souffre pour détacher l'ancien du mal. Le bon se charge des péchés du méchant et le représente devant le juge.

L'Eglise, elle aussi, est reconnue par la raison, en tant qu'elle est une association dont les membres se fortifient mutuellement dans la pratique du devoir, et par l'exemple, et par la déclaration d'une commune conviction morale. En elle-même, elle est une, comme la foi rationnelle ; mais la faiblesse humaine veut qu'à cette foi s'ajoutent, pour la rendre sensible, des dogmes historiques divers, prétendant à une origine divine. De là une multiplicité d'églises et l'antagonisme des orthodoxes et des hérétiques. L'histoire de l'Eglise n'a d'autre matière que la lutte de la foi rationnelle et de la foi positive ; et le terme où elle marche est l'effacement de celle-ci devant celle-là.

Enfin, le culte lui-même est chose rationnelle, pourvu

qu'on le place dans l'intention morale et dans la réalisation de cette intention. Tout ce que l'homme croit pouvoir ajouter à la vertu pour honorer Dieu n'est que faux culte et pratique vaine. La valeur illusoire attribuée à ce faux culte a pour conséquence la dépendance du laïque à l'égard de l'Eglise et tous les maux qui naissent de cette dépendance, tels que l'hypocrisie et le fanatisme. La foi positive que commande l'Eglise a pour objet véritable de se rendre elle-même superflue. Cette foi a été nécessaire comme véhicule et demeure utile tant que l'humanité est mineure. Mais, quand sonne pour les hommes l'heure de la majorité, la lisière des traditions n'est plus qu'une chaîne. L'ecclésiastique lui-même, qui, comme ministre de la religion, est lié aux symboles, a, comme savant, le droit d'examiner les dogmes : décréter l'immutabilité de la foi statutaire serait un attentat contre la nature humaine.

V. — LES APPLICATIONS DE LA DOCTRINE MÉTAPHYSIQUE[1]

Le souci constant de Kant est d'arriver à rejoindre la réalité concrète et la pratique. Puisés par l'analyse métaphysique dans le donné lui-même, ses principes doivent, rationnellement, reconstituer et gouverner le donné.

---

(1) Sources : 1° Ouvrages relatifs aux races humaines, à la géographie physique, etc., de 1775, 1785, 1788, 1802-3 ; ouvrages relatifs au progrès moral, de 1784, 1785, 1786, 1793, 1795, 1798 ; 2° *Sur la Pédagogie; La dispute des facultés.*

Dans l'ordre matériel, il a cherché le passage de la métaphysique à la physique ; de même, dans l'ordre moral, il redescend de l'idée à l'action.

L'histoire de l'humanité est à cet égard son principal thème. Il se propose, non d'en décrire, mais d'en déduire les principales phases. Il distingue à cet égard l'histoire naturelle et l'histoire morale de l'homme. Celle-ci a son commencement dans celle-là.

En ce qui concerne l'histoire naturelle, Kant traite de la question des races. Y a-t-il entre les races humaines une séparation telle que l'une d'entre elles ait le droit de revendiquer pour elle seule la dignité d'homme et de réduire les autres en esclavage ? La question se résout par la considération de l'origine. Entre les hommes de toutes les races la fécondation est possible, donc ils ont une même origine et ne forment qu'une espèce. Les races sont des variétés stables, inaltérables à travers le mélange et la transplantation. Elles se sont différenciées par voie d'adaptation aux conditions climatériques. Comme il y a quatre climats, ainsi il y a quatre races : la blanche, la jaune, la noire et la rouge. Les causes extérieures ont joué dans la formation de ces races un rôle indispensable, mais elles n'eussent pu, à elles seules, produire des changements stables ; elles n'ont fait que développer les dispositions internes de l'espèce. La vraie cause des races, c'est l'aptitude de l'homme à s'adapter aux conditions extérieures.

Contre les attaques de G. Forster, qui veut expliquer la vie par les seules causes géologiques, Kant soutient, dès 1788, la nécessité d'un principe spécial immatériel, comme seul conforme aux exigences de la critique. C'est abandonner le fil conducteur de l'expérience que d'attribuer à la matière une faculté d'organisation que l'observation n'y saurait découvrir. Sans doute, l'explication de Forster n'est ni absurde ni impossible, mais elle dépasse nos moyens de connaître. Nous ne saisissons de finalité qu'en nous, dans notre activité consciente : rien ne nous autorise à admettre dans une chose inconsciente la faculté d'agir en vue d'une fin. Nous ne savons ce qui cause la vie, mais nous l'expliquons, nous, par la finalité : tel est le point de vue de la critique.

Tandis que l'histoire naturelle de l'homme remonte à son origine, l'histoire morale considère sa fin. Dans l'idée de cette fin la philosophie de l'histoire trouve son principe, comme la philosophie naturelle dans l'idée d'attraction. Or le développement de la raison, qui est l'essence de l'homme, ne peut tendre qu'à l'établissement d'un régime de liberté, c'est-à-dire à la réalisation de la justice. Ce sont donc les phases de la réalisation de la justice que l'historien doit retrouver dans les faits.

L'histoire commence à l'heure où l'homme devient un être moral, c'est-à-dire à l'heure où, au lieu d'agir par instinct, il agit par volonté. Son état primitif était l'innocence, son séjour le paradis. Il ne faisait qu'un avec la nature, où sa volonté était ensevelie. L'éveil de sa volonté se manifesta par un désir de domination, par un acte d'orgueil, par une rébellion contre la nature à laquelle il était uni. Le péché originel est la première démarche de la liberté. Dès lors commence pour l'homme une vie nouvelle. Pour dominer la nature, il lui faut travailler. Du travail naissent la discorde, la société, la propriété, l'inégalité civile : à l'état de nature a succédé la civilisation. Que vaut cette condition nouvelle? Si l'activité humaine n'avait d'autre fin que le bonheur individuel, Rousseau aurait raison de rêver le retour au paradis de l'innocence. Mais ce que veut l'homme, c'est être libre, et la liberté effective ne se trouve que dans l'accord désintéressé des volontés, sur le terrain de la raison. Or la civilisation, conflit des volontés, est l'antécédent nécessaire de leur réunion. Le règne de la justice, où se crée l'harmonie morale, est la troisième phase de l'histoire universelle.

Pour réaliser ce progrès de la liberté, la volonté n'est pas abandonnée à elle-même. Elle est aidée par la nature ; et, par suite, le progrès est constant et a le caractère d'une loi naturelle. Loi bienfaisante, loi nécessaire : car si l'homme devait croire que ses œuvres périssent tout entières avec lui, comment pourrait-il nourrir un sérieux désir de travailler au bien de l'humanité? La nature excite l'homme à sortir de la nature, et aiguillonne sa liberté. C'est une artiste, c'est une providence, qui, du mal, sait tirer le bien. Elle fait les hommes égoïstes et violents, et la violence engendre la guerre : mais la guerre provoque la création d'un régime juridique. Elle sépare les hommes par des différences de constitution, de langue, de religion : mais ces différences rendent impossible une domination universelle. Pendant que le mal succombe, tôt ou tard, à la contradiction qu'il recèle, le bien qu'y substitue la raison, une fois posé, se maintient et s'accroît, grâce à son accord avec lui-même. Car la logique est la suprême force. L'homme veut l'union d'abord, et il se croit sage ; mais la nature sait mieux que lui ce qui lui convient : elle veut la guerre.

Le premier objet de cette collaboration de la nature et de la volonté, c'est l'établissement de l'Etat rationnel, combinaison de la liberté et de la légalité. Le second objet, c'est l'établissement d'un conseil amphictyonique des peuples, assurant le maintien de la paix. Sans une telle institution, l'humanité ne peut marcher à sa fin. La guerre est un retour à l'état de nature. Dans l'idéal de la raison est enveloppée l'idée de la paix éternelle. Si cet objet n'est pas réalisable, Rousseau n'a pas tort de prêcher le retour à l'état sauvage. Mieux vaut la barbarie que la culture sans la moralité.

Mais n'est-ce pas là une conception purement théorique ? L'homme réel entrera-t-il dans ces vues ? Hobbes n'a-t-il pas démontré que l'homme réel n'est mû que par des intérêts, non par des idées ? Il faut repousser bien loin une telle doctrine, il ne faut pas laisser croire que ce qui est bon en théorie puisse jamais être impossible ou mauvais dans la pratique. Ce qui, véritablement, n'est pas pratique, c'est le pouvoir sans bornes que Hobbes confère aux souverains, et la rébellion qu'il admet chez les sujets. Certes, les intérêts, dans l'État, doivent avoir leur place, mais s'ensuit-il qu'il faille exclure les principes? Ne peut-on être à la fois prudent comme le serpent et simple comme la colombe? Pour qui se garde de l'idéalisme aussi bien que de l'empirisme, le réel et l'idéal, loin de s'exclure, s'appellent, et la politique cesse d'être incompatible avec la morale. Il existe un moyen pratique de mettre la première en accord avec la seconde, c'est la publicité. Quiconque croit être utile à son pays la doit chercher. Or cela seul la supporte, qui est conforme à la justice. L'universalité, ici comme partout, est le point de contact du réel et du rationnel, la forme et la marque de la vérité.

Quelle est, d'après cette théorie, la phase de son histoire où se trouve actuellement l'espèce humaine? Cette phase est celle des lumières (*Aufklærung*). Ce qui la caractérise, c'est l'émancipation de l'intelligence. L'homme, réfléchissant sur lui-même, a constaté une contradiction entre sa nature raisonnable et sa situation de mineur : il fait effort pour affranchir sa raison. *Sapere aude*, telle est sa devise.

Quant au moyen de réaliser le progrès des lumières, ce ne saurait être le bouleversement des institutions politiques, la révolution, laquelle ne fait guère que substituer de nouveaux préjugés aux anciens. Il n'appartient qu'à la réflexion personnelle de faire un homme vraiment éclairé. La condition du progrès des lumières est ainsi la liberté de penser et de publier sa pensée.

Comment cette liberté se conciliera-t-elle avec les droits de l'Etat? Il faut à cet égard distinguer en chaque homme le citoyen d'une communauté restreinte et le citoyen du monde. Dans ses rapports avec les membres de sa communauté, l'homme est tenu de se soumettre aux statuts qui la régissent; mais, comme citoyen du monde, il reste libre. A ce titre, en effet, il parle du haut de la raison, pour l'universalité des êtres raisonnables, tandis que, comme citoyen d'un Etat, il borne son action à un espace et à un temps particuliers. Ce n'est qu'en s'identifiant avec l'universel que la volonté conquiert la liberté. Chaque citoyen donc sans résister payera l'impôt, mais conservera le droit de le discuter. Le professeur respectera, comme fonctionnaire, les symboles reçus dans son pays; mais, comme savant, il aura droit de critique sur toute doctrine. Par ces principes sont nettement définis les droits des législateurs comme des citoyens.

C'est ainsi que, tout en maintenant d'un bout à l'autre l'accord de la nature et de la liberté dans l'histoire morale de l'homme, Kant n'a garde de faire résulter le progrès d'un simple développement des puissances naturelles. La théorie leibnitienne de Herder est, selon lui, radicalement fausse. Dans la nature réside le moyen;

mais la fin, source du progrès, ne peut venir que de la raison morale supérieure à la nature. C'est pourquoi l'idéal moral ne pourra jamais être exprimé par l'individu comme tel. Il ne saurait trouver sa représentation que dans le tout de l'humanité. L'histoire vraie est nécessairement universelle. Certes l'individu est une réalité, mais il y a dans le tout quelque chose qui le dépasse, et ce n'est que dans son union avec le tout qu'il peut atteindre à la liberté.

Non content d'exposer ses vues générales sur les fins de l'activité humaine, Kant arrive, sur certains points, à rejoindre la pratique proprement dite. Telles sont ses idées sur l'éducation et sur l'enseignement universitaire.

L'éducation, telle qu'elle existe, ne saurait le satisfaire. Elle néglige la volonté, et elle dresse et surcharge l'intelligence, au lieu de la former à la réflexion. Une réforme radicale est ici nécessaire. Les théories pédagogiques de Rousseau, les tentatives pratiques de Basedow viennent à point pour nourrir sa critique. Il se passionne pour les idées de ces novateurs, et réclame, comme condition indispensable de la réforme, l'organisation d'écoles normales. Mais, sur ce terrain encore, il reste lui-même, subordonnant toute prescription aux fins morales.

Le corps, enseigne-t-il, doit être exercé et endurci, soumis à une discipline qui en fasse l'auxiliaire puissant et docile de l'esprit. Que l'enfant se développe en liberté, mais qu'il apprenne à mesurer ses mouvements : on ne saurait de trop bonne heure s'habituer à vivre selon des règles.

En ce qui concerne l'intelligence, une saine éducation éveille et dirige les facultés, plus qu'elle ne meuble la mémoire. Il y a deux exercices des facultés : l'un qui est libre, c'est le jeu ; l'autre qui est imposé, c'est le travail. Ce dernier est obligatoire en lui-même et ne saurait, dans l'enseignement, être remplacé par le premier. La faculté d'intuition doit être formée avant l'entendement. Tout enseignement sera donc d'abord intuitif, représentatif, technique. On commencera par la géographie. En tant qu'il visera à cultiver l'entendement, l'enseignement sera socratique et catéchétique. Il ira au fond des choses et rendra l'élève vraiment maître de ses connaissances. Une intelligence ferme est la condition d'une volonté libre.

La formation de la personnalité morale est la fin de la pédagogie. L'éducation y est nécessaire, car la vertu n'est pas innée. Cette éducation comprend l'enseignement moral et la pratique correspondante.

L'enseignement moral est catéchétique. Visant à démontrer des lois obligatoires, il procède par principes, non par exemples : si les exemples interviennent, ce n'est que pour faire voir que les principes sont réellement applicables. Kant a écrit un fragment de catéchisme moral : l'élève, sollicité par des questions, y trouve par lui-même les concepts moraux.

La pratique ou ascétique morale ne peut créer la moralité, laquelle doit venir de nous, mais elle produit dans l'homme les dispositions qui la favorisent. Elle vise à l'endurcissement, car la mollesse est contraire à la vertu. Loin d'abolir la volonté, elle la fortifie. Elle nous rend maîtres de nous-même, contents et joyeux. L'éducation morale tend à développer l'aversion intérieure pour le mal, l'estime de soi et la dignité, l'empire de la raison sur les sens. Elle ne récompense pas, mais elle punit. Elle n'humilie point, de peur de donner à l'enfant le mépris de soi-même, sauf toutefois lorsque l'enfant a commis la faute qui effectivement dégrade l'homme, à savoir le mensonge. Elle met en avant, en toutes choses, le mobile moral, la loi même du devoir, sûre que ce mobile, présenté dans sa pureté, sera plus fort que toutes les excitations matérielles, toutes les assurances de profit ou de détriment.

De la pédagogie on peut rapprocher la question de l'enseignement universitaire. Sur ce point encore la Critique apporte des lumières nouvelles. Une Université se compose de quatre Facultés : Théologie, Droit, Médecine, dites Facultés supérieures, et Philosophie, dite Faculté inférieure. Entre les trois premières et la quatrième un conflit s'élève naturellement. L'objet de celle-ci, en effet, ne diffère pas des objets de celles-là, mais l'une étudie à un point de vue universel et théorique ce que les autres étudient à un point de vue spécial et immédiatement pratique. De là une jalousie et une rivalité. Chacune des deux parties, ayant droit sur l'ensemble des connaissances, repousse l'autre comme usurpatrice. Le titre de supérieures, que portent les trois premières Facultés, n'est rien moins que la supériorité attribuée par la tradition au positif sur le rationnel. Cette hiérarchie est-elle justifiée?

Entre théologiens et philosophes, le conflit porte sur l'usage à faire de l'Ecriture sainte. La Critique ne nie pas la légitimité et l'utilité du véhicule sensible de la vérité religieuse; mais elle revendique pour la raison le droit de distinguer, dans l'Ecriture, le fonds moral et éternel, et l'enveloppe sensible, faite de récits et de circonstances contingentes. Comprendre les Ecritures, c'est les interpréter en un sens moral. La théologie ne saurait condamner ce mode d'interprétation, car elle le suppose. Comment distingue-t-elle, en effet, la vraie révélation de la fausse, sinon par l'idée rationnelle de Dieu? Comment peut-elle, dans le détail, maintenir le caractère divin des textes consacrés, sinon en faisant fréquemment usage de l'interprétation morale allégorique?

Entre philosophes et jurisconsultes, le conflit porte sur le respect des lois : la critique démontre que la légalité est bien fondée, et par suite elle condamne l'esprit révolutionnaire. Mais elle revendique aussi le droit d'examiner les lois existantes. Ce droit, qui peut le lui refuser? Les jurisconsultes, pour atteindre à leurs fins pratiques, ont besoin de savoir si l'humanité rétrograde, avance, ou demeure stationnaire. Or cette question ne peut être résolue empiriquement : elle concerne la raison. Et la raison y répond, en postulant le progrès indéfini au nom de la loi morale. Mais peut-être le commandement n'est-il qu'une idée irréalisable! Guidée par la raison, l'expérience lève le doute. Il existe, sous nos yeux mêmes, un point de coïncidence de la raison et de l'histoire. Il y a un fait qui est une idée. Ce fait, c'est la Révolution française. Quoi qu'il advienne de cette entreprise, écrit Kant en 1798, qu'elle réussisse ou qu'elle échoue, elle excite chez tous les spectateurs, par l'objet qu'elle poursuit, une sympathie voisine de l'enthousiasme : or le pur-idéal moral est seul capable d'affecter ainsi l'âme de l'homme. La Révolution est l'effort de l'homme pour créer l'Etat rationnel, c'est l'éternel qui descend dans le temps. Un tel phénomène, quand une fois on en a été témoin, ne peut s'oublier.

Entre philosophes et médecins, la question est de savoir si l'art de guérir ne repose que sur l'expérience, et si la raison n'y a aucune part. Or la Critique démontre que la raison peut être volonté, et que la volonté a un rapport avec les phénomènes. La raison doit donc, elle aussi, posséder une vertu curative. Et en effet l'homme peut beaucoup, par la seule énergie de sa volonté, pour modifier son état physique. Kant allègue ici son expérience personnelle. Il sait, au moyen de la force morale, se garder de l'hypochondrie, maîtriser même des états spasmodiques. Si, le mal une fois venu, la volonté est insuffisante, du moins elle peut beaucoup pour le prévenir et pour entretenir la santé. Elle est, de la santé, la condition première. Loin que de la raison soit jamais la servante de l'expérience, c'est celle-ci qui, partout, emprunte à la raison sa vérité et sa possibilité.

VI. — INFLUENCE DE KANT

Dans le champ occupé par les philosophies leibnitio-wolffiennes, anglaise, française, populaire, ainsi que par les sciences positives de jour en jour plus florissantes, la philosophie kantienne eut peine à se frayer une place : Kant ne s'était pas exagéré l'étrange nouveauté de son œuvre. C'est à Iéna qu'elle fut accueillie d'abord, pour, de là, se répandre peu à peu en Allemagne et dans le monde entier. Or, ce n'est pas seulement la spéculation métaphysique qui en fut comme renouvelée : la plupart des branches de l'activité intellectuelle en ressentirent l'influence.

En Allemagne, l'histoire du kantisme est une pièce capitale de l'histoire générale des idées et des sciences.

Parmi les adversaires qu'il rencontra tout d'abord, il y a lieu de citer : Selle et Weishaupt, disciples de Locke ; Feder, Garve, Tiedemann, éclectiques ; Platner, Mendelssohn, Nicolai, Meiners, représentants de la philosophie populaire ; Ernst Schulze, sceptique ; Jacobi, philosophe de la croyance, et, près de lui, Hamann ; Herder, conciliateur de la nature et de l'histoire. Le principal reproche adressé à Kant par ces philosophes, c'est que l'affection ou action des choses sur la sensibilité, supposée par son système, y est rendue impossible par l'abolition de tout lien causal entre les choses en soi et le sujet sentant. Le système serait ainsi foncièrement contradictoire.

Entre les disciples immédiats de Kant, on remarque Johannes Schultz, le premier commentateur de la *Critique de la raison pure*; Karl-Leonhard Reinhold; W.-T. Krug; Fries, qui essaie de fonder la critique psychologiquement; Salomon Maimon, qui déduit de la conscience la matière ainsi que la forme de nos représentations, et supprime ainsi la chose en soi; J.-S. Beck; Bardili.

Soit par voie de développement, soit par combinaison avec des éléments étrangers, le kantisme a donné naissance à tout un ensemble de grands systèmes. Les philosophies de Fichte, Schelling et Hegel sont comme les étapes d'une réflexion suivie sur les problèmes qu'il suscite. L'idéalisme subjectif du Fichte déduit le moi théorique du moi pratique considéré comme primitivement inconscient, et rend ainsi inutile le concept de chose en soi. Schelling se refuse à appeler moi ce principe premier de Fichte, qui en réalité n'est ni sujet ni objet : le principe est pour lui l'absolue identité, non moins supérieure au moi qu'au non-moi, identité qui se réalise d'abord comme nature, ensuite comme esprit : son système est l'idéalisme objectif. Hegel fonde, définit et développe méthodiquement le principe de ce nouvel idéalisme. L'absolu ne peut être absolue identité; autrement il serait immobile : il faut qu'il soit esprit. Son mouvement est son effort méthodique pour lever les contradictions, sans cesse renaissantes, que la réflexion développe au sein de sa nature. La dialectique du philosophe s'abandonne au mouvement objectif du concept, et engendre ainsi successivement la logique, la philosophie de la nature et la philosophie de l'esprit. L'idéalisme est devenu absolu.

En dehors de ce développement en quelque sorte organique, plusieurs systèmes allemands sont nés d'une fusion du kantisme avec d'autres doctrines.

Schleiermacher, alliant à Kant Spinoza, Platon et le christianisme, rapproche l'être de la pensée, et fait de l'espace, du temps et de la causalité les formes des choses comme de la connaissance. Dieu devient l'unité de l'univers. Le bien suprême, unité du réel et de l'idéal, est substitué, en morale, au principe purement formel de Kant.

Herbart dépend, et de Kant, et des Eléates, de Platon et de Leibnitz. Avec Kant, il voit dans la philosophie la critique de l'expérience. Mais la chose en soi, selon lui, n'est pas inaccessible. Elle se dégage sous sa forme véritable, si des données de l'expérience on élimine tous les éléments contradictoires en eux-mêmes, par conséquent subjectifs, qui s'y rencontrent. Elle consiste en une pluralité d'êtres simples sans relation réelle entre eux :

c'est de nous que viennent les rapports et le devenir.

Avec Kant, Schopenhauer restreint aux phénomènes l'espace, le temps et la causalité. Mais au lieu de tenir pour inconnaissable la réalité indépendante de notre représentation, il la place dans la volonté, comme donnée par la perception interne.

Cependant les difficultés inhérentes à ces différents systèmes, en particulier la prétention folle, affichée par l'idéalisme absolu, de construire dans le détail les lois de la nature, discréditaient bientôt tous ces développements du kantisme. On estima que la pensée de Kant avait été faussée par ses continuateurs et qu'il y avait lieu de reprendre les choses au point où le maître lui-même les avait laissées. Revenir à Kant : tel est, notamment depuis une célèbre leçon d'Edouard Zeller sur la théorie de la connaissance, publiée en 1862, le mot d'ordre d'une école importante de philosophes dits néo-kantiens. Ils se proposent, soit de défendre les propres principes de Kant, soit de les développer, sans égard aux grands systèmes métaphysiques qui en sont issus, d'une manière rigoureusement conforme à l'esprit de notre temps. Les principaux sont : A. Lange, H. Cohen, O. Liebmann, Bonna Meyer, Fr. Paulsen, Albr. Krause, Aug. Stadler, Aloys Riehl, Windelband, Fritz Schultze. La plupart d'entre eux, avec Lange, s'attachent surtout à la distinction de la connaissance et de la croyance, correspondant à celle des phénomènes et des choses en soi, en tant que cette distinction garantit, en la limitant, la possibilité de la science. La philosophie doit être une théorie de la connaissance, non une conception du monde. Les choses morales peuvent ère objet de foi, non de science. Sauf de rares exceptions, parmi lesquelles on peut citer Paulsen, ces philosophes relèguent au second plan ou même laissent de côté la partie morale et religieuse de l'œuvre de Kant, pour en faire ressortir la partie critique et antimétaphysique.

En dehors de la philosophie, le kantisme a longtemps en Allemagne marqué de son empreinte la plupart des disciplines intellectuelles.

C'est à la suite de Kant que Schiller spécule philosophiquement sur l'esthétique, cherchant à définir les rapports de la beauté avec la nature et la moralité.

En théologie, Kant est l'initiateur d'un rationalisme moral qui fut longtemps prédominant. De nos jours même le théologien Ristchl revient à Kant en s'élevant contre la fantaisie métaphysique qui prétend connaître le suprasensible.

En jurisprudence, les théories kantiennes de droit naturel se retrouvent, comme idées directrices, chez Hufeland, Schmalz, K.-H. Gros, Anselme Feuerbach, Rehberg, Zachariæ.

Dans les sciences, le kantisme a exercé des influences diverses, selon la manière dont il a été compris. D'une interprétation radicalement idéaliste, à vrai dire répudiée par Kant, est issue la célèbre philosophie de la nature, laquelle, ramenant entièrement la matière à la pensée inconsciente, ose déduire les phases de son développement des lois de formation de la conscience elle-même. En revanche, la théorie kantienne de l'expérience, comme source unique de la connaissance, est accueillie par nombre de savants modernes, en quête d'une justification rationnelle de leur méthode.

Dans les mathématiques, le point de vue kantien est caractérisé par l'admission de principes synthétiques a priori, ou principes rationnels extralogiques, et en particulier par la négation de l'espace métagéométrique des leibnitiens comme objet d'intuition possible.

Dans la psycho-physiologie des sens, le nativisme de Joh. Müller, qui maintient, contre l'empirisme, le caractère primitif de la représentation d'espace, se réclame de l'esthétique transcendantale.

Enfin, jusque dans la vie politique de l'Allemagne, le kantisme occupe une place importante. Il représente cette idée, que la raison, sur ce terrain même, demeure la norme véritable, et qu'elle commande à l'homme d'agir sous l'idée universelle de devoir et d'humanité : doctrine hautement philosophique, qui n'a sans doute pas reculé pour toujours devant celle du droit historique et de l'idéal exclusivement national.

Dans les pays autres que l'Allemagne, l'influence de la philosophie de Kant, plus tardive et moins profonde, est encore considérable.

Dès 1773, Kant est apprécié à Strasbourg. En 1796 on commence à traduire ses ouvrages en français ; en

1799, Degérando expose son système. Mᵐᵉ de Staël parle avec enthousiasme de celui qu'elle considère comme un apôtre du spiritualisme de sentiment. En 1818, V. Cousin professe sur la morale de Kant; en 1820, il expose la *Critique de la raison pure*. Sa propre théorie de la raison doit plus d'un trait à l'influence de Kant. Après avoir été ainsi utilisée en vue de doctrines fondées sur d'autres principes, telles que l'éclectisme, le positivisme, la morale indépendante, le kantisme a été étudié et développé pour lui-même, notamment par MM. Renouvier, P. Janet, Lachelier, Pillon. MM. Renouvier et Pillon, auxquels s'est joint M. Dauriac, soutiennent, sous le nom de *criticisme*, une doctrine qui, à l'inverse du néo-kantisme allemand, fait ressortir l'excellence de la morale kantienne. Ils subordonnent directement la raison théorique à la raison pratique en considérant la volonté comme le principe premier de toute certitude; de plus, abolissant le noumène, ils érigent les lois naturelles en réalité dernière, et ménagent, dans la suite même des phénomènes, une place à l'initiative de la liberté. C'est encore en s'inspirant de Kant que M. Secrétan, de Lausanne, limite les droits de la science et élève au-dessus d'elle la croyance à la liberté. Sous des formes et à des degrés divers, le kantisme se retrouve, aujourd'hui même, dans la plupart des doctrines qui s'efforcent à concilier, sans dommage pour l'une ni pour l'autre, la science et la morale.

En Angleterre, l'influence de Kant s'est fait sentir notamment sur Hamilton et les agnostiques. C'est en combinant la doctrine de Kant avec celle de Reid que Hamilton établit l'impossibilité d'une représentation de l'absolu pour un esprit borné à la connaissance humaine. De même l'agnosticisme de Spencer, s'il dépend du positivisme, doit beaucoup aux antinomies kantiennes. Dans le domaine de la psychologie, l'école évolutioniste se donne pour la conciliatrice de l'apriorisme kantien avec l'empirisme de Locke. De nos jours, Kant est scrupuleusement étudié pour lui-même. Max Müller, dans la traduction de la *Critique de la raison pure* qu'il a publiée en 1881, déclare que cette œuvre est un monument arien aussi précieux que les Védas, et qu'en tout temps il pourra être permis de la critiquer, non de l'ignorer.

En Italie, la *Critique de la raison pure* a été traduite en 1821-22 ; aujourd'hui même la Critique kantienne y est savamment étudiée et représentée par Carlo Cantoni et Felice Tocco ; en Espagne, Jose del Perojo a récemment traduit la *Critique de la raison pure* (1883).

Quel fut, à regarder les choses d'un point de vue général, le rôle historique de Kant, et quel est le rapport de sa philosophie avec les spéculations actuelles ?

Le dessein de Kant fut analogue à celui de Socrate et à celui de Descartes. Socrate s'est proposé de montrer que la pratique, même prise pour fin de l'activité humaine, ne saurait exclure la science, parce qu'en réalité elle la suppose. Descartes consent que l'on débute par le doute universel : ce doute n'abolit pas la certitude, il la fonde. Kant, à son tour, proclame que l'expérience est le point de départ de toutes nos connaissances. S'ensuit-il que la raison ne soit qu'un mot? Nullement, car l'expérience repose sur la raison. Et dans le développement même de la doctrine, l'analogie se poursuit. Déduite de la pratique, la science de Socrate est bornée à la morale et aux objets qui y sont liés. La certitude cartésienne ne va tout d'abord qu'à la pensée, condition du doute ; et, si elle rétablit les objets qu'avait renversés le doute, c'est en tant seulement qu'ils peuvent se relier à la pensée. De même, la critique kantienne ne laisse subsister, des notions à priori, que ce qui est requis pour l'expérience, et fait, de la possibilité de cette dernière, la norme de l'usage entier de la raison pure.

Et, comme Socrate et Descartes, Kant estime que, par sa méthode, il fonde, loin de détruire. La science, bornée du côté des choses en soi, possède la certitude dans son domaine. Devant le réalisme empirique l'idéalisme s'évanouit. Ce n'est pas tout; et un résultat plus précieux encore va jaillir de la critique. La même déduction qui fonde la science permet à la morale de se contituer à côté d'elle, sans risquer de lui porter ombrage. Il est vrai que la morale devra, elle aussi, accepter une limitation. Elle devra reposer sur un principe exclusivement formel, sur la pure notion du devoir. Mais, ici encore, la critique ne restreint que pour garantir. La morale peut être absolue et demeurer pratique, si elle n'a d'autre objet que les déterminations de la volonté libre. L'antinomie insoluble du mysticisme et de l'eudémonisme disparaît dans le système de l'autonomie rationnelle.

C'est, en effet, la raison, qui, d'un bout à l'autre de la philosophie de Kant, crée comme elle détruit, fournit des principes pour remplacer ceux qu'elle a dissous. Déjà chez Descartes elle a découvert en elle-même, dans sa faculté d'intuition, le principe de certitude qu'elle ne trouvait ni dans les sens, ni même dans les démonstrations. Avec Kant elle fait l'inventaire de son contenu, et trouve, dans sa constitution même, tous les principes nécessaires à la science et à la morale. Sans doute elle ne se suffit pas, et l'absolu la dépasse. Sa science, par suite, est relative, et sa morale est, dans son application, bornée à un progrès sans fin. Elle n'en offre pas moins à l'homme toutes les ressources dont il a besoin pour réaliser l'idéal de l'homme; car elle est liberté, et en même temps elle est loi.

Si telles sont les parties essentielles du kantisme, cette philosophie se place au terme du développement rationaliste qui a commencé avec Descartes. La raison, chez Kant, pousse aussi loin que possible, et son renoncement à saisir l'être absolu, et son effort pour suppléer par les principes qu'elle trouve en soi, à l'intuition qui lui manque. Un pas de plus, soit dans un sens, soit dans l'autre, et le rationalisme va se perdre, soit dans le scepticisme, soit dans l'idéalisme. Kant a prétendu tout en s'enfermant dans le monde du temps, trouver au sein de la raison, qui, en fait partie, le moyen d'ériger ce monde en symbole de l'être éternel.

Telle est la signification historique de son œuvre. Envisagée au point de vue théorique, elle présente, actuellement encore, un intérêt capital.

Sous l'influence des sciences positives autant que de la philosophie, l'esprit humain se demande plus que jamais dans quel rapport nous nous trouvons avec la réalité des choses, et s'il nous est possible de la connaître. Or, c'est à cette question que répond l'idéalisme transcendantal. Au delà des phénomènes, selon le kantisme, nous pouvons encore saisir les lois de la pensée qui les conditionnent, et constituer la philosophie comme théorie de la connaissance ; mais, quant à nous former une théorie ontologique de l'univers, ainsi que faisaient les anciens, c'est une ambition à laquelle il nous faut renoncer : solution nette et de grave conséquence, qui trouve plus d'un point d'appui dans la science actuelle.

D'autre part, le progrès des sciences positives, en étendue comme en certitude, nous amène à nous demander si du moins tout ce qui intéresse l'homme ne peut pas être traité suivant la méthode de ces sciences, et si la morale elle-même n'y peut pas être assimilée. A cette question Kant répond par son rigoureux dualisme, limitant la science pour la fonder, et établissant la morale dans le domaine ouvert par cette limitation même. Or ni la souveraineté de la science dans l'ordre pratique, ni l'impossibilité théorique de la liberté ne sont, aujourd'hui même, assez clairement démontrées pour qu'on puisse rejeter dans le passé la solution kantienne.

En ce qui concerne la philosophie de la science, le kantisme s'attache précisément aux problèmes qui de plus en plus obsèdent l'esprit moderne. Comment l'expérience, à elle seule, peut-elle fournir la certitude, comment la connaissance d'une loi, au sens exact du mot, peut-elle être purement expérimentale dans son origine ? Aristote enseignait que le général, en tant qu'il est connu par la seule expérience, comporte nécessairement des exceptions, et qu'une connaissance intellectuelle peut seule posséder une valeur universelle. Et cette doctrine est demeurée jusqu'à nos jours la doctrine classique. Déjà pourtant Descartes avait déclaré qu'il existe une véritable science des phénomènes, que ce qui passe peut être réduit en essence immuable ; et la science, dans son progrès, a de plus en plus ignoré l'objection d'Aristote. De quel droit, pourtant, repoussons-nous une doctrine qui semblait l'évidence même ? Comment, en quel sens, un fait peut-il être une loi ? Cette question, Kant l'a acceptée telle que la pose la science moderne ; et sa doctrine des formes et des catégories a pour objet de la résoudre. Solution profonde, que ne saurait éluder quiconque persiste à vouloir unir, sans contradiction, l'expérience avec la certitude.

Enfin la morale kantienne, elle aussi, est loin de nous être devenue étrangère. Nous sommes aujourd'hui, vis-à-vis de l'action, dans une situation analogue à celle où nous place la science vis-à-vis de l'être. Nous n'admettons que les faits, et pourtant nous ne pouvons renoncer à la certitude, à la loi, à la croyance au devoir. Nous voulons écarter tout motif d'agir qui serait tiré de l'idée d'un monde suprasensible, et néanmoins nous prétendons maintenir une morale absolue, une doctrine d'obligation. Ne sommes-nous pas, dès lors, comme préparés à apprécier une philosophie qui précisément fait sortir le devoir des entrailles de l'expérience, et se garde du mysticisme aussi bien que de l'utilitarisme ?

Et si, dans les questions sociales, religieuses et politiques, nous sommes troublés par le conflit de l'histoire et de la raison, de ce qui est et de ce qui doit être, de la forme et de l'idée, du fait et du droit, de l'idéal national et de l'idéal humain, ne nous retrouvons-nous point en cela sur le terrain même où était situé Kant, lorsqu'il étudiait les rapports de la théorie et de la pratique et conciliait la nécessité de la nature avec la souveraineté de la raison dans sa doctrine du progrès moral ?

Ce n'est donc pas en vain que Kant a fait effort pour se placer, tant dans l'ordre de l'action que dans l'ordre de la connaissance, à ce point de vue de l'universel à la fois réel et idéal, qui est le point de vue de la raison : sa doctrine en a reçu un caractère à la fois élevé et positif, qui ne peut se rencontrer, ni dans les simples généralisations de l'expérience, ni dans les rêves de l'imagination. Elle n'est pas le reflet d'une époque ni même l'expression de la pensée d'un peuple : elle appartient à l'humanité.

DE L'INFLUENCE

DE LA PHILOSOPHIE ÉCOSSAISE

SUR

LA PHILOSOPHIE FRANÇAISE [1]

Messieurs,

Un poète d'une exquise originalité, André Chénier, devisant sur la méthode de travail de sa Muse, nous confie qu'elle butine de droite et de gauche et qu'elle emprunte sans compter :

> Un juge sourcilleux, épiant mes ouvrages,
> Tout à coup à grands cris dénonce vingt passages
> Traduits de tel auteur qu'il nomme...

Et Chénier ajoute :

> Que ne vient-il vers moi ? Je lui ferai connaître
> Mille de mes larcins qu'il ignore peut-être...

Je ne sais pourquoi certains critiques aujourd'hui s'imaginent qu'il suffit de dénoncer une influence reçue

---

(1) Conférence faite à Édimbourg, le 13 juillet 1897, au meeting de l'Association franco-écossaise, et publiée dans la *Revue française d'Edimbourg* (sept. 1897) et dans les *Transactions* de la Société franco-écossaise (branche écossaise).

par un auteur, pour convaincre aussitôt celui-ci de médiocrité : comme si la vie de l'esprit, aussi bien que celle du corps, n'était pas un continuel échange, et comme si le plus sûr moyen de sécher dans la stérilité n'était pas de s'enfermer en soi et de prétendre se suffire. On est original quand on fait sien ce qu'on emprunte. La philosophie en particulier s'est souvent renouvelée grâce à des influences étrangères : témoin le rôle joué par Aristote au moyen âge, ou l'action de Hume sur Kant dans les temps modernes. N'est-ce pas la loi de nature, que les hommes s'entr'aident dans la recherche de la vérité comme dans le soin de la vie matérielle ?

L'un des exemples les plus remarquables de ces fécondes relations intellectuelles est l'action exercée par la philosophie écossaise sur la philosophie française dans la première moitié de ce siècle. Si cette influence n'a pas suscité un mouvement comparable aux grandes révolutions de la pensée, elle n'en a pas moins provoqué une activité nouvelle, dont les suites se font sentir aujourd'hui encore. Dans quelles conditions ces relations se sont-elles produites, c'est ce que la présente étude a pour objet de rechercher.

I

Dès le xviiie siècle, à vrai dire, la France s'intéressait aux travaux des Ecossais. Une traduction française de plusieurs œuvres philosophiques de Hume avait paru à Amsterdam dès l'an 1760. Une autre parut à Londres en 1788. La *Théorie des sentiments moraux* d'Adam Smith, de 1759, fut traduite en français en 1764 et retraduite en 1798 par Mme de Condorcet, qui, à l'école de son auteur, s'efforça d'approfondir la nature de la sympathie morale. Un examen minutieux des idées en France au xviiie siècle y ferait une large part au commerce avec l'Écosse. Toutefois, ce n'étaient là que des influences isolées : et la métaphysique écossaise proprement dite, celle de Reid, demeurait inconnue. C'est au commencement de ce siècle que la philosophie écossaise, prise dans son ensemble, est transportée en France et s'y incorpore à la philosophie nationale. N'y eut-il là qu'une influence fortuite, ou l'action de la philosophie écossaise s'explique-t-elle par les conditions où se trouvait alors la philosophie française ?

La fin du xviiie siècle, en matière de philosophie, était loin, en France même, d'avoir été infructueuse. Elle avait produit les travaux des idéologues. Ces savants étaient les héritiers de Condillac, et, comme lui, cherchaient à déduire logiquement nos idées de ce qui, chronologiquement, en est le point de départ. Mais, tandis que Condillac prenait pour principe un fait proprement psychique, la sensation, fait qu'il s'appliquait à transformer suivant une méthode analogue à l'analyse algébrique, les idéologues cherchaient la cause des phénomènes psychiques dans les conditions physiologiques de la vie mentale, et tendaient à ne voir, dans l'analyse des sensations et des idées, autre chose qu'une branche de l'histoire naturelle. Par là ils se trouvaient amenés à écarter de plus en plus les questions dont s'occupent d'ordinaire les philosophes, et à mépriser ou à ignorer les métaphysiciens de tous les temps.

Contre cette conception extrême, une réaction se produisit au sein de l'idéologie elle-même. L'axiome de l'école, c'était l'absolue passivité de l'esprit. A cette condition seulement, l'entendement pouvait se ramener à la sensation et celle-ci trouver son explication dans des phénomènes physiologiques. Or, l'idéologue Destutt de Tracy jugea que, seul, le mouvement volontaire, se heurtant à des obstacles étrangers pouvait rendre compte de notre idée des choses extérieures. Qu'était-ce pourtant que ce mouvement volontaire? Se réduisait-il à une sensation? Dès 1798, Degérando estime que, si la sensation se transforme en perception, c'est qu'elle est élaborée par l'attention, comme par une action originale de l'esprit. Et Maine de Biran prélude, dès 1803, à sa philosophie de l'effort, en exposant que la perception suppose notre activité volontaire, et, comme telle, est irréductible à la sensation. Bientôt Ampère dégagera, du fonds sensible de l'esprit, la raison, considérée comme faculté d'apercevoir des rapports à la fois nécessaires et réels. Enfin, tout en prétendant rester condillacien, l'ingénieux Laromiguière expliquait la formation de nos idées par l'application des forces actives de notre esprit à nos diverses manières de sentir. D'elle-même donc, l'idéologie française tendait à s'élargir et à se transformer, par la réintégration d'éléments essentiellement actifs et rationnels dans la constitution de l'esprit humain.

Dans le même temps, la société, attentive au rapport des idées aux faits, se préoccupait des conséquences pratiques du condillacisme. Certes, le perfectionnement moral avait été la préoccupation constante des idéologues. Mais ces philosophes attendaient ce perfectionnement de l'application pure et simple d'une science toute physique dans ses principes. Or, on se demandait maintenant si vraiment, par cette voie, il était possible d'aboutir à la morale de la tradition et de la conscience, à la morale, au sens vulgaire du mot. On rendait la méthode condillacienne responsable de l'explosion de matérialisme pratique qui s'était produite au xviiie siècle. On en venait à juger la morale compromise si elle n'était pas mise à part, comme possédant ses principes à elle, indépendants des principes de la spéculation. C'était l'heure où Chateaubriand démontrait l'excellence de la religion chrétienne par son accord avec les désirs et les besoins du cœur humain. Plus explicite, Mme de Staël s'élevait contre la souveraineté du raisonnement, du calcul, de la froide logique, et exaltait le sentiment, l'enthousiasme, seule source, disait-elle, des vraies idées morales. Et elle aboutissait, non seulement à réclamer pour la morale des principes propres et indépendants, mais à chercher, dans les conséquences pratiques, la pierre de touche de toute vérité philosophique.

Que cet état des esprits appelât, non seulement un progrès des doctrines existantes, mais la formation d'une philosophie nouvelle, c'est ce qui fut nettement indiqué, dès 1804, par l'idéologue Degérando lui-même, dans son *Histoire comparée des systèmes de philosophie*. Concilier la morale et les lumières, tel est, selon lui, le vrai but de la philosophie. Sans doute la philosophie doit être œuvre de raison, non d'inspiration ; mais il faut qu'elle satisfasse tous les besoins de la nature humaine. Nous croyons, déclare Degérando, la cause de l'expérience à peu près gagnée. Là est le principe et la règle inviolable. Mais il s'agit de tirer de l'expérience ce qui s'y trouve véritablement. Or l'expérience, prise dans sa totalité, contient, et des vérités premières spéculatives, fondement de notre science, et des vérités pratiques primitives et indépendantes, fondement de la morale. La raison du philosophe s'en tiendra donc, comme l'instinct du vulgaire, au témoignage de la conscience. Loin d'être humilié de cette rencontre, le philosophe « s'applaudira de trouver le principe de la législation qui doit diriger sa vie et assurer sa félicité dans les conditions fondamentales de sa propre nature, et il dira : *Homo sum, humani nihil a me alienum puto* ».

Telle est, dit Degérando, la philosophie qu'il s'agit de constituer. Mais n'est-ce là qu'un rêve, un souhait de l'imagination ? Si l'on y prend garde, cette philosophie, en France même, commence à se manifester. Dans le même sens, l'Allemagne, depuis quelque temps, recherche avec profondeur les titres de l'esprit humain. Plus précisément l'Écosse, dans des récents travaux philosophiques, s'est proposé pour tâche l'objet même que nous réclamons. Et elle y a employé la vraie méthode, la méthode d'observation par la conscience, et non, comme Condillac, un mélange bâtard d'observation et d'hypothèse, ou, comme les Allemands, une méthode à priori qui va contre le principe de la science moderne. Ce n'est pas tout : les Écossais ont le plus vif souci des vérités morales. Hutcheson a rendu aux notions du beau et du bon un caractère propre et naturel, qui en fait des notions à part : « L'Université de Glasgow a vu la méthode exacte d'Aristote se réconcilier avec les idées éloquentes de Platon. » Shaftesbury, Hutcheson, Reid, Beattie, Oswald, Ferguson, Adam Smith, Dugald Stewart, tous ces judicieux et pénétrants esprits, en procédant avec suite et selon la bonne méthode, ont fait une œuvre solide et durable, commencement nécessaire de toute vraie philosophie.

C'est ainsi que, dès 1804, l'*Histoire comparée des systèmes*, de Degérando, en même temps qu'elle montrait aux philosophes français une voie nouvelle, les invitait à prendre les Écossais pour guides.

II

De fait, la philosophie écossaise était déjà enseignée à Genève par le professeur Pierre Prévost, et c'était en partie par lui que Degérando avait été renseigné sur cette philosophie. Prévost traduisit les *Essais philosophiques* d'Adam Smith (1797), et les *Eléments de philosophie de l'esprit humain* de Dugald Stewart (1808). Dans des *Essais de philosophie* qu'il publia lui-même en l'an XIII, il présente l'école écossaise comme l'héritière véritable de la méthode de Bacon touchant la science de l'esprit humain. Il loue l'exactitude scientifique de ses analyses, sa préoccupation de la pratique, son effort pour établir les règles de la morale par l'examen de la constitution humaine ; enfin, la forme à la fois sérieuse et élégante, naturelle, précise et parfaitement claire dont elle sait revêtir ses enseignements. « Il est difficile, dit-il, en se livrant au commerce de ces philosophes, de se défendre de quelque sentiment d'enthousiasme en leur faveur. »

Nous devions signaler ce premier essai d'introduction de la philosophie écossaise en France. Mais Prévost mélangeait, un peu au hasard, Reid avec Tracy et Condillac, et, de plus, son influence fut médiocre. Celui qui nous fit connaître la philosophie écossaise dans sa pureté et dans sa beauté, et qui excita parmi nous l'enthousiasme dont elle a été l'objet, ce fut Royer-Collard.

Le gouvernement impérial, après avoir rétabli l'enseignement philosophique dans les lycées, avait créé deux cours de philosophie à la Faculté des Lettres de Paris. En 1810, l'une des chaires devint vacante. Le nom de Royer-Collard fut prononcé devant l'empereur ; et celui-ci, qui se préoccupait de ramener les esprits à des idées conservatrices de l'ordre social, le choisit sur ce qu'il connaissait de sa vie et de son caractère.

Royer-Collard avait été élevé dans un milieu janséniste. Nourri par sa mère et par ses maîtres dans les traditions de Port-Royal, il avait contracté des habitudes de dignité, de gravité, de respect pour les choses morales et religieuses, qui s'alliaient en lui à une verve piquante et à une riche imagination. Il avait étudié et même enseigné les mathématiques. Il avait lu Descartes, Bacon, Leibnitz, Pascal et Bossuet. En 1794, proscrit en qualité de modéré, il se cacha en Champagne et s'y livra aux travaux du labourage. Sur le manche de sa charrue était un pupitre destiné à recevoir un livre de piété : il y mit un volume de Platon. Il unissait l'action à la pensée. S'il n'avait pas conservé la foi religieuse proprement dite, il était demeuré très hostile aux doctrines matérialistes du xviiie siècle.

La nomination dont il fut l'objet le 24 octobre 1810 ne le trouvait nullement étranger aux préoccupations et même aux connaissances philosophiques. Toutefois, il n'était pas prêt à enseigner, et il s'y prépara pendant plus d'un an. Un jour qu'il se promenait sur les quais, cherchant sans doute des ouvrages propres à lui fournir des matériaux, il rencontra la *Recherche sur l'entendement humain* de Thomas Reid. Le nom de l'auteur et la valeur de l'ouvrage ne pouvaient manquer de lui être connus. Il feuilleta le livre, en fut ravi, et l'acheta pour un prix à son gré trop modique.

Cet incident joua un rôle dans la direction de son enseignement comme cause occasionnelle. Il n'en est pas d'un professeur comme d'un écrivain. Il faut que le professeur apporte, à l'heure marquée, une doctrine, des idées arrêtées, des résultats précis aisément saisissables. Or, souvent, ses propres idées sont encore confuses et mal établies. Le mieux alors est qu'il commente un bon auteur et s'appuie sur lui pour chercher à son tour. Méthode classique, d'ailleurs, à laquelle Kant se soumit encore, car il lut d'abord, à ses leçons, Wolff et Baumgarten : son originalité n'y perdit rien. Pour ce qui est de Royer Collard, un trait distinctif de son caractère était le sentiment inquiet de la responsabilité. Il résolut donc de se retrancher d'abord derrière Reid, comme derrière le maître éprouvé qui avait parcouru avec succès la carrière où lui-même se proposait d'entrer.

Quand il ouvrit son cours, le 4 septembre 1811, il parla principalement de la méthode qui convient à la philosophie. On s'opiniâtre, dit-il, à poser d'emblée un principe unique et à en descendre par voie de synthèse, au risque de ne pas rejoindre les faits. C'est la voie contraire qu'il faut suivre. Il faut s'élever progressivement des faits aux causes, sans prétendre arriver quand même à une cause unique. Suivons en cela les Écossais. Les célèbres écoles d'Édimbourg et de Glasgow font, de l'observation nettement définie comme observation par la conscience, la source constante de la science de l'esprit humain. Elles ne s'interdisent pas de remonter aux causes, mais elles ne songent pas à en déterminer le nombre d'avance, elles admettent autant de faits primitifs que l'analyse psychologique en laisse subsister. Et il se trouve qu'en suivant cette méthode vraiment scientifique, la seule qui puisse légitimement se réclamer de Bacon et de Newton, les Écossais ont fourni le meilleur moyen de combattre l'ennemi principal de l'âme humaine dans la vie de l'individu et de la société : le scepticisme. On ne fait pas au scepticisme sa part, dira Royer-Collard en 1813 : qui doute de la réalité du monde extérieur, n'a pas de raison pour croire à l'existence des personnes et à la valeur des liens moraux qui les unissent. Or, la philosophie écossaise détruit le scepticisme, et, par là, elle répond à nos besoins les plus urgents, tant pratiques que spéculatifs.

C'est ainsi que le difficile et indépendant Royer-Collard se confia docilement à Thomas Reid. Dans les premiers temps, il se contenta de traduire et commenter devant son auditoire de nombreux passages de son auteur. Ensuite, il chercha par lui-même, s'enfonçant dans ce problème de la perception extérieure, dont l'étude formait l'une des parties les plus solides de l'œuvre de Reid. D'abord il se sert des armes forgées par Reid contre Hume pour réfuter Condillac. Puis il approfondit les conséquences de la distinction de la sensation et de la perception. Puisque l'âme met du sien dans la perception, c'est que son énergie propre est source de connaissance. Notre philosophe analyse les connaissances que l'âme se donne ainsi elle-même : causalité, substance, espace, durée, et travaille à rassembler ces connaissances en une synthèse rationnelle.

Royer-Collard n'enseigna que deux ans et quelques mois, et devant un public très restreint ; mais dans l'auditoire se trouvait une jeunesse curieuse et ardente, notamment les élèves de l'École normale appelés à devenir professeurs dans les lycées. L'effet de ces cours fut tout de suite considérable.

On eut avant tout, nous dit Jouffroy, le sentiment d'une délivrance. On étouffait alors dans la prison des systèmes. A peine une doctrine apparaissait-elle comme plausible, qu'elle était censée épuiser l'objet entier de la philosophie. Or, quand une philosophie quelconque a obtenu un tel ascendant, la philosophie elle-même est compromise : car la philosophie est la recherche de la vérité sur l'esprit humain, et, si la vérité tout entière est connue sur cet objet, il reste à l'enseigner, non à la découvrir. On respira, quand on entendit proclamer que tout système, en philosophie comme ailleurs, n'est qu'une barrière artificielle opposée à l'effort de l'intelligence. Une ère nouvelle parut s'ouvrir, ère de libre recherche, où l'on n'aurait à compter qu'avec les faits et les réalités, non avec des idées et des formules interposées entre les faits et nous. « On ne pardonnerait pas, dit Jouffroy, à des disciples de Reid ou de M. Royer-Collard de s'enfermer dans le cercle de leurs idées ; ne point chercher incessamment à le franchir, serait en quelque sorte manquer de respect à leur enseignement. »

En même temps, on vit avec joie la philosophie enfin en possession d'une méthode qui lui permettait de se constituer et d'avancer peu à peu comme les autres sciences, au lieu de se repaître de fallacieux triomphes, sans lendemain et sans résultat. Grâce à la modestie écossaise, que Royer-Collard avait opposée, en véritable janséniste, à l'orgueil des faiseurs de systèmes, on comptait obtenir enfin des résultats durables, accumulables, et mettre un terme à l'éternel recommencement tant reproché à la philosophie.

Sans doute aussi, on goûta l'accord du nouvel enseignement avec les besoins moraux qui se manifestaient avec force dans la société. Mais on n'entendait pas subordonner les recherches à cet intérêt. On n'avait nulle tendance au mysticisme. En morale même on cherchait des démonstrations scientifiques. C'était par la résolution certaine des problèmes théoriques que l'on pensait se mettre en mesure de résoudre les problèmes pratiques.

Dès 1815, Royer-Collard fut suppléé par Victor

Cousin. Celui-ci, gagné à la philosophie par Laromiguière, avait d'abord été condillacien. Les leçons de Royer-Collard modifièrent peu à peu ses idées et le forcèrent à entrer dans le sentier « alors pénible et infréquenté », dit-il, de la philosophie écossaise. Un troisième maître, Biran, le forma de son côté à l'observation intérieure. Cousin étudia, comme Royer-Collard, la perception externe. Et ses élèves eurent plaisir à retrouver dans son enseignement cette aversion pour l'esprit de système, cette parfaite liberté d'esprit et de sincérité dans la recherche, qu'ils rapportaient à l'heureuse influence des Écossais. Ainsi présentée, la philosophie séduisait les imaginations autant qu'elle satisfaisait les intelligences.

Victor Cousin était un esprit curieux, ardent, avide de nouveautés et en quelque sorte de révélations. D'un voyage en Allemagne, qu'il fit en 1817, il revint passionné pour la métaphysique et enclin au panthéisme. Il entendait toutefois demeurer fidèle à la méthode d'observation. N'exprimer que ce qui est dans la conscience, mais exprimer tout ce qui s'y trouve : telle est sa maxime. Et, bien que, dès maintenant, il soit attiré par Kant et les Allemands, il étudie la philosophie écossaise avec une sympathie évidente. Douze leçons de son cours de 1819-1820 sont consacrées à cette philosophie. C'est une des belles parties de son enseignement. Le regretté Mac Cosh, dans l'introduction à son histoire de la philosophie écossaise, disait de cette œuvre de Cousin : *The best history of the scottish philosophy is by a Frenchman... Cousin has a thorough appreciation of the excellencies of the scottish metaphysicians, and, when he finds faults, his criticisms are always worthy of being considered.* » Cousin signale la parenté de notre génie avec celui de l'Écosse. Il voit pour ses contemporains, dans la philosophie écossaise, la transition naturelle entre Locke et la philosophie allemande. Il loue fort les qualités que les Écossais ont contractées dans l'enseignement : clarté, méthode, respect du sens commun. Si Malebranche avait dû professer, dit-il, il eût été moins prodigue de paradoxes. Il fait ressortir les mérites de la doctrine. Les Écossais ont établi définitivement l'analogie des sciences morales et des sciences physiques. Par son infatigable polémique contre les idées représentatives, Reid a préparé l'avènement d'une grande philosophie. Il célèbre la prédilection des Écossais pour la morale, et l'heureuse alliance, en cette matière, de leur méthode d'observation psychologique et de l'élévation naturelle de leurs sentiments.

C'est ainsi que Cousin persistait à voir, dans la psychologie, et proprement dans la psychologie écossaise, le commencement de toute philosophie. Mais de plus en plus il aspire à dépasser cette psychologie pour aborder les grands problèmes métaphysiques dont s'est nourrie la philosophie des Platon, des Descartes, des Leibnitz, et que les Allemands, depuis Kant, remettent en honneur. En 1828, la psychologie ne lui est plus qu'un tremplin d'où il s'élance, dans l'ontologie, dans le système de la raison impersonnelle. L'influence écossaise est-elle donc décidément dominée par l'influence allemande? N'aura-t-elle servi qu'à ménager une transition entre deux développements contraires?

III

Dans le temps même où Victor Cousin s'éloignait de plus en plus de Reid pour aller rejoindre, à travers Kant et Fichte, Platon et même Plotin, son disciple Jouffroy, qui depuis 1819 enseignait la philosophie à l'École normale, et qui, après 1822, l'École ayant été fermée par la contre-révolution, avait continué ses cours chez lui pour une jeunesse d'élite, jugea utile de revenir purement et simplement à la méthode de Reid. Ce fut comme un second appel à l'action bienfaisante de la philosophie écossaise.

Les inquiétudes de Jouffroy n'avaient pas pour unique cause sa timidité en métaphysique. Le matérialisme, qu'on avait cru surmonté avec l'idéologie condillacienne, reparaissait, plus précis et plus déclaré, dans les écrits des physiologistes et des médecins. Magendie enseignait que, selon les exigences de la méthode scientifique, on devait désormais traiter de l'intelligence humaine comme si elle était le produit d'un organe du corps. Il soutenait que les idées qui nous viennent du dehors sont plus nettes de leur nature que celles qui nous viennent du dedans. Broussais, à l'issue de ses cours, traversait la place de l'Ecole-de-Médecine entouré d'un groupe d'élèves enthousiastes, qu'il excitait, au nom des principes de Cabanis, contre les représentants de la nouvelle philosophie. Il travaillait à ce célèbre *Traité de l'irritation et de la folie*, qui parut en 1828.

Dès 1826, Jouffroy publie une traduction française des *Esquisses de philosophie morale*, de Dugald Stewart, avec une introduction très étendue où il revendique pour la psychologie le droit d'exister à part, en dehors de la physiologie. Il démontre, d'après les Écossais, que les faits sensibles ne sont pas les seuls qui se puissent observer ; que la conscience est, elle aussi, un instrument d'obervation, un moyen de découvrir des vérités de fait d'une valeur incontestable. Il ajoute qu'en pareille matière il ne saurait suffire de ruiner une fausse méthode et d'en indiquer une nouvelle. La légitimité de la méthode expérimentale appliquée aux faits de l'esprit humain ne peut être pleinement démontrée que par les résultats. Or, en attendant que la nouvelle école philosophique française ait produit ou publié des travaux positifs qui donnent de la consistance à ses doctrines, rien ne semble plus utile que de mettre sous les yeux du public les travaux de cette école écossaise, qui, la première, a pratiqué cette méthode avec rigueur, avec suite et avec succès. A lire Dugald Stewart, on voit, par les faits mêmes, que la psychologie est possible comme science distincte; on se rend compte, par l'exemple comme par la théorie, des conditions de son existence et de ses progrès.

Cette préface de Jouffroy fut un véritable événement littéraire. Elle donna à la nouvelle école un point d'appui précis pour combattre le matérialisme, en même temps qu'une lumière nouvelle pour se conduire dans les recherches théoriques.

Secondé par la faveur publique, Jouffroy entreprit, avec son élève Adolphe Garnier, la traduction des œuvres complètes de Thomas Reid. Le premier volume parut en 1828. La traduction fut achevée en 1836. Revenant sur les services rendus par la philosophie écossaise, Jouffroy expose, dans une nouvelle préface, que ce qui a entravé les progrès de la philosophie, c'est la précipitation indiscrète avec laquelle on a posé d'abord les questions métaphysiques les plus abstruses. Il faut aller des observations aux questions, non des questions aux observations. Il faut savoir ajourner les problèmes, tant que le progrès des connaissances d'observation ne les fait pas naître de lui-même. L'âme est-elle spirituelle, immortelle? C'est ce qu'on ne peut examiner utilement qu'au terme de la science. Le grand mérite des Écossais, c'est d'avoir arraché la philosophie à la servitude des questions et de l'avoir rendue à elle-même, c'est-à-dire à la libre observation des phénomènes de l'esprit humain. En procédant ainsi, les Écossais ont véritablement créé la philosophie comme science. Qu'elle s'organise dans son ensemble d'après les principes qu'ils ont posés, et elle avancera, lentement peut-être, mais sûrement, en digne émule des sciences du monde physique.

Jouffroy n'adresse à la doctrine écossaise que deux critiques.

D'une part, il la trouve par trop circonspecte en métaphysique. Dugald Stewart veut que les questions relatives à la nature de l'esprit humain soient insolubles et étrangères à la science. C'est aller trop loin. L'humanité ne peut se désintéresser de ces questions ; et le matérialisme demeurerait légitime, au moins comme hypothèse, si l'on devait s'en tenir à l'assertion de Dugald Stewart. Nous saisissons ici une différence importante entre la philosophie écossaise et la philosophie française. La première n'a pas la prétention de suffire à l'homme. Elle ne forme pas l'âme écossaise : elle la suppose. Son caractère d'élévation morale, dit Mac Cosh [1], n'est autre chose qu'un reflet de la foi religieuse propre à la nation écossaise. Au contraire, le rationaliste Jouffroy voudrait trouver dans la philosophie les principes de vie morale qu'une expérience douloureuse ne lui permet plus de demander à la religion.

D'autre part, relativement à la question de la certitude, Jouffroy remarque que Reid et Kant, d'accord pour rétablir l'élément à priori dans la connaissance humaine, se séparent sur le point de savoir si ces prin-

---

(1) *The scottish philosophy*, etc., p. 303.

cipes de notre raison ont une valeur absolue ou ne valent que pour cette raison même. Il ne consent pas qu'avec les Écossais on écarte cette question en invoquant les croyances naturelles de l'esprit humain, et il conclut à l'irréfutabilité de l'idéalisme transcendantal de Kant.

Sauf ces deux critiques, Jouffroy oppose avec confiance la philosophie écossaise à la philosophie allemande, dont Victor Cousin est le champion enthousiaste. C'est seulement en marchant dans la voie ouverte par les Écossais que l'on pourra constituer la philosophie comme science.

Jouffroy trouva de zélés continuateurs dans Damiron, le moraliste et le prédicateur de l'école, puis dans Garnier, le patient observateur, plus avide de résultats solides que de brillantes théories. Ce dernier, appliquant scrupuleusement la méthode écossaise ; interrogeant, d'ailleurs, non seulement sa propre conscience, mais les poètes, les moralistes, les historiens, et même les animaux, a laissé, sous le titre de *Traité des facultés de l'âme*, un ouvrage modeste, mais substantiel, riche en fines et exactes analyses, notamment sur la puissance d'aimer, et d'une utilité durable pour tous ceux qui s'occupent de philosophie morale, à quelque école qu'ils appartiennent.

Ainsi s'établissait la suprématie de la philosophie écossaise dans le haut enseignement de la France. Un brillant écrivain, remarquable comme homme d'Etat, publiciste, moraliste, historien et lettré, Charles de Rémusat, se donna pour tâche de répandre dans la société la philosophie nouvelle, encore confinée dans les écoles, et aussi de l'élargir et de lui ouvrir des perspectives sur tous les grands objets de la philosophie classique. Il se réclame expressément de Reid et de Royer-Collard. « Là, dit-il, est notre origine à tous. » Lui-même écrivit avec amour une excellente *Vie de Reid*. Dans ses *Essais de philosophie*, composés de 1829 à 1842, il dit qu'il prend pour chefs Descartes, Reid et Kant. Si Descartes a véritablement inventé la méthode philosophique des modernes, en plaçant dans le moi pensant le principe de la science, c'est Reid qui a commencé l'œuvre elle-même. Il n'a fait que les premiers pas, mais ce sont ceux qui sont les plus difficiles et qui importent le plus. D'ailleurs, il faudra toujours accorder à Reid ce qui est la base de tout son dogmatisme : l'existence de faits primitifs indémontrables. Sur cette même base, Rémusat, plus hardi que Jouffroy, ambitionne de réédifier la métaphysique. Il conteste, en particulier, cette doctrine écossaise, que, de notre âme, nous n'atteignons que les manifestations phénoménales. Il remarque que, par cette concession, la nouvelle philosophie a pu contenter Broussais, lequel, dans son *Cours de phrénologie*, trouve qu'elle débute assez bien. Il veut que l'observation aille plus loin ; que, dépassant l'analyse, elle arrive, par la réflexion proprement dite, à démêler les principes mêmes qu'enveloppent les inductions de la conscience. Le moi, ainsi, se saisira directement, comme substance et comme cause.

Cette question de la nature et de la portée de l'observation intérieure, que de bonne heure les philosophes français s'étaient posée à propos des doctrines écossaises, provoqua de leur part de nouvelles recherches, dès qu'ils furent au courant de la philosophie de Hamilton. Hamilton, à vrai dire, n'était pas un inconnu pour eux. Lorsque ce philosophe se porta candidat à la chaire de logique et de métaphysique de l'Université d'Édimbourg, Victor Cousin, dont Hamilton avait critiqué les idées dans la *Revue d'Edimbourg* (1829), écrivit à M. Pillaus, professeur de l'Université (1ᵉʳ juin 1836), pour appuyer sa candidature. « M. Hamilton, disait-il, représente excellemment en Europe l'esprit écossais. Il ne s'écarte jamais de la grand'route du sens commun ; et en même temps il a beaucoup d'esprit et de sagacité ; et je vous assure (je le sais par expérience) que sa dialectique n'est nullement commode à son adversaire. » Mais ce ne fut qu'en 1840 que l'on traduisit en français quelques écrits de Hamilton. Le savant et pénétrant Louis Peisse, versé dans la médecine, ami des hautes spéculations, jugea qu'il contribuerait au mouvement de la pensée philosophique en France, ainsi qu'à l'éducation des intelligences, en publiant la traduction des principaux opuscules de Hamilton. Or, la principale question que lui-même dégage de ces fragments est celle de la portée de la méthode psychologique. Il nie, quant à lui, avec Hamilton, que cette méthode puisse conduire légitimement à l'ontologie.

A propos de cette publication, M. Félix Ravaisson écrivit, sous le titre de « Philosophie contemporaine » (*Revue des Deux-Mondes*, 1840), un article d'une grande beauté où, partant de cette thèse de Hamilton que le sujet et l'objet ne nous sont connus que dans leur corrélation et leur opposition, il s'efforce d'amener le philosophe écossais à franchir le cercle où celui-ci se croit nécessairement enfermé. L'observation empirique et l'induction ne sont pas, dit M. Ravaisson, quand il s'agit de notre âme, nos seuls moyens de connaître. L'aperception qu'a définie Leibnitz, la réflexion humaine proprement dite, démêle, par delà les phénomènes et les lois de l'âme, un moi volonté, tendance, amour, qui satisfait aux conditions de la substance et de la cause.

A l'influence de Hamilton se rattache une phase importante du développement philosophique de M. Renouvier. Ce philosophe, après avoir d'abord admis comme connaissable la conciliation du fini et de l'infini, déclare bientôt, avec Hamilton, que l'union de ces deux termes échappe à notre entendement, ce qui devait le conduire à retrancher entièrement le second.

A cet ordre d'idées, et en particulier à la célèbre opposition de l'absolu et de l'infini dans Hamilton, se rattache également un grand et profond ouvrage de M. Vacherot, *La métaphysique et la science* (1858), où l'éminent penseur, après avoir savamment critiqué tous les systèmes existants, nous place devant l'antinomie de l'infini et du parfait, et résout cette antinomie en faisant du parfait l'idéal et de l'infini le réel.

Enfin, la grande école rivale des écoles spiritualistes qui grandissait en France depuis 1830 devait, elle aussi, beaucoup à l'Écosse, puisque Auguste Comte appelait Hume son principal précurseur en philosophie.

C'est ainsi que la philosophie écossaise, selon les esprits qu'elle rencontrait en France, a provoqué soit de délicates et minutieuses analyses, soit d'originales spéculations sur la portée de la conscience, sur la nature et la valeur des premiers principes.

Elle a joué encore un autre rôle, plus modeste, mais très important, par la place qu'elle a prise dans l'enseignement des collèges. Il nous reste à en considérer l'action sur ce terrain spécial.

IV

L'enseignement de la philosophie dans nos collèges, au commencement de ce siècle, était un mélange de scolastique et de condillacisme. Il commençait par la logique et se continuait par la métaphysique et la morale.

Or, dès 1816, un professeur de philosophie du Collège royal de Bourbon, nommé Mauger, proposait de réorganiser cet enseignement d'après les principes exposés par Royer-Collard à la Sorbonne, c'est-à-dire d'après les principes de Reid. La philosophie écossaise, disait-il, est l'application à l'étude de l'esprit humain de la méthode baconienne, qui est la vraie méthode scientifique. Elle prend pour sujet d'étude l'homme, et non un homme primitif hypothétique. De plus, elle a un caractère essentiellement moral. En attendant qu'une philosophie nouvelle soit née en France de la méditation de Descartes, de Pascal et de Bossuet, la philosophie de Reid est la meilleure que nous puissions adopter dans notre enseignement. Cette philosophie a d'ailleurs des racines en France; car ses auteurs reconnaissent qu'ils ont puisé plusieurs de leurs doctrines fondamentales dans Descartes et dans le P. Buffier. Et Mauger proposait que, conformément aux idées de Reid, on remplaçât l'ancienne division : logique, métaphysique, morale, par la division suivante : 1° métaphysique (ce mot signifiant l'étude des facultés de l'âme au moyen du sens intime), 2° logique, 3° morale.

Cette première tentative n'aboutit pas. Toutefois, la philosophie nouvelle se glissa peu à peu dans l'enseignement, avec celle de Laromiguière, grâce à l'influence de l'École normale.

En 1821, l'enseignement de l'abbé de la Rivière au collège Louis-le-Grand faisait précéder la logique de considérations générales psychologiques sur l'origine de nos idées. Ce professeur enseignait que les sensations sont les premiers moyens d'instruction fournis à l'homme; mais en même temps il admettait, sous le nom de raison, des notions universelles résultant de notre constitution intellectuelle.

Dès 1820, avait commencé la réaction cléricale. En 1822, l'École normale fut supprimée et l'enseignement scolastique en latin rétabli.

A la suite de la révolution de 1830, Victor Cousin, comme conseiller de l'Université, fit rédiger un nouveau programme, lequel fut promulgué en 1832 et a duré jusqu'en 1852. Les rédacteurs furent Laromiguière et Jouffroy, sous la présidence de Cousin. Ce programme fut donc une transaction entre les philosophies écossaise et condillacienne. Mais l'élément écossais y dominait, comme le prouve l'introduction formelle de la psychologie d'observation, et la place d'honneur attribuée à cette science. L'ordre des matières est : psychologie, logique, morale, histoire de la philosophie. Et les auteurs du programme n'hésitent pas à présenter cette innovation comme obligatoire. Ils s'expriment ainsi : « De la vraie méthode philosophique. Nécessité de commencer l'étude de la philosophie par l'étude de la psychologie. » C'était la philosophie écossaise érigée chez nous en philosophie officielle. D'après ces principes fut composé le traité de philosophie d'Amédée Jacques, Jules Simon et Émile Saisset, qui fut le manuel de nombreuses générations d'écoliers.

L'esprit qui avait dicté le programme de 1832 était un égal souci des conditions de la science et des besoins de la vie pratique. Mais bientôt se manifestèrent dans la société de vives alarmes au sujet des progrès du scepticisme et du matérialisme. J'en trouve une preuve dans un article de la *Bibliographie universelle de Genève*, publié en 1836, sur l'état de la philosophie en France. L'auteur signale, depuis 1830, un singulier mélange de doute, d'indifférence, de matérialisme pratique, de licence intellectuelle. Le scepticisme, dit-il, n'ayant plus lieu d'être agressif parce que les croyances ne sont plus oppressives, se tourne en indifférence. Or, l'enseignement de la philosophie, tel qu'il est entendu, n'oppose à cette maladie des âmes que des abstractions et des théories. Dans un pays où l'on devient gouvernant, non plus par la naissance, mais par l'intelligence, c'est de la culture de l'intelligence et de l'âme que dépend l'avenir de la nation. La tâche de la philosophie n'y est plus d'orner l'esprit, mais de diriger, de former l'activité. Elle doit être avant tout éducatrice, et régler ses enseignements sur les besoins de la société. Qu'elle se garde bien d'ailleurs de rejeter le concours des autres forces conservatrices. L'alliance de la philosophie et de la religion notamment est nécessaire, en un temps où tout conspire à perdre la société, si l'on ne sauve les mœurs.

L'homme qui était alors à la tête de l'enseignement en France, Victor Cousin, envisagea de plus en plus les choses à ce point de vue. Vivement attaqué par le clergé, il hésite d'autant plus à riposter qu'il juge funeste à la société une guerre entre la religion et la philosophie. En 1850, il dira à M. de Rémusat : « Il se prépare un grand mouvement athée en Europe. » De ce côté se tourne surtout son attention, et l'enseignement de la philosophie lui apparaît maintenant comme un sacerdoce laïque, dont la mission est de combattre les mauvaises doctrines. L'Écosse est l'auxiliaire auquel il s'adresse. Il trouve chez elle le modèle d'une saine et salutaire philosophie. Progressivement il remania ses ouvrages dans ce sens. Son ancien cours de 1817-18, devint le *Traité du Vrai, du Beau et du Bien*, qui, de plus en plus amendé, se trouva, finalement, tout à fait écossais. Et l'ouvrage fut réimprimé onze fois entre 1845 et 1865.

Dès lors, les doctrines écossaises furent véritablement la substance de l'enseignement philosophique dans nos collèges. Bien qu'imposées par l'autorité et présentées comme une sorte de philosophie d'État destinée à servir des fins politiques et sociales, ces doctrines, qui, en elles-mêmes, sont de consciencieuses et patientes recherches et non des dogmes, charmèrent nombre d'esprits et entretinrent dans une importante partie de la société un goût réel pour les études philosophiques. Elles comportaient un enseignement simple et clair, à la portée de la majorité des élèves; elles appelaient des rapprochements continuels avec les réalités de la vie morale et sociale; elles provoquaient la réflexion individuelle et donnaient à chacun l'espoir de faire, en observant avec méthode, quelque petite trouvaille; elles ne demandaient pas que l'on employât de grands mots, savants et obscurs, dont le sens varie avec les auteurs, mais elles se contentaient de la langue commune, qu'elles permettaient de manier avec esprit et élégance. Pour toutes ces raisons, la philosophie écossaise s'est longtemps maintenue dans notre enseignement secondaire. En 1870, elle y dominait encore; et aujourd'hui même, plus d'un père de famille, avec ce sens des mérites du passé qui caractérise les vieillards, se plaît à vanter devant les générations nouvelles, avides de science abstruse, les charmantes leçons qui ont ouvert son esprit au culte des choses morales, qui l'ont excité à penser sans le jeter dans l'indiscipline et le libertinage intellectuel, et qui lui ont laissé un cher et bienfaisant souvenir.

Ainsi se réalisa en partie le vœu qu'avait formé Charles de Rémusat, de voir la philosophie écossaise pénétrer dans la société et y répandre son esprit de liberté et de respect, de critique et de bon sens, d'observation sincère, d'adversion pour les systèmes, et d'attachement inviolable aux croyances instinctives de l'humanité.

Et cette éducation des esprits fut grandement profitable à la philosophie elle-même. A cette école se sont formés de solides ou brillants écrivains tels que Saisset, Barni, Barthélemy Saint-Hilaire, Jules Simon, Bersot, Franck, Caro, MM. Bouillier, Lévêque, Waddington, Nourrisson, Janet, dont récemment encore le professeur Flint présentait au public britannique le *Traité des causes finales*, traduit en anglais ; toute une phalange de maîtres qui, par leurs écrits théoriques, polémiques, historiques, ont vaillamment soutenu, après Cousin et Jouffroy, la cause du spiritualisme platonicien et cartésien.

Bien que, depuis une trentaine d'années, la philosophie écossaise ne fasse plus le fond de nos programmes, ce n'est pas à dire pour cela que son influence ait disparu. La préoccupation des problèmes métaphysiques est chez nous redevenue très vive. Mais, si les Français craignent de s'égarer à la suite des hardis dialecticiens de l'Allemagne, s'ils reviennent constamment aux réalités vivantes et données, comme à la seule source possible et à la pierre de touche nécessaire des idées les plus hautes, n'est-ce pas que quelque chose de l'esprit écossais est demeuré dans leur tempérament intellectuel? Et si nos psychologues maintiennent la valeur de l'élément psychique proprement dit et ne croient pas devoir étudier la vie mentale uniquement dans ses conditions physiques, par l'observation extérieure, ou dans ses éléments hypothétiques, par l'abstraction et le raisonnement, n'est-ce pas qu'eux aussi ont retenu plus qu'on ne le dit parfois de cette prudente méthode qui allait d'abord au réel, au donné immédiat, aux réalités directement perçues par la conscience, non sans demander d'ailleurs à la physiologie tous les enseignements qu'elle peut fournir pour l'explication des faits psychiques?

C'est ainsi que les Français, omettant peut-être, ou

du moins n'étudiant qu'incomplètement plus d'une belle partie de la philosophie écossaise, comme la doctrine de Reid sur le fondement du scepticisme de Hume, ou les recherches de Dugald Stewart sur les limites du domaine de l'évidence démonstrative, ou la théorie de Hamilton sur les conditions de la pensée, ont développé à leur manière et adapté aux besoins de leur vie intellectuelle et morale la méthode et les principes de cette philosophie.

Les rapports de la philosophie française avec la philosophie écossaise sont ainsi un chapitre important de l'histoire de la pensée en France. C'est aussi un chapitre de l'histoire générale de la pensée humaine. Car, si l'art et la littérature sont communément et sans doute doivent rester choses nationales, il n'en est pas de même de la vérité, qui, de sa nature, est universelle; et ces hommes ont donné un exemple digne de mémoire, qui, pour la trouver, ont loyalement uni leur intelligence à celle d'une noble nation, également éprise de libre science et de droiture morale.

TABLE DES MATIÈRES

L'histoire de la philosophie 1
Socrate fondateur de la science morale 11
Aristote 95
Le philosophe allemand Jacob Bœhme 211
Descartes. 289
Du rapport de la morale à la science dans la philosophie de Descartes 299
Kant. 317
De l'influence de la philosophie écossaise sur la philosophie française 412

www.ingramcontent.com/pod-product-compliance
Lightning Source LLC
Chambersburg PA
CBHW070603230426
43670CB00010B/1396